GERENCIAMENTO DE RISCO EM PROJETOS

— GUILHERME CALÔBA —

GERENCIAMENTO DE RISCO EM PROJETOS

FERRAMENTAS, TÉCNICAS E EXEMPLOS PARA GESTÃO INTEGRADA

ALTA BOOKS
E D I T O R A
Rio de Janeiro, 2018

Gerenciamento de Risco em Projetos — Ferramentas, técnicas e exemplos para gestão integrada
Copyright © 2018 da Starlin Alta Editora e Consultoria Eireli. ISBN: 978-85-508-0317-3

Todos os direitos estão reservados e protegidos por Lei. Nenhuma parte deste livro, sem autorização prévia por escrito da editora, poderá ser reproduzida ou transmitida. A violação dos Direitos Autorais é crime estabelecido na Lei nº 9.610/98 e com punição de acordo com o artigo 184 do Código Penal.

A editora não se responsabiliza pelo conteúdo da obra, formulada exclusivamente pelo(s) autor(es).

Marcas Registradas: Todos os termos mencionados e reconhecidos como Marca Registrada e/ou Comercial são de responsabilidade de seus proprietários. A editora informa não estar associada a nenhum produto e/ou fornecedor apresentado no livro.

Impresso no Brasil — 1ª Edição, 2018 — Edição revisada conforme o Acordo Ortográfico da Língua Portuguesa de 2009.

Publique seu livro com a Alta Books. Para mais informações envie um e-mail para autoria@altabooks.com.br

Obra disponível para venda corporativa e/ou personalizada. Para mais informações, fale com projetos@altabooks.com.br

Produção Editorial Editora Alta Books Gerência Editorial Anderson Vieira	Produtor Editorial Thiê Alves Assistente Editorial Ian Verçosa	Produtor Editorial (Design) Aurélio Corrêa Marketing Editorial Silas Amaro marketing@altabooks.com.br	Gerência de Captação e Contratação de Obras autoria@altabooks.com.br Ouvidoria ouvidoria@altabooks.com.br	Vendas Atacado e Varejo Daniele Fonseca Viviane Paiva comercial@altabooks.com.br
Equipe Editorial	Adriano Barros Aline Vieira Bianca Teodoro	Illysabelle Trajano Juliana de Oliveira Kelry Oliveira	Paulo Gomes Thales Silva Viviane Rodrigues	
Revisão Gramatical Thamires Leiroza Thais Garcez	**Diagramação/Layout** Daniel Vargas	**Capa** Bianca Teodoro		

Erratas e arquivos de apoio: No site da editora relatamos, com a devida correção, qualquer erro encontrado em nossos livros, bem como disponibilizamos arquivos de apoio se aplicáveis à obra em questão.

Acesse o site www.altabooks.com.br e procure pelo título do livro desejado para ter acesso às erratas, aos arquivos de apoio e/ou a outros conteúdos aplicáveis à obra.

Suporte Técnico: A obra é comercializada na forma em que está, sem direito a suporte técnico ou orientação pessoal/exclusiva ao leitor.

A editora não se responsabiliza pela manutenção, atualização e idioma dos sites referidos pelos autores nesta obra.

Dados Internacionais de Catalogação na Publicação (CIP) de acordo com ISBD

C165g	Calôba, Guilherme
	Gerenciamento de risco em projetos / Guilherme Calôba. - Rio de Janeiro : Alta Books, 2018. 288 p. : il. ; 17cm x 24cm.
	Inclui índice. ISBN: 978-85-508-0317-3
	1. Administração. 2. Gerenciamento de projetos. 3. Riscos. I. Título.
2018-1090	CDD 658.404 CDU 65.012.3

Elaborado por Odilio Hilario Moreira Junior - CRB-8/9949

Rua Viúva Cláudio, 291 — Bairro Industrial do Jacaré
CEP: 20.970-031 — Rio de Janeiro (RJ)
Tels.: (21) 3278-8069 / 3278-8419
www.altabooks.com.br — altabooks@altabooks.com.br
www.facebook.com/altabooks — www.instagram.com/altabooks

À minha esposa Ana e minha filha Mabel.

Agradecimentos

Quero expressar minha profunda gratidão a todos os que me auxiliaram na elaboração deste livro. Todos os colegas e alunos pelo debate e aprendizado. A todo o pessoal de Libra. Aos amigos de sempre e às novas amizades. A todos da Editora Alta Books, principalmente Anderson Vieira e Ruggeri, por acreditarem neste livro que se torna agora realidade.

Um agradecimento especial aos três grandes mestres: Prof. Regis Motta, por todo o trabalho conjunto e por ter me apresentado a Análise de Riscos; Prof. Virgílio José Martins Ferreira Filho, por tudo que aprendi sobre Simulação e por tanto me inspirar; e Prof. Marcos Estellita, por toda a orientação e por mostrar tantas vezes que, complexo mesmo, é o ser humano.

Por fim, agradeço a meu pai, Luiz; minha mãe, Elza; e meu irmão, Luiz Otavio, que sempre me apoiaram em todas as minhas realizações.

Sumário

Apresentação xiii

Seção 1 — Introdução e definições 1

Riscos e incertezas 3

O que é Risco, afinal? 4

Risco é questão de preferência 8

Riscos em projetos 22

Sobre o conteúdo deste livro 24

Referências 25

Seção 2 — O que você precisa saber para fazer uma (boa) análise de riscos 27

Gestão de riscos 29

Gestão integrada de riscos em projetos em uma empresa 30

Gestão de riscos conforme as normas ISO e ABNT pertinentes 30

Princípios da gestão de riscos 31

Estrutura de gestão de risco 33

Processo de gestão de risco 34

Padrão de práticas de risco do PMI 39

Planejamento do gerenciamento de riscos 41

Identificação de riscos 42

Análise qualitativa de riscos 44

Análise quantitativa de riscos 45

Planejamento das respostas aos riscos 46

Monitoramento e controle de riscos 47

Este capítulo em um coffee break 48

Referências 49

ix

Estatística descritiva 51

Sobre funções de probabilidade 52

A respeito de valores centrais 56

Frequência relativa, absoluta e histograma 57

Medidas de dispersão: Desvio-padrão, variância e percentis notáveis 59

Medidas de forma da distribuição: Assimetria e curtose 62

Representação de uma distribuição através do boxplot 64

Este capítulo em um coffee break 66

Distribuições de probabilidade "notáveis" 69

Distribuições contínuas 69

Distribuição Normal 69

Distribuição Lognormal 70

Distribuição Uniforme 71

Distribuição Triangular 72

Distribuição Pert 73

Distribuição Beta 74

Distribuições discretas 75

Distribuição de Bernoulli 75

Distribuição Binomial 76

Distribuição Geométrica 77

Distribuição Binomial Negativa 78

Distribuição Hipergeométrica 78

Distribuição Poisson 80

Este capítulo em um coffee break 81

Referências 81

Seção 3 — Configurando e executando uma análise quantitativa de risco 83

Uma visão geral: Metodologia básica 85

Objetivo da análise de risco 85

Proposição de uma metodologia para análise de risco 86

Gerenciamento de projetos em fase: Estímulo e consequências para o risco 92

Estudo conceitual: Desenvolvendo a oportunidade de negócio 94

Estudo de pré-viabilidade: Seleção de alternativas 94

Estudo de viabilidade: Detalhando a alternativa 95

Execução do projeto 96

O que (geralmente) interessa: Risco de prazo e custo 96

Este capítulo em um coffee break 97

Referências 99

Ajustando o cronograma 101

Cuidados na construção do cronograma 101

Elaborando o cronograma para a análise de risco 106

Este capítulo em um coffee break 109

Referências 110

Ajustando dados de entrada 111

Sobre testes de aderência 112

Testes estatísticos: Ilustração 115

Teste de qui-quadrado 116

Teste de Kolmogorov-Smirnov 122

Ajuste muito bom para ser verdade? 126

Ponto-final no ajuste de distribuições 128

Pergunte a quem entende: A opinião especializada 130

Começando o jogo: O que queremos saber? 131

Qualificando o topo e a base 132

Definindo o formato da distribuição 132

Atribuindo fatores qualitativos 133

Fechando o ciclo 134

Opinião e probabilidade: Uma questão condicional 136

Questões comportamentais: Tversky e Kahneman e viés de percepção 138

Heurística de disponibilidade 140

Heurística de ajuste e ancoragem 141

Mais alguns pitacos de Kahneman 143

Este capítulo em um coffee break 144

Referências 145

Preparando o modelo para a simulação 147

Partindo da análise qualitativa 147

Modelagem de riscos 148

Saídas da simulação 152

Este capítulo em um coffee break 153

Referências 155

xii   Gerenciamento de Risco em Projetos

Como funciona a simulação: Apenas o básico 157

Sistemática da simulação 157

Iterações: Quantas e por quê? 161

Brevíssima história da simulação de Monte Carlo 164

Este capítulo em um coffee break 166

Referências 167

Seção 4 — Avaliação dos resultados 169

Analisando resultados: Valores notáveis e dispersão 171

Este capítulo em um coffee break 179

Analisando a sensibilidade: Identificando fatores relevantes 181

Índice crítico 182

Correlação 183

Desvio-padrão 190

Indicador de sensibilidade de cronograma: SSI 191

Este capítulo em um coffee break 192

Referências 194

Desenvolvendo cenários de resposta 195

Introduzindo eventos de risco: Projeto-teste 196

Desenvolvendo respostas aos riscos: Projeto-teste 204

Este capítulo em um coffee break 215

Seção 5 — Revisando e fechando o ciclo
— Exemplos e estudos de caso 217

Estudo de caso 219

De casa para o trabalho 219

Projeto industrial 233

Referências 261

Revisão: Este livro em uma (longa) refeição 263

Índice 269

Apresentação

Há muito material publicado no Brasil e no mundo sobre Gerenciamento de Riscos; e deste material, uma parcela significativa fala sobre Gerenciamento de Riscos em Projetos. Decerto, a profissionalização de projetos no Brasil e a disseminação de certificações, congressos e organizações no tema evidenciam a sua importância, iniciada com o movimento originado pelo Gerenciamento de Projetos, através de instituições como PMI, IPA, PRINCE2, IPMA entre tantas outras. A profusão de cursos, capacitações e certificações na área é notável, originada por uma orientação cada vez maior das empresas em definir seus empreendimentos como projetos e administrá-los de uma forma mais profissional, seguindo metodologias e melhores práticas de mercado.

O Gerenciamento de Riscos é em geral considerado uma dimensão de projetos importante, uma vez que busca antecipar ameaças e oportunidades e lidar com elas da melhor forma possível. E essa análise de risco pode deixar de ser apenas qualitativa e se tornar quantitativa. Essa passagem requer cuidadosa análise e esmero na implantação para ser efetiva. Entretanto, grande parte do material bibliográfico sobre Riscos em Projetos tende a tangenciar a questão da Análise Quantitativa de Riscos. Tópicos como Árvores de Decisão e Simulação de Monte Carlo ficam relegados ao mundo da Pesquisa Operacional.

Assim, analisando o mercado nacional nos meados da década 2010, verificou-se não haver um livro de autoria nacional, ou editado em português, que tratasse deste tema. Trabalhando na área há mais de 15 anos, pensei em desenvolvê-lo por conta própria. Agradeço a todos que me ajudaram na empreitada: família, amigos, colegas, profissionais que lidam com o tema, dentre tantos outros.

Como bem se sabe, o profissional de Gerenciamento de Projetos deve ser completo e ter um leque de conhecimentos à disposição. Com essa iniciativa, fazemos um convite para quem trabalha em Gerenciamento de Projetos: conheça melhor esta

Análise Quantitativa de Riscos. E, similarmente, um convite ao profissional da área quantitativa: observe como o seu conhecimento em tópicos como Estatística e Simulação pode se adequar ao mundo dos projetos.

A integração do Gerenciamento de Riscos e Projetos implica em tomar as metodologias de Gerenciamento de Risco e as melhores práticas em Gerenciamento de Projetos e conseguir quantificar esse risco, de forma a comunicar e efetivamente promover a tomada de decisão de forma mais efetiva.

Este livro foi organizado de modo a otimizar a sua leitura! Sabemos que você é um profissional com tempo exíguo para tudo na vida, e que ler um livro provavelmente não será considerado pelo seu empregador como uma atividade laborativa (como deveria, sim, ser reconhecida!). O esquema abaixo ilustra como seguiremos dentro do material:

Introdução e definições	Conhecimento prévio necessário	Configuração e execução da análise quantitativa	Avaliação dos resultados	Exemplos e casos
		Ajuste do cronograma		
	Riscos em projetos	Alimentação do modelo	Analisando	
		Os dados e o especialista	a saída da	Indo para o
	Sistemáticas de		simulação	trabalho
	gestão de projetos	Incorporação da análise		
Riscos e		qualitativa	Análises de	Contratação,
incertezas	Estatística descritiva		sensibilidade	construção e
		Configurando a	& caminho	operação
	Distribuições de	simulação	crítico	
	probabilidade			
		Rodando a simulação		

Fique à vontade para caminhar diretamente para um tópico de sua preferência ou seguir pela ordem das páginas. Alguns tópicos podem ser do seu total domínio enquanto outros podem ser novidade ou carecer de revisão. Em todo caso, o sentido de conjunto do livro é partilhado em cada capítulo, sem perdermos a orientação geral, mas desenvolvendo a mensagem de forma completa e concisa.

Esperamos que você aproveite a leitura e aplique o conteúdo suportando o processo de tomada de decisão e ajudando seus projetos a atingirem seus objetivos. Boa leitura!

Seção 1 — Introdução e definições

Nesta seção, falaremos sobre definições e conceitos introdutórios. Como mencionaremos diversas vezes ao longo deste texto, a metodologia de Análise de Risco não se torna complexa pelo seu próprio proceder; é a dimensão humana, que está envolvida em todos os processos, o principal elemento da Análise. Afinal de contas, a Análise de Risco tem o propósito de facilitar a tomada de decisões; uma função claramente humana. Discutiremos primordialmente estas questões.

Riscos e incertezas

Muito se fala sobre Risco. Uma busca no Google sobre a palavra retorna mais de 80 milhões de entradas. Esse risco pode ter diferentes conotações.

A palavra menos popular para risco denomina-se incerteza (apenas 5 milhões de hits no Google). São palavras irmãs, muito misturadas e usadas abundantemente na literatura.

A nossa abordagem neste texto, uma de várias possíveis para o tema, é considerar incerteza como a presença de variabilidade em um resultado. Ou seja, o tempo que você leva para chegar ao trabalho possui incerteza, uma vez que fatores como o tempo em sinais de trânsito, possibilidade de acidentes e condições viárias não são constantes; a quantidade de água que você consome diariamente também é, visto que, mesmo que você consuma dez copos de água por dia, estes copos certamente terão volumes distintos; assim como o número de passos que leva para dar a volta no quarteirão. A incerteza está em tudo.

Certamente o resultado da venda de uma filial da empresa, um novo projeto de investimento ou o próprio resultado do balanço anual estão sujeitos a incertezas. Elas podem ter menor ou maior importância, e isso nos dirá se vale a pena modelá-las.

A qualificação e a quantificação de uma incerteza nos levam a outra variável: o risco. Risco é o nome que damos à variabilidade do resultado, ou o tamanho da incerteza, seu impacto.

Dando aspectos mais formais a esse tratamento, podemos obter algumas definições. A ISO 31000, de 2009 (ISO, 2009) considera a seguinte definição: "Organizações de todos os tipos e tamanhos enfrentam influências e fatores internos e externos que tornam incerto se e quando elas atingirão seus objetivos. O efeito que a incerteza tem nos objetivos de uma organização denomina-se 'Risco'."

A mesma norma informa que incerteza "é o estado, mesmo que parcial, da deficiência das informações relacionadas a um evento, sua compreensão, seu conhecimento, sua consequência ou sua probabilidade".

Este livro discutirá a qualificação e a quantificação de incertezas em projetos, se atendo ao tema de análise de risco e penetrando com maior profundidade nos aspectos quantitativos, que são menos mencionados em livros de Análise de Risco em Projetos. Podemos dizer que a análise de risco financeira está mais desenvolvida neste sentido, mas podemos trazer conceitos e modelagens do mundo das finanças para o mundo dos projetos, uma vez que a própria modelagem de modelos financeiros vem, em muitos casos, da observação de fenômenos naturais da ciência.

O que é Risco, afinal?

O The Risk Management Guide[1] ("O Guia de Gerenciamento de Risco", em tradução livre) apresenta algumas definições interessantes para risco:

→ Risco é mais comumente dito como algo que deva ser evitado.

→ É a incerteza de resultado, seja uma oportunidade positiva ou uma ameaça negativa, em função de ações ou eventos.

→ Risco é a chance, pequena ou grande, que um dano ou resultado adverso ocorra em função de determinado perigo.

→ É a combinação de probabilidade e impacto, incluindo a importância percebida.

→ Um Risco é um evento que ainda não ocorreu, mas se o fizer poderá afetar adversamente o resultado, a entrega, o orçamento ou o cronograma do projeto.

Os dicionários nos fornecerão informações similares. O Michaelis da Língua Portuguesa, por exemplo:

- *ital rischio:* Possibilidade de perigo, incerto, mas previsível, que ameaça de dano a pessoa ou a coisa.

- *R. bancário, Com:* O que decorre do negócio entre banqueiros ou entre o banco e os correntistas. *R. profissional, Dir:* Perigo inerente ao exercício de certas profissões, o qual é compensado pela taxa adicional de periculosidade.

- A risco de, com risco de: Em perigo de. A todo o risco: exposto a todos os perigos.

- *Correr risco:* Estar exposto a.

---

1   http://www.ruleworks.co.uk/riskguide (conteúdo em inglês)

Já o Houaiss nos dirá que Risco é a:

+ Probabilidade de perigo, ger. com ameaça física para o homem e/ou para o meio ambiente. Ex.: <r. de vida> <r. de infecção> <r. de contaminação>.

+ Derivação: Por extensão de sentido. Probabilidade de insucesso, de malogro de determinada coisa, em função de acontecimento eventual, incerto, cuja ocorrência não depende exclusivamente da vontade dos interessados. Ex.: o projeto está em r. de perder seu patrocínio.

+ Rubrica: Termo jurídico. Em contratos de seguro, incidente que acarreta indenização. Ex.: <r. de roubo> <r. de incêndio>.

+ Rubrica: Termo jurídico. Responsabilidade ou encargo acerca da perda ou do dano por situação de risco.

Quando há risco e incerteza, é possível compreender os seus efeitos e **desenvolver respostas** para **aproveitar** as oportunidades e **reduzir** o efeito das ameaças.

Este tipo de questão em geral nos remete a um **problema de decisão**, de escolha.

Os elementos de um problema de decisão serão:

+ Valores e objetivos: Existe alguma escala através da qual possamos medir o benefício ou o malefício das consequências da escolha, conectado aos objetivos que traçamos.

+ Decisões a serem tomadas: Poderão ser escolhas de como desenvolver o projeto, que tipo de mitigação deverá ser desenvolvido etc.

+ Eventos incertos: A ocorrência de um risco poderá, por exemplo, ser um evento incerto.

+ Consequências relacionadas às decisões e aos riscos.

Kutsch e Hall (2010) trazem uma luz ao tema de análise de risco e incerteza para projetos, ilustrando uma estrutura de avaliação da ignorância, cunhada por Smithson (1989).

Conceituar a ignorância é importante, uma vez que faz parte de uma coleção de palavras que podem ser usadas com muitos significados. A definição de Smithson (1989) especifica que "A é ignorante do ponto de vista de B se A não concorda ou não conhece ideias ou conceitos que B considera válidos ou potencialmente válidos".

A ignorância sobre um resultado pode ser resultante de erro ou irrelevância. Aqui, irrelevância é definida como a qualidade de atribuir, por arrogância ou qualquer outro julgamento, pouca importância à incerteza acerca de determinado fator. A irrelevância é a ignorância deliberada, enquanto o erro sempre ocorrerá por imprecisão de medições ou pela natureza da situação.

Existem três diferentes modalidades identificadas por Smithson (1989) para a irrelevância. Outra forma de nomear essa categoria é pensar em questões que são evitadas e não são discutidas. São elas:

→ Fora de tópico: Intuições dos profissionais de referência (experts) que não podem ser confrontados em termos de relevância cognitiva. Em outras palavras, são aqueles elementos que "não se discutem" porque existe uma referência prévia, em geral representada pela forte opinião de um especialista, que veda essa consideração. Como citado por Margolis (2003): "Os experts em geral aprendem a se concentrar no que é crítico na sua experiência do tópico em questão e ignoram todo o restante."

→ Tabus: Questões com as quais as pessoas não se envolvem, questionam, investigam ou conhecem. São restrições morais ou de precaução com o que se considera não apropriado lidar. A exposição de um risco é válida para o processo de análise e planejamento de resposta, mas pode criar ansiedade entre as partes interessadas. É uma irrelevância reforçada socialmente.

→ Indecisividade (Undecidability): Questões que não podem ser consideradas verdadeiras ou falsas porque são classificadas como insolúveis, ou as soluções não são demonstráveis. Ocorre quando diferentes partes interessadas do projeto julgam um aspecto sob luzes diametralmente opostas. Por mais que tentem demonstrar seus pontos de vista, é impossível chegar a um consenso. Desta forma, opta-se por não considerar esses fatores.

Cabe comentar que a irrelevância é válida. O conjunto cognitivo de fatores que impactam um projeto deve ser restringido ou podemos, no limite, considerar as implicações de "preços de brinquedos na política de defesa do país" (Smithson, 2011). Este exemplo fantástico lida com a questão do "fora de tópico". Neste caso, é corretíssimo excluir este tema da análise. A capacidade de síntese é essencial em todos os trabalhos.

Como nos salvar, então, da irrelevância? Uma boa ideia é tentar confrontar opiniões de especialistas e usar técnicas de *blind review* de tomada de decisão, como a técnica Delphi; em que os responsáveis por opinar sobre as questões não estão identificados, e a hierarquia, tanto formal quanto relacional (caso dos experts), é eliminada. São processos mais complexos e longos, mas podem ser essenciais para que a análise de risco não fique limitada sempre aos mesmos fatores.

Olhando o outro ramo da árvore da ignorância de Smithson, encontramos o chamado erro ou ignorância passiva. Neste caso, estamos ignorando sem nos percebermos de nossa ignorância.

O erro é categorizado em Distorção ou Incompletude. A Distorção na percepção é, por sua vez, causada pela confusão (avaliação incorreta ou incoerente substituição de uma opção por outra) ou imprecisão (uso de viés ou distorção na análise). Um exemplo de confusão é considerar que um produto de qualquer linha da empresa é ótimo uma vez que um produto específico é líder de mercado. A imprecisão já envolve questões como considerar que uma empresa tem padrões excelentes de SMS porque seu país sede é referência neste tema. Já a incompletude divide-se em incerteza e ausência de informação, que se define por si só. Enquanto a incerteza se divide em três elementos.

O primeiro, a qualidade de ser vago, tem duas subcategorias: *fuzziness* (que é a qualidade se ser indistinto) e a não especificidade (que consiste na falha em compreender em suficiente detalhe para permitir a identificação). Para exemplificar, considere a altura de uma pessoa. Quando ela deixa de ser alta e passa a ser baixa? Quando um equipamento pode ser considerado robusto? Este tipo de incerteza é um atributo *fuzzy*. Por outro lado, dizer que um local fica próximo — a cinco minutos — pode ser insuficiente, uma vez que não sabemos se a distância será percorrida a pé ou por meio de alguma condução.

O termo ambiguidade se refere à possibilidade de atribuir a uma mesma palavra diferentes atributos. Quando considera-se, por exemplo, que o equipamento é "bom", o pessoal de avaliação de compras pode achar que é barato ou fácil de contratar; a equipe de vendas, que é de alto volume de vendas; e o pessoal de projeto, que é fácil de concluir em tempo e custo. Ou seja, falta consenso sobre o significado da palavra. Repare que esse conceito é distinto da não especificidade, embora ambos possam ser evitados a partir de uma descrição mais completa dos conceitos.

O trabalho de Kutsch e Hall (2010) tem o foco no outro ramo da árvore, denominado de irrelevância, que é mais complexo e não depende apenas de obter mais informações ou mais tempo de investigação para se avaliar, mas se trata da ignorância por escolha. Há inúmeros trabalhos e modelos sobre comunicação e seus problemas, e este é apenas um que introduz o tópico e sua relevância.

A partir da modelagem e análise de risco, é possível montar um mapa de consequências, priorizar os riscos e tratá-los de uma forma sistematizada, como será visto na sequência.

Risco é questão de preferência

A noção de risco que queremos desenvolver pode ser definida claramente a partir de um exemplo básico.

Suponha que tenhamos uma situação em que lhe são dadas duas opções:

1. Receber $1.000,00.
2. Jogar uma moeda e, com 50% de chance, receber $2.000,00 e, com 50% de chance, nada receber.

Verifica-se que, na primeira opção, há a ausência total de incerteza, apenas um resultado certo, definido, em termos do ganho de $1.000,00. No segundo caso, entretanto, existe risco. Tanto pode-se ganhar quanto perder. Se tomarmos a média dos resultados, no entanto, ponderando as probabilidades pelos ganhos, teremos:

Valor Médio = 50% . $2.000 + 50% . $0 = $1.000 + 0 = $1.000,00

Este valor médio costuma-se chamar Valor Monetário Esperado (VME).

As duas opções têm o mesmo valor médio. Como se pode seguir daí? O que devemos escolher?

Naturalmente, como a primeira opção não possui risco, o investidor racional tenderá a escolhê-la. Entretanto, um investidor arrojado poderá assumir a opção arriscada. Entra em jogo a ideia de tolerância ao risco, um conceito essencial para determinar o apetite dos investidores a negócios com maior ou menor risco.

A tendência natural é que o investidor seja avesso ao risco. Essa posição, explicada à exaustão por Raiffa (1968) e tantos outros, significa que esse investidor enxerga, na segunda opção, um Valor Equivalente inferior aos $1.000,00. Vamos a um primeiro ponto sobre a validade de uso do valor médio esperado:

O Paradoxo de Ellsberg: Conhecimento e incerteza

Suponha que exista uma urna contendo 90 (noventa) bolas. É sabido que 30 (trinta) destas bolas são da cor cinza. As outras 60 (sessenta) podem ser pretas ou brancas. As 60 bolas são de uma única cor, ou pretas ou brancas. Cabe ao decisor escolher entre as seguintes opções e retirar uma bola do conjunto:

A — Se a bola for cinza, receber $100,00.

B — Se a bola for preta, receber $100,00.

Riscos e incertezas 9

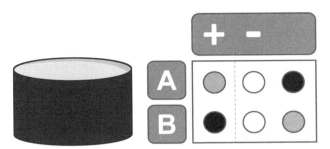

Figura 1.1: Paradoxo de Ellsberg (primeira decisão)

Este problema foi proposto inicialmente por Ellsberg (1962) e confronta o risco conhecido (1/3 das bolas SÃO cinza) com o risco desconhecido (2/3 das bolas podem ser pretas ou não). São fontes distintas de incerteza, o que pode levar a uma escolha que não apele para o lado racional.

Podemos calcular os valores esperados, ponderando probabilidades por resultados para cada uma das opções, da seguinte forma:

VE(A) = **P(Cin) x 100** + P(Pr) x 0 + P(Br) x 0 = 1/3 x 100 = 33,33

VE(B) = P(Ci) x 0 + **P(Pr) x 100** + P(Br) x 0 = P(Pr) x 100

Como a probabilidade de sucesso em A é completamente conhecida, a maior parte dos entrevistados escolhe essa opção; muito embora não haja como dizer que a opção B é probabilisticamente inferior.

Ellsberg (1962) propõe ainda outro problema, considerando a mesma urna. Uma bola será retirada na mesma condição inicial e o decisor deve escolher entre:

C — Se a bola for cinza ou branca, receber $100,00.
D — Se a bola for preta ou branca, receber $100,00.

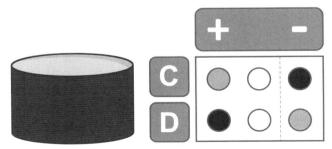

Figura 1.2: Paradoxo de Ellsberg (segunda decisão)

Note na figura que a única diferença entre a opção A e a opção C foi que a bola branca passou a ser parte do lado positivo da aposta. Na opção D, o mesmo ocorreu. Naturalmente, se acreditamos que $P(Ci) > P(Pr)$ e escolhemos a opção A, é apenas natural acharmos que $P(Ci) + P(Br)$ seja maior que $P(Pr) + P(Br)$ e escolhermos a opção C.

Novamente o problema brinca com a percepção de risco e incerteza e conjectura sobre a certeza e a incerteza. Podemos equacionar a questão como fizemos anteriormente:

$VE(C) = $ **$P(Ci)$ x 100 + $P(Br)$ x 100** $ + P(Pr)$ x 0 = 1/3 x 100 + $P(Br)$ x 100

$VE(D) = P(Ci)$ x 0 + **$P(Br)$ x 100 + $P(Pr)$ x 100** $ = P(Br)$ x 100 + $P(Pr)$ x 100 = 0,66 x 100 = 66,66

Note que, agora, a opção D permite sabermos exatamente a probabilidade de sucesso, enquanto a opção C ainda depende de avaliarmos se as bolas dentro da urna são pretas ou brancas.

Embora os problemas apresentem aparentemente a mesma probabilidade para as soluções A e B e também para C e D, a tendência geral das pessoas é escolher as opções A e D, por serem, na interpretação, menos incertas.

Desta forma, o normal seria supor que o valor esperado da opção A é, de alguma forma, superior ao da opção B. Assim, esperaríamos que $VE(A) > VE(B)$. Recuperando o que desenvolvemos anteriormente vem:

$VE(A) = 33,33 > VE(B) = P(Pr)$ x 100.

Ou seja, 0,33 > $P(Pr)$ ou $P(Pr) < 33\%$. Se a probabilidade de se tirar uma bola preta for menor que 33%, o valor esperado de A é maior que o de B.

Vejamos o segundo caso. Se escolhemos D em detrimento a C, o valor esperado de D deverá ser maior que o de C. Assim:

$VE(D) = P(Br)$ x 100 + $P(Pr)$ x 100 > $VE(C) = 1/3$ x 100 + $P(Br)$ x 100

Cancelando o termo $P(Br)$ x 100 dos dois lados, ficamos com 1/3 x 100 < $P(Pr)$ x 100, então,

$1/3 < P(Pr)$ ou $P(Pr) > 33\%$.

Ou seja, a escolha de A e D simultaneamente, por mais lógica que pareça ser, não seguiu a ideia fundamental da maximização do valor esperado, uma vez que o fator desconhecido, a probabilidade das bolas serem pretas ou brancas, favorece uma ou outra opção, paradoxalmente. Não há paradoxo nenhum na interpretação da questão, basta inserir o medo ou a atração pelo desconhecido; fatores da natureza humana.

Similarmente, sabemos que quanto melhores as condições de uma empresa, menor será a taxa de juros cobrada pelo banco para conceder-lhe um empréstimo. Aqui somos novamente visitados pelo conceito de risco, uma vez que quanto maior for a incerteza — neste caso a possibilidade de que o empréstimo não seja pago —, maior será a taxa cobrada.

Este tipo de raciocínio funciona para o investidor, também. Quanto maior o risco de um determinado investimento, medido em geral como a variabilidade da taxa de retorno do capital investido, maior será a taxa de retorno exigida para que ele entre no investimento.

Os modelos de precificação de ativos e de avaliação de empresas repousam grande parte de sua análise na avaliação de riscos, tanto nas operações internas da empresa como na comparação com o mercado, em modelos de precificação de capital, como o CAPM. Para maiores informações sobre modelos de precificação de ativos e avaliação de empresas, consulte Gitman (2010), Markowitz (1952) e Calôba, Motta et al. (2008).

Vamos desenvolver um exemplo simples sobre valor esperado e valor equivalente para o tomador de decisão.

Suponha que você está envolvido em um negócio que, como muita coisa na vida, prevê uma possibilidade de ganho (75%) e outra de perda (25%). Vamos aos valores para esta opção, que chamaremos de A, na Figura 1.3.

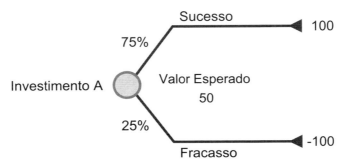

Figura 1.3: Árvore de decisão (investimento "A")

Na imagem temos uma árvore de decisão que, neste momento, está registrando apenas a incerteza do investimento "A", através do nó de incerteza representado pelo círculo. O negócio tem a possibilidade de ganho de $100,00 e perda de $100,00. O valor esperado desse negócio é 75% x 100 + 25% x (-100) = 75 – 25 = 50.

Considere a existência de uma opção ao investimento "A", de receber um valor "certo", sem nenhuma incerteza, e deixá-lo de lado. Em outras palavras, se alguém quiser comprar o seu investimento, por quanto você venderia esta oportunidade?

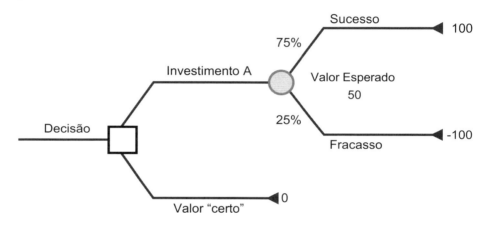

Figura 1.4: Árvore de decisão (investimento "A" com opção de saída)

Uma pessoa neutra ao risco aceitaria $50,00 pelo negócio, uma vez que é o valor esperado. Quem seja propenso ao risco pediria mais e quem é avesso ao risco aceitaria menos que o valor esperado. Naturalmente, essa decisão depende do "apetite" ao risco de quem está com a decisão em suas mãos. Por simplicidade, e em consonância com o que o paradoxo de Ellsberg nos ensinou, vamos considerar que as pessoas e, em particular, as empresas, são avessas ao risco. Walls (2004) fez um estudo criterioso no mundo da exploração de óleo e gás e demonstrou esse ponto a partir de dados dos leilões de concessões no Golfo do México.

Suponha, neste caso, que o salário mensal do indivíduo (ou receita líquida mensal da empresa que possui esse investimento) seja de $2.500,00, ou seja, os $100,00 são apenas 4% do seu orçamento mensal, algo que pode ser perdido sem grandes traumas. Vamos complicar um pouco mais o jogo, com outro investimento.

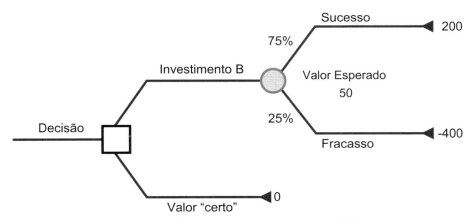

Figura 1.5: Árvore de decisão (investimento "B")

O investimento "B" considera um valor para o sucesso de $200,00 e, para o fracasso, $400,00. Ponderando o valor esperado, teremos 75% x 200 + 25% x (-400) = 150 – 100 = 50. Entretanto, o valor do fracasso já representa 16% do orçamento. O investimento possui mais risco que A. Neste momento, para o investidor "avesso" ao risco, a possível perda começa a pesar mais que o ganho de $200,00.

Considere agora o investimento "C".

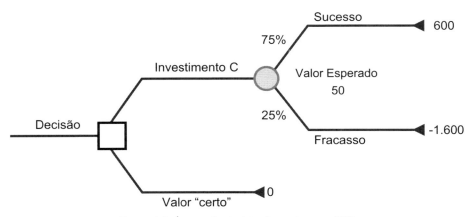

Figura 1.6: Árvore de decisão (investimento "C")

Agora o prejuízo com o fracasso chega a $1.600, ou 75% do orçamento mensal. O investimento está se tornando bastante significativo. Talvez, o valor da perda seja tão significativo, e o negócio seja de tal forma arriscado que você até aceite entregá-lo de graça ou, para ser honesto, pagar para se livrar dele. Apesar da ideia ser a princípio estranha, pense em quantos investimentos ou negócios ruins você já viu ocorrerem em que o dono até aceitaria pagar um valor para passar adiante.

Você acertou se acha que vamos colocar investimentos ainda mais arriscados. Os investimentos D e E consideram valores ainda maiores de perda com valores de ganho que mantenham o projeto com o mesmo valor esperado. Resumindo todos em uma única tabela, temos:

Investimento	Sucesso		Fracasso		Valor Esperado
	Prob	Resultado	Prob	Resultado	
A	75%	$100	25%	-$100	$50
B	75%	$200	25%	-$400	$50
C	75%	$600	25%	-$1.600	$50
D	75%	$1.130	25%	-$3.200	$50
E	75%	$1.733	25%	-$5.000	$50

Resumo dos investimentos

Verifique que a última opção, E, tem um risco de perda de $5.000,00, o orçamento de dois meses e meio. Possivelmente é o potencial para quebrar uma empresa e colocar uma pessoa em uma necessidade de crédito alto.

As cinco opções possuem o mesmo valor esperado, mas são bastante diferentes. Enquanto nosso tomador de decisão, averso ao risco, provavelmente trocaria o valor do investimento A apenas por algo muito próximo do esperado, definitivamente pagaria algum valor para se livrar dos dois últimos investimentos.

Uma forma de calcular esse valor equivalente é utilizar um conceito chamado função utilidade, que atribui um valor, ou utilidade, a um possível resultado. Raiffa (1968) e outros tantos comentaram sobre a função utilidade exponencial, que é a função de um parâmetro R (chamado de tolerância ao risco) que corresponde a um valor de referência para perdas. Walls e Dyer (1996) propõem o seguinte problema para calcular a tolerância ao risco.

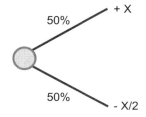

Figura 1.7: Determinando a tolerância ao risco conforme WALLS e DYER (1996)

O comportamento desta função utilidade é tal que valores negativos possuem, necessariamente, utilidade negativa e maior, em módulo, que seus equivalentes positivos. Em outras palavras, em um negócio que você pode perder x ou ganhar o mesmo x, ou seja, a utilidade, o valor do negócio será considerado negativo, já que você é, por definição, avesso ao risco. Quando os valores x em questão forem muito menores que a tolerância ao risco, o valor da aposta ficará aproximadamente igual a seu valor esperado.

Supondo que a tolerância ao risco do nosso tomador de decisão seja seu salário ou orçamento mensal ($2.000,00), é possível estimar a função utilidade para os valores de sucesso e fracasso das diferentes opções de investimento e, também, chegar ao valor de referência para a utilidade do investimento; também conhecido como Equivalente Certo.

Vamos a uma ilustração. Considerando a tolerância ao risco, veja na Figura 1.8 o investimento A e B.

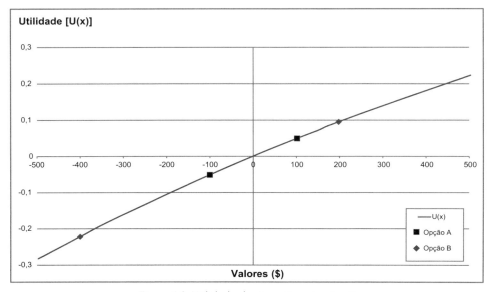

Figura 1.8: Utilidade dos investimentos A e B

Para calcular o Equivalente Certo (EqC) da opção A, ponderamos as utilidades de fracasso e sucesso pelas suas probabilidades. Sabendo que U(Sucesso em A) = 0,0487 e U(Fracasso em A) = -0,0512, temos U(A) = U(Sucesso) x P(Sucesso) + U(Fracasso) x P(Fracasso) = 0,0487 x 0,75 + (-0,0512) x 0,25 = 0,0237. Plotando este valor de utilidade (eixo y) de volta no eixo de valores em $ (eixo x), temos EqC(A) = 48,09. Ou seja, a incerteza que existe em A gerou uma redução de incerteza no valor esperado de $1,91. A Figura 1.9 ilustra.

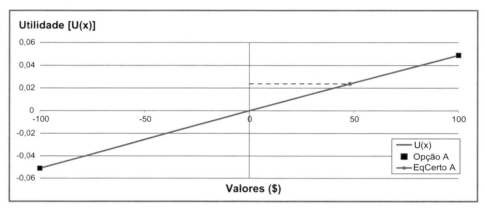

Figura 1.9: Utilidade dos investimentos A e B

Há uma proximidade muito grande entre o valor esperado ($50) e o equivalente certo para a opção A. Repare que nestas faixas de valores (entre -100 e +100 e entre -500 e +500) a função é bastante similar a uma reta, mas o que ocorre se reduzirmos o "zoom" na escala, enxergando desde -5.000 até +5.000?

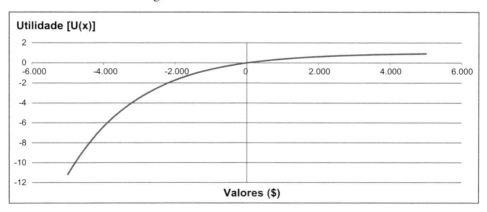

Figura 1.10: Função utilidade

Verifique que o lado negativo da curva se acentua rapidamente, enquanto o lado positivo tende a uma assíntota por volta do valor 1 de utilidade. Este comportamento mostra claramente a postura avessa ao risco. Agora, vejamos a curva de utilidade com os valores de cada opção de investimento. Os pontos positivos representam o sucesso e os pontos negativos, obviamente, representam o pior resultado.

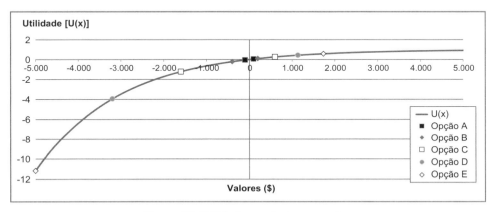

Figura 1.11: Utilidade para todas as opções

A ponderação das utilidades pelas probabilidades determina uma utilidade média, calculada na tabela a seguir.

Investimento	Sucesso		Fracasso		Utilidade da opção
	Valor	Utilidade	Valor	Utilidade	
A	$100	0,049	-$100	-0,051	0,024
B	$200	0,095	-$400	-0,221	0,016
C	$600	0,259	-$1.600	-1,226	-0,112
D	$1.133	0,433	-$3.200	-3,953	-0,664
E	$1.73300	0,580	-$5.000	-11,182	-2,361

Resumo dos investimentos — Utilidade

Podemos ver que nas opções C, D e E o tomador de decisão estaria disposto a pagar para se livrar da oportunidade. Porém, quanto? Façamos o último passo calculando o equivalente certo, o quanto valem as oportunidades.

18 Gerenciamento de Risco em Projetos

Investimento	Valor esperado	Equivalente certo	Prêmio pelo risco
A	$50,00	$48,09	$1,91
B	$50,00	$32,30	$17,70
C	$50,00	-$212,32	$262,32
D	$50,00	-$1.018,23	$1.068,23
E	$50,00	-$2.424,51	$2.474,41

Resumo dos investimentos — Equivalente certo e Prêmio pelo risco

A tabela demonstra que a opção C tem valor equivalente negativo de $212. Ou seja, o empresário estaria disposto a pagar $212 para "se livrar" da oportunidade. A quarta coluna da tabela, o prêmio pelo risco, representa a diferença entre o valor esperado e o equivalente certo, ou seja, o quanto teríamos que receber em cima do negócio para "topar" fazê-lo.

A Figura 1.12 ilustra graficamente os valores de equivalente certo para todas as opções.

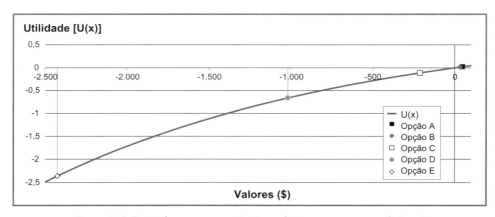

Figura 1.12: Equivalente certo e prêmios pelo risco para opções C, D e E

A possibilidade de uma perda mais expressiva nos torna mais ressabiados, restritos e temerosos na hora de investir. Walls e Dyer (1996) fazem uma alusão ao Equivalente Certo como o valor pago por blocos exploratórios no Golfo do México, encontrando boa adequação e elaborando perfis de risco para diferentes empresas. Com certeza, o valor do negócio depende de quem está no comando.

No mundo das finanças, alguns conceitos sobre risco são bem conhecidos:

→ **Value-at-Risk**: A perda ou resultado negativo esperado com um determinado percentual (a probabilidade de que você perca mais de $10 mil em uma semana com esse investimento é de 1%).

→ **Risco de um portfólio**: A noção da variabilidade do resultado de uma posição composta por um conjunto de ações e títulos (o risco do portfólio é de 2% sobre a média de 16% ao ano, sendo esses 2% equivalentes ao desvio-padrão).

→ **Volatilidade de um título**: Determinada como uma variação máxima ou média esperada em um determinado prazo (a ação não deverá subir ou cair mais de 8% em um mês).

Associamos risco à presença de volatilidade, incerteza em um resultado final. Nós garantimos a premissa de investir em situação de risco apenas quando o resultado esperado é superior (a uma determinada variável de risco identificada). Precificamos baseado em risco, calculamos risco de investimentos, projetos, empresas, países.

Uma questão importante a se considerar é por que fazer a análise de risco? Quais as vantagens (e desvantagens) de se avaliar o risco em um empreendimento industrial desenvolvido por uma empresa, por exemplo?

Podemos dizer que a Análise de Risco é um passo incremental na avaliação de oportunidades de investimento. Como se sabe, Gitman (2010), Motta e Calôba (2002) e muitos outros mencionam os métodos para avaliação de um determinado projeto, uma vez obtido seu fluxo de caixa a partir da redução de um prospecto a suas variáveis econômico-financeiras, como receita, custo, capital de giro etc. As ferramentas adequadas para fazer tal avaliação são o Valor Presente Líquido, a Taxa Interna de Retorno e seus similares.

Um primeiro passo no sentido da avaliação de riscos do projeto seria realizar uma análise de sensibilidade, também denominada *coeteris paribus* (em latim, *sendo todo o resto igual*). Nessa análise, cada variável que possa ter impacto no resultado (VPL, por exemplo) é variada individualmente, sendo registrado seu efeito no resultado. Para uma análise final, teremos uma lista de variáveis que mais impactam, individualmente, no resultado final desejado. A partir dessa lista, podemos tomar algumas decisões para conter as variações e reduzir os impactos indesejados.

Considerando uma complexidade maior, façamos uma análise de cenários. Nesse tipo de situação, são projetadas possíveis situações de futuro que implicam em determinados valores para as variáveis que importam (cenário recessivo ou favorável a exportações, por exemplo). Trata-se de uma análise mais complexa e trabalhosa, em que podem ser considerados elementos estratégicos, como uma análise de forças competitivas (PORTER, 1978), da cadeia produtiva e vantagem competitiva (PORTER, 1986) ou ainda análises de Forças, Oportunidades, Fraquezas e Ameaças. As Árvores de Decisão também podem ser aplicadas neste tipo de avaliação.

Por fim, é possível desenvolver a análise ao ponto de identificar cada variável importante (detectada na análise de sensibilidade, por exemplo) e modelá-la segundo a probabilidade de ocorrência dos valores possíveis. Neste ponto, caminhamos para o desenvolvimento de uma Simulação Estocástica, e nosso objetivo é obter uma distribuição de probabilidade para um determinado resultado.

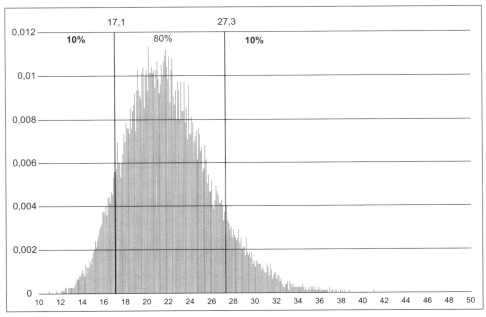

Figura 1.13: Distribuição de probabilidade (exemplo)

A Figura 1.13 apresenta uma simulação realizada para um determinado serviço a ser licitado. Possui implicações tanto para quem contrata quanto para quem está sendo contratado. Supondo que ambas as empresas possuam as ferramentas para chegar à mesma estimativa de custo do serviço, é possível afirmar que elas podem atuar de forma mais adequada. Verifica-se que o valor do serviço se situa entre US$11 e US$43 milhões, estando mais provavelmente entre US$17 e US$27 milhões.

Observando-se a barra superior na figura, verificamos que a probabilidade de obter um valor menor que 17 milhões (17,10, para ser mais preciso) é de 10%. Isto significa que, se a empresa contratada oferecer menos que este valor pelo serviço é

Riscos e incertezas 21

possível que não consiga realizá-lo, podendo ser enquadrada em alguma cláusula de inexequibilidade.

Por outro lado, caso ofereça um valor maior do que 27 milhões (27,30, na verdade), há uma probabilidade de mais de 90% que o custo do serviço seja inferior a este valor. Assim, a existência da curva possibilita a ambos os lados calibrarem melhor seus interesses e minimizarem os riscos (inclusive o risco de perder a concorrência!).

Apesar de não ser a aplicação pioneira da simulação, a avaliação de fluxos de caixa de empreendimentos com risco é uma aplicação extremamente comum. A partir deste uso corriqueiro, outros tipos de análise de risco foram desenvolvidos, como Análise de Riscos para Segurança, Meio Ambiente, Operações e, de uma forma integrada, todos esses conhecimentos podem ser remetidos a Análise de Riscos em Projetos.

Suponha agora que na avaliação de um negócio se considere apenas a Taxa Interna de Retorno ou o VPL para se tomar a decisão.

A decisão de qual valor empregar para cada variável envolvida, seja preço, custo variável ou investimento necessário é função de estimativas que não podem ser 100% precisas. Isto significa que, em algum dado momento, alguém define o valor a ser utilizado para aquela variável. Com isso, é possível que ocorra algo que podemos denominar de "Síndrome dos 10%".

A Síndrome dos 10% corresponde ao fenômeno de obtermos valores para o projeto que não correspondem aos valores efetivamente esperados, devido a uma tendência natural de subestimar ou superestimar o potencial dos projetos.

Consideremos que um gerente recebe uma análise técnica feita pelo seu analista sobre o projeto, apontando um Valor Presente Líquido adequado. Entretanto, devido a sua experiência, o gerente reduz o preço determinado e aumenta o custo fixo, uma vez que o risco não está modelado. Por sua vez, o gerente da subsidiária procede da mesma forma e ocorre um efeito cascata através do qual o valor que chega ao *board* para decisão não corresponde ao valor inicialmente calculado de maneira científica para o projeto.

Este é um dos principais problemas que pode ocorrer na avaliação de investimentos e que, como mencionado anteriormente, pode variar para os dois lados, subestimando ou superestimando o projeto. Por não ter havido uma consideração sobre a análise de risco na avaliação, essa análise é injetada mecanicamente *a posteriori*.

No entanto, se houver uma análise mais detalhada e discriminada, considerando a variabilidade e o risco, é possível chegar a essa fase com uma distribuição de probabilidade de valores viáveis para o VPL, esclarecendo a decisão e reduzindo o número de "premissas ocultas" consideradas na avaliação. Naturalmente é um processo mais trabalhoso e que exige muito mais tempo e conhecimento de quem o faz, mas inegavelmente vem sendo adotado pelas grandes empresas brasileiras e estrangeiras e é uma realidade no mundo corporativo de hoje.

Riscos em projetos

Projetos são por definição "um empreendimento temporário, com objetivo de criar um produto, serviço ou resultado único" (PMI, 2017). No caminho de criação deste resultado único existem diversas incertezas e mapeá-las e se preparar para lidar com elas é extremamente necessário para evitar problemas e aproveitar as oportunidades que cada situação apresenta.

O PMI (2017) nos diz que "o risco do projeto é um **evento ou condição incerta** que, **se ocorrer**, terá um **efeito <u>positivo</u> ou <u>negativo</u>** sobre pelo menos um **objetivo do projeto**", como tempo, custo, escopo ou qualidade.

Além disso, nos apresenta dez áreas de conhecimento para a Gestão de Projetos. Podemos identificá-las rapidamente aqui:

- → Gestão de Escopo do Projeto
- → Gestão de Tempo do Projeto
- → Gestão de Custo do Projeto
- → Gestão de Qualidade do Projeto
- → Gestão de Recursos Humanos do Projeto
- → Gestão de Riscos do Projeto
- → Gestão de Comunicação do Projeto
- → Gestão de Aquisições do Projeto
- → Gestão de Partes Interessadas do Projeto
- → Gestão de Integração do Projeto

Naturalmente, sem definir o escopo do projeto, ou seja, o que se deseja produzir em seus termos únicos é bastante complexo determinar a gestão de tempo do projeto. Da mesma forma, sem os dois elementos anteriores, a gestão de custo do projeto ficará deficiente. Uma vez definidos de forma coerente o escopo, o tempo e o custo, podemos criar referenciais de qualidade. O desenvolvimento destas quatro áreas é determinante para podermos desenvolver adequadamente a Gestão de Riscos do projeto.

A aplicação mais aprimorada das outras áreas de conhecimento contribuirá de forma decisiva para uma gestão de riscos mais integrada e abrangente.

Elaborar a Gestão de Riscos em projetos nos obriga a criar procedimentos para planejar e acompanhá-los. Significa ter um foco de atenção e comprometer orçamento e horas para garantir o resultado desejado.

A principal vantagem de desenvolver ativamente a gestão de riscos em projetos é conseguir antecipar e responder aos principais desvios que certamente ocorrerão ao longo do caminho. A gestão de risco também possibilita uma argumentação mais adequada com patrocinador, cliente e outros stakeholders com relação à necessidade de contingência de tempo e custo para o projeto, uma vez que a razão para o desvio se demonstra clara após a análise de riscos.

A gestão de riscos também possui algumas desvantagens, como o desenrolar de um processo arrastado e longo, o emprego de muito esforço ou a abordagem do processo de forma superficial. Todos estes fatores podem ser evitados quando se adota um procedimento estruturado para acompanhar os riscos do projeto.

Existem diversas atividades que devem ser concatenadas e coordenadas. Elas possuem uma incerteza inerente, ou seja, uma variabilidade que contribuirá para que tenhamos risco no projeto. Em geral, o risco é expresso em termos da duração e do custo, embora possamos extrapolar estas dimensões.

O PMI (2017) nos apresenta uma série de processos que, coletivamente, compõem a dimensão de riscos do projeto. A Figura 1.14 apresenta uma visão desses processos.

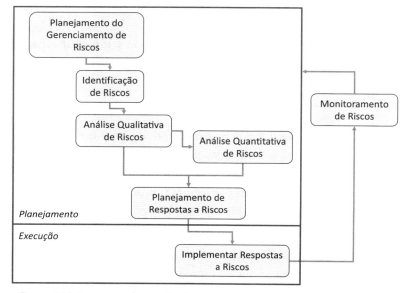

Figura 1.14: Processos de gestão de riscos em projetos, conforme PMI (2013)

Os cinco processos listados na caixa superior são pertinentes à fase de Planejamento. O processo de implementar respostas a riscos — novidade da 6ª edição do PMBOK de 2017 — está na fase de execução. O Monitoramento de Riscos pertence à fase de Monitoramento e Controle e, ao longo do ciclo de vida do projeto contribui para realimentar os outros processos.

No Planejamento do Gerenciamento, as atividades desenvolvidas buscam definir como os riscos serão gerenciados, quais as etapas, como serão as revisões e outras definições.

Na Identificação de Riscos será desenvolvido um processo extensivo para definir quais serão avaliados nas etapas posteriores.

A Análise Qualitativa buscará, a partir da lista de riscos identificados, priorizá-los segundo sua possibilidade de ocorrência e impacto causado pelo risco.

Em seguida, a Análise Quantitativa oferecerá um perfil mais detalhado de quais são os impactos específicos dos riscos, por meio da coleta de dados e tratamento realizados através de ferramentas como árvores de decisão e simulação.

No Planejamento de Respostas a Riscos serão desenvolvidas estratégias para responder aos riscos mais importantes, identificar os responsáveis e definir os prazos para essas atividades.

Estes planos serão efetivamente implementados na fase de Execução pelo processo Implementar Respostas a Riscos.

Por fim, o Controle de Riscos determina a revisão e a identificação de novos riscos do projeto, realimentando os demais processos.

Sobre o conteúdo deste livro

O nosso objetivo é fornecer um arcabouço metodológico e um conjunto de ferramentas práticas que podem ser aplicadas para avaliar o risco de qualquer projeto, construindo um modelo, inserindo nesse modelo incertezas e chegando a um perfil de risco do projeto; a partir do qual conseguiremos determinar o quão adequado é o planejamento atual, quais as chances de se obter os resultados pretendidos, bem como quais são os principais elementos que impactam no projeto.

Como veremos adiante, a Simulação é uma forma de, a partir de uma modelagem, analisarmos um resultado que nos interessa por meio da repetição de experimentos que nos concedam diferentes valores para esses resultados (conhecidos como iterações) e que nos possibilitem fazer um perfil do resultado.

É uma forma de explorar problemas em que não existe uma solução analítica clara e é essencial para a análise quantitativa de risco; uma das dimensões menos exploradas na gestão de risco de projetos.

Nos próximos capítulos, você será apresentado a diversos tópicos com foco na aplicação prática. Começamos com uma seção falando sobre os requisitos de uma boa análise de risco, como as metodologias de gerenciamento de projetos; estabelecendo processos e boas práticas para a gestão de risco. Em seguida, introduzimos blocos elementares, como a estatística descritiva; essencial para conseguirmos ler os dados de entrada e os resultados da nossa simulação. Ainda na sequência, falamos das distribuições de probabilidade, contínuas e discretas, que podem ser usadas para modelagem dos eventos de risco e incertezas de forma geral.

A próxima seção aborda o planejamento e a execução de uma análise de risco. Começa com uma proposta de metodologia para análise de risco e, em seguida, fala sobre técnicas para preparação do cronograma, bem como ajustes de dados de entrada. Logo após, descreve-se a integração entre a análise qualitativa e quantitativa e formas de implementá-la. Finalizando essa parte, há os capítulos sobre: avaliação de resultados, análises de sensibilidade e um terceiro, descrevendo como podem ser desenvolvidos cenários de resposta.

Encerram o livro um estudo de caso integrativo, indo desde o projeto até uma avaliação econômica, e um resumo dos conteúdos principais abordados.

Referências

CALÔBA, G. et al. (2008). Engenharia Econômica e Finanças. Editora Elsevier. São Paulo.

ELLSBERG, D. (1962). "Risk, Ambiguity and Decision". Ph.D. thesis, Harvard University.

GITMAN, L. (2010). Princípios de Administração Financeira. 12ª Edição. Pearson. São Paulo.

HOUAISS, A. Dicionário Brasileiro da Língua Portuguesa (2009). Editora Objetiva. Rio de Janeiro.

KUTSCH, E.; HALL, M. (2010). Deliberate Ignorance in project risk management. International Journal of Project Management 28. p. 245–255.

MARGOLIS, H. (2003). Dealing with Risk. The University of Chicago Press, London.

MARKOWITZ, H. (1952). Portfolio Selection. The Journal of Finance, Vol. 7, No. 1, p. 77–91.

MICHAELIS DICIONÁRIO BRASILEIRO DA LÍNGUA PORTUGUESA ON-LINE. Disponível em: http://michaelis.uol.com.br/palavra/V4j7A/risco-2. Acesso em: 04/07/2017.

MOTTA, R.; CALÔBA, G. (2002). Análise de Investimentos: Tomada de Decisão em Projetos Industriais. Editora Atlas. São Paulo.

PMI (2017). Um Guia de Conhecimento em Gerenciamento de Projetos (Guia PM-BOK). 6ª Edição.

PORTER, M. (1978). Estratégia Competitiva. Editora Campus. São Paulo.

___. (1986). Vantagem Competitiva. Editora Campus. São Paulo.

RAIFFA, H. (1968). Decision Analysis: Introductorty Lectures on Choices under Uncertainty. Longman Higher Education.

SMITHSON, M. (1989). Ignorance and uncertainty: Emerging paradigms. New York: Springer Verlag, p. 9.

___. (2011). A taxonomy of unknowns. Disponível em: http://i2s.anu.edu.au/sites/default/files/resources/smithson_2011.pdf. Acesso em: 30/06/2017.

THE RISK MANAGEMENT GUIDE. Disponível em: http://www.ruleworks.co.uk/riskguide. Acesso em: 20/05/2017.

WALLS, M. (2004). Combining decision analysis and portfolio management to improve project selection in the exploration and production firm. Journal of Petroleum Science and Engineer-ing 44, p. 55–65.

WALLS, M.; DYER, J. (1996). Risk Propensity and Firm Performance: A Study of the Petroleum Exploration Industry. Management Science 42(7): p. 1004–1021.

Seção 2 — O que você precisa saber para fazer uma (boa) análise de riscos

Nesta seção do livro, cobriremos os pré-requisitos necessários para chegarmos a uma boa análise de riscos. Estes conhecimentos prévios incluem, naturalmente, conceitos relacionados a gerenciamento de riscos em projetos e, para tal, apresentamos o processo conforme explorado pela norma ISO 31000 e pelo PMI. Além disso, exploramos os conceitos da estatística descritiva — que será essencial para descrevermos os resultados da simulação e ajudarmos na modelagem dos riscos —, bem como as distribuições de probabilidade mais empregadas em análises de riscos, tanto discretas quanto contínuas.

Gestão de riscos

Como preconizado pelo PMI (2014), o Gerenciamento de Riscos é uma importante área de conhecimento da gestão de projetos. O gerenciamento de riscos nos coloca uma série de ferramentas que podem ser utilizadas para melhor compreender e atuar no sentido de eliminar ameaças e aproveitar oportunidades detectadas.

Para termos outra referência, Green (2016) diz que "gerenciamento de riscos é o conjunto coordenado de princípios, processos, atividades, papéis e responsabilidades, e infraestrutura, combinados em um sistema e usados para controlar as ações de uma organização à luz dos riscos que enfrenta".

Este capítulo pretende fazer um rápido panorama dos processos de Gerenciamento de Riscos, empregando para tal duas referências distintas: o Project Management Body of Knowledge, PMI (2014), complementado pelo Padrão de Práticas de Riscos do PMI (Practice Standard for Project Risk Management), e as normas da ABNT e da ISO, em especial, a ISO 31000 — norma internacional para Gerenciamento de Riscos e seu complemento —, a ISO 31010 — que apresenta técnicas de avaliação de riscos — e a ABNT NBR 16337 — que lida especificamente com Gerenciamento de Riscos em Projetos. Com a exposição destes conteúdos, esperamos que os leitores ganhem familiaridade com a estrutura de gerenciamento de riscos, seus princípios básicos e integrações com as diferentes disciplinas do projeto.

Gestão integrada de riscos em projetos em uma empresa

O processo de Gestão de Risco em projetos não é diferente de qualquer processo de gestão, em sua essência. Pode ser entendido segundo o diagrama de Shewart em atividades de:

- ➜ Planejamento: Onde são estabelecidos os critérios, ciclos e outros elementos necessários a toda vida da gestão de riscos em um projeto.
- ➜ Execução: Compreende as etapas de efetiva avaliação de risco enquanto o projeto vai sendo executado.
- ➜ Verificação: Está relacionado aos pontos de controle identificados.
- ➜ Atuação para correção ou melhoria: Onde serão aplicadas as ações corretivas ou preventivas definidas no planejamento de risco.

Naturalmente, este processo de gestão está compreendido em um processo ainda maior, em que podemos considerar que cada projeto é uma unidade, uma célula dentro de uma empresa orientada a projetos, e que podemos mapear como parte da gestão de portfólio e procedimentos gerais de atuação da empresa. O potencial de aprendizado de uma empresa que desenvolve projetos é imenso, uma vez que cada experiência vivenciada dentro de um projeto em particular pode ser incorporada ao conhecimento corporativo e integrada ao que o PMI (2014) denomina de "Ativos de Processos Organizacionais". As Lições Aprendidas, ao longo e após o encerramento de cada projeto, são um elemento crucial a ser valorizado e integrado, um ponto nevrálgico para garantir que a empresa "rode" adequadamente o seu PDCA e evolua, mantenha-se atualizada e relevante para seus públicos de interesse, sejam eles seus clientes, funcionários, governo ou quaisquer outras entidades envolvidas ou impactadas pelo projeto.

Gestão de riscos conforme as normas ISO e ABNT pertinentes

A norma internacional ISO 31000 atende pelo nome "Gestão de Riscos — Princípios e diretrizes" e tem como escopo "fornecer princípio e diretrizes genéricas para gestão de riscos". Apesar de não ser especificamente voltada para projetos, consta na definição que "esta Norma pode ser aplicada ao longo da vida de uma organização e a uma ampla gama de atividades, incluindo estratégias, decisões, operações, processos, funções, projetos, produtos, serviços e ativos".

Na norma, são definidos uma série de termos, como risco, incerteza, gestão de riscos, política de gestão de riscos, tratamento de riscos, entre diversos outros. Com relação à gestão de riscos como um todo, há uma figura que resume o relacionamento entre três pontos principais: princípios, estrutura e processo. Cada um dos três tópicos será abordado separadamente.

Princípios da gestão de riscos

O primeiro ponto a ser definido para a gestão de riscos são os princípios. Eles devem ser valorizados e exercidos pela empresa para garantir que a gestão se dê de forma efetiva.

Citaremos alguns dos princípios ilustrados com comentários pertinentes.

Cria valor: É preciso que a empresa acredite que o processo de gestão de riscos efetivamente agrega valor aos resultados, mitigando ameaças e potencializando oportunidades, permitindo uma gestão de portfólio em que se balanceiam projetos conforme seu porte (em investimento e custo operacional, por exemplo), seu benefício (em termos de lucratividade, VPL, aumento de receitas ou participação de mercado) e seu risco (em termos de variabilidade dos resultados acima descritos). Sem esse princípio, não é possível implementarmos a gestão de riscos em qualquer companhia.

Parte integrante dos processos organizacionais: Assim como existem rotinas de orçamento, planejamento, medição de resultados, comunicação e tantas outras, o risco deve ser sistematizado dentro da empresa, e não ser tratado como um evento desconectado que ocorre de forma anacrônica.

Parte da tomada de decisões: O risco deve ser considerado na hora de decidirmos ações dentro do projeto e do portfólio.

Aborda explicitamente a incerteza: Por meio de uma análise qualitativa e quantitativa, é possível identificar e abordar problemas específicos para o projeto, auxiliando na remoção do véu de incertezas que cobre o projeto e tende a gerar estimativas muito conservadoras e contingências desmedidas e, em última análise, suscitar o uso não otimizado dos recursos da empresa.

Sistemática, estruturada e oportuna: Existem momentos nos quais devem ser realizadas as análises de risco. Em passagens de fase de projeto, em momentos de grandes contratações e decisões de monta, e nas periodicidades estabelecidas. Devem ser definidos padrões de processo, estruturados e auditáveis que permitam um uso uniforme das técnicas de risco na empresa, até para oportunizar a comparabilidade entre diferentes projetos e não tornar a análise de risco função do analista que vai realizar o trabalho à sua maneira.

Baseada nas melhores informações disponíveis e feita sob medida: A análise de risco deverá empregar os dados correntes, mais atualizados, e as projeções mais adequadas à realidade da empresa e do mercado em que está inserida. Como cada projeto possui sua identidade e é, comprovadamente, único, a análise de risco, ainda que padronizada, deverá ser realizada individualmente, incorporando aprendizado ao portfólio da empresa, mas se dedicando a estudar a realidade particular do projeto em análise.

Considera fatores humanos e culturais: Um dos pontos mais desafiadores de colocar em prática, a análise de risco deve ser adequada aos diferentes pontos de vista culturais e inúmeros fatores humanos, que podem produzir visões enviesadas e tendenciosas, entre outras tantas questões. Naturalmente, cultura, costumes, crenças e hábitos de quem está conduzindo a análise também impacta o processo. Não se pode perder esse fato de vista.

Transparente e inclusiva: A análise de risco deve ser um processo no qual se busca entender mais a fundo a dinâmica do projeto e os fatores internos e externos que podem gerar impacto relevante sobre o mesmo. Essa busca deve se dar de forma a esclarecer questões e divulgar informações, incluindo os públicos-alvo e permitindo aos mesmos participação no processo.

Dinâmica, interativa e capaz de reagir a mudança: O resultado de uma análise de risco, uma vez desenvolvida, principalmente a quantitativa, torna-se uma fotografia da situação atual do projeto. Assim, sua atualização deve ser constantemente realizada, interagindo com todas as áreas envolvidas, e deve ser adaptável a mudanças no projeto, que podem sempre acontecer ao longo da vida do mesmo.

Facilita a melhoria contínua da organização: Como mencionado no início deste capítulo, ter o processo de análise de risco funcionando ajuda no aprimoramento das técnicas, processos e resultados da empresa como um todo, em função da análise de risco poder ser empregada e gerar resultados para todas as dimensões do projeto e níveis da organização.

Conforme o ISO (2009): "Para a gestão de riscos ser eficaz, convém que uma organização, em todos os níveis, atenda aos princípios".

Estrutura de gestão de risco

A estrutura de gestão de risco é o elemento que fica entre os princípios e o processo de gestão. Desta forma, é responsável pela disseminação da gestão de riscos em toda a organização e sua incorporação através do processo de gestão de risco, que vai operacionalizar a política de risco da companhia. Conforme ISO (2009), "a estrutura assegura que a informação sobre riscos proveniente desse processo seja adequadamente reportada e utilizada como base para a tomada de decisões e a responsabilização em todos os níveis organizacionais aplicáveis".

A estrutura de gestão de risco principia no mandato e comprometimento, que deriva diretamente dos princípios da gestão. Essa prerrogativa de fornecer importância e valor à gestão de riscos origina um fluxo de melhoria contínua, que consta de quatro partes:

- → Concepção da estrutura para gerenciar riscos
- → Implementação da gestão de riscos
- → Monitoramento e controle da estrutura de gestão de riscos e
- → Melhoria contínua da estrutura.

O primeiro ponto é o mandato e comprometimento. Trata-se do forte compromisso da alta administração com os princípios mencionados na seção anterior e a sua implementação na prática. A alta administração deverá, entre outras atribuições: definir e aprovar a política de gestão de risco; garantir o alinhamento entre essa política e a cultura da organização; definir os indicadores de desempenho; alinhar os objetivos da gestão de risco com as estratégias da empresa; definir os responsáveis, os recursos e a comunicação adequada; manter e otimizar a estrutura; e obedecer as conformidades legal e regulatória (ISO [2009]).

A partir desse elemento básico, há um ciclo que funciona em otimização (de concepção da estrutura), implantação, monitoramento e melhoria contínua. De nada adianta investir tempo e recursos na estrutura se não verificarmos continuamente sua eficácia e considerarmos possíveis otimizações.

O ciclo se inicia por meio da concepção de uma estrutura para gerenciar o risco. Para tal, é necessário estabelecer alguns pontos básicos para que a estrutura e o processo possam funcionar. Estão entre as etapas o entendimento da organização e o seu contexto, que envolve a compreensão da cultura, organização, governança, públicos de interesse, entre outros fatores. Na sequência deve ser estabelecida uma política de gestão de risco, determinando os objetivos e o comprometimento da organização.

Entre alguns temas a serem abordados estão: a conexão entre os objetivos da empresa e a gestão de risco, e a forma segundo a qual o risco será reportado. A responsabilização é mais um elemento na concepção, em que se define quais estruturas da empresa serão responsáveis pela gestão de risco em um nível mais imediato e a maneira a partir da qual essa responsabilidade permeia toda a organização.

Na sequência é citada a necessidade de integração nos processos organizacionais, garantindo que o risco esteja inserido nos padrões de processos e de gestão da organização e não seja apenas uma atividade isolada da gestão. Na mesma linha, é necessário que a empresa possua recursos adequados, o que inclui pessoas treinadas e capazes de elaborar o processo, e capital para desenvolver os eventos de risco e demais custos associados ao processo.

Para concluir o desenho da estrutura, é preciso determinar como tudo associado a risco será comunicado, tanto nos públicos internos na empresa quanto nos demais stakeholders externos.

No próximo passo do ciclo, a implementação, é preciso colocar em prática tudo o que foi definido. Isto significa operacionalizar a estrutura que foi pensada e o processo de gestão de risco em si. Naturalmente a implantação da estrutura envolve comunicação com as partes interessadas, treinamento do pessoal na organização definida, alinhamento da gestão de risco com os processos decisórios, entre outros. Na implantação do processo, no entanto, será necessário um plano de treinamento mais amplo, comunicação ainda maior e sistematização do processo, o que será comentado mais adiante.

Os próximos passos são de monitoramento e controle, onde deverá ser realizada alguma medição do desempenho da gestão de risco por meio de indicadores pertinentes, avaliação de desvios com relação ao planejamento, relatórios e análises críticas, entre outros. Por fim, a melhoria contínua da estrutura, um comprometimento com a tomada de decisões para modificar e otimizar a estrutura e o processo de gestão de risco.

Processo de gestão de risco

O processo de gestão de risco é o coração da norma, o que mantém viva a gestão de risco, fazendo-a funcionar efetivamente na organização. É composto de algumas etapas, conforme detalhado nos próximos parágrafos.

A etapa de comunicação e consulta tem como objetivo abrir um canal para que as partes interessadas, internas e externas, possam participar do processo em todos os momentos. Assim, os planos de comunicação devem ser desenvolvidos, comunicados e implementados. A comunicação e a consulta devem assegurar que as partes interessadas tenham oportunidade de contribuir com seus diferentes valores e expectativas nas diferentes etapas do processo de risco, discutindo conjuntamente com a organização sob uma base comum e nivelada.

O estabelecimento de contexto busca a compreensão de fatores internos e externos à organização que sejam relevantes para o processo de gestão de risco, "articula seus objetivos, define os parâmetros internos e externos a serem levados em consideração ao gerenciar riscos, e estabelece o escopo e os critérios de risco para o restante do processo" (ISO [2009]). Pode ser considerado um detalhamento e uma particularização para o projeto do que foi definido organizacionalmente na concepção da estrutura de gestão de risco. Como Green (2016) ilustra, "uma pessoa que atravessa a rua fora da faixa correndo para o hospital onde um parente está fazendo uma cirurgia de emergência e uma pessoa que apenas quer evitar esperar mais dez minutos para o próximo ônibus tem o mesmo objetivo de economizar tempo, mas entender o contexto é vital para compreender o critério que usam para avaliar o risco". Green (2016) nos diz ainda que o contexto interno tem a ver com tolerância e apetite ao risco. Um evento catastrófico para um pequeno comerciante pode ser apenas um tropeço para uma grande empresa. Assim, o porte e a capacidade de suportar as perdas são essenciais na avaliação de risco, eles devem ser mapeados com a devida antecedência e considerados na tomada de decisão.

A partir do contexto damos início ao processo de avaliação de risco em si, que compreende três pontos. A identificação de riscos é o primeiro e, conforme ISO (2009): "A finalidade desta etapa é gerar uma lista abrangente de riscos baseada nestes eventos que possam criar, aumentar, evitar, reduzir, acelerar ou atrasar a realização dos objetivos".

Serão identificadas causas, eventos e consequências, e o risco poderá ser classificado de diversas formas, entre as quais: a fase de ocorrência no projeto, a Estrutura Analítica de Riscos (EAR), a Estrutura Analítica do Projeto (EAP), os recursos envolvidos nas atividades impactadas, a localização geográfica, entre outros.

No segundo ponto, ocorre a análise de riscos, cujo objetivo é "desenvolver a compreensão dos riscos, (…) fornece uma entrada para a avaliação de riscos e para as decisões sobre a necessidade dos riscos serem tratados, e sobre as estratégias e métodos mais adequados de tratamento de riscos" (ISO, 2009).

A análise de riscos aqui, em geral, envolve analisar os riscos individualmente por um grupo de especialistas; determinando a probabilidade e o impacto de ocorrência conforme uma referência determinada no estabelecimento de contexto e devidamente nivelada entre as partes envolvidas.

Uma das maiores fontes de confusão nas análises qualitativas é a visão diferente que as pessoas possam ter dos impactos dos riscos, não porque os consideram diferentes, mas porque atribuem a um mesmo impacto valores distintos na escala qualitativa. O mesmo impacto poderá ser considerado baixo por um avaliador e alto por outro, a não ser que as regras estejam bem determinadas e que ocorra uma mediação do processo por um terceiro.

A análise de riscos poderá chegar ao nível quantitativo, envolvendo técnicas como árvores de decisão e simulação de Monte Carlo. Este tópico não chega a ser mencionado explicitamente na norma, uma vez que seu objetivo é fornecer uma visão genérica. No entanto, sugere o seguinte: "As consequências e suas probabilidades podem ser determinadas por modelagem dos resultados de um evento ou conjunto de eventos. (…) Em alguns casos, é necessário mais que um valor numérico ou descritor para especificar as consequências e suas probabilidades em diferentes períodos, locais, grupos ou situações".

O terceiro ponto é a avaliação dos riscos. Neste momento, é necessário comparar o que se analisou com o que se considera aceitável em termos de risco para a organização e o projeto em particular. Com base nesta comparação, os riscos podem ser considerados para tratamento ou não.

O processo que segue a avaliação dos riscos, já fora do "coração" da análise, é o tratamento de riscos. Esse processo consiste na "seleção de uma ou mais opções para modificar os riscos e a implementação destas opções". O tratamento se dá de forma iterativa, considerando se o plano que está em ação é suficiente para levar o risco residual — a exposição que permanece após o tratamento, tolerável ou não — para a companhia. Algumas opções de tratamento são:

→ Evitar o risco ou aproveitá-lo, se o mesmo se tratar de oportunidade
→ Mitigar o risco por meio da redução da probabilidade ou impacto
→ Compartilhar o risco com outra parte interessada, e até
→ Retenção de risco.

Na seleção das opções de tratamento de riscos é importante atentar para outras dimensões do projeto impactadas pela medida. Por exemplo, efetuar a contratação de um recurso adicional pode garantir a eliminação de um risco de prazo, mas pode se mostrar por demais custoso. É importante considerar a opinião e as expectativas das partes interessadas neste momento.

Na implementação dos planos de ação, é necessário definir as ações, os responsáveis, os prazos, os recursos demandados, as restrições gerais e as datas. É importante que estes planos estejam em consonância com o cronograma e que, uma vez aprovados, tornem-se parte da documentação do projeto em todas as suas dimensões.

Naturalmente, o processo é regido por uma etapa de monitoramento e análise crítica, que contribuirá com a verificação da qualidade do processo e reunirá insumos para que o processo evolua e se beneficie das lições particulares à gestão de risco de cada projeto individual do portfólio da empresa, bem como alterações nos ambientes internos e externos e quaisquer tendências que possam ser absorvidas pelo processo. Tanto o monitoramento e a análise crítica como a comunicação e a consulta se conectam a todos os processos de gestão de risco.

Toda a documentação da gestão de risco deverá ser formalizada dentro do projeto e compor uma base de dados que possa ser consultada nos demais projetos, servindo aos propósitos de eficácia e eficiência.

Adicionalmente à ISO 31000, existe uma publicação complementar, a ISO 31010 (ISO [2012]), que tem como objetivo a apresentação de técnicas de avaliação de riscos. Essa norma apresenta os conceitos de avaliação de risco bem como o processo de avaliação, de forma mais direcionada que a ISO 31000, e discorre sobre a seleção de técnicas de avaliação de risco.

Neste aspecto, a lista de técnicas vai das mais simples às complexas. Por exemplo, se o objetivo é identificar riscos, técnicas como HAZOP, Árvores de Falhas e outras serão mais efetivas que métodos estatísticos. Se o objetivo é avaliar consequências e probabilidades, talvez seja mais interessante empregar árvores de decisão. Já se o objetivo é chegar em uma análise quantitativa, e avaliar o impacto dos riscos no modelo propriamente dito, métodos como estatística bayesiana e simulação de Monte Carlo são as mais indicadas.

Para que uma técnica seja adequada, deve "ser apropriada e de uso justificável para a situação ou a organização, fornecer resultados de uma forma que melhore o entendimento ou a natureza do risco, e seu tratamento e seu uso devem possuir as características de rastreabilidade, repetibilidade e auditabilidade". Naturalmente, a escolha se baseia também na quantidade de informação disponível e na expectativa das partes interessadas no estudo de risco que será realizado.

Com isto queremos dizer que, apesar de neste livro focarmos uma técnica de análise de risco específica, a Simulação — que é um dos métodos mais divulgados para análise quantitativa integrada de cronograma —, existem muitas outras que podem ser empregadas conforme necessário e de acordo com a natureza do projeto. Nos Anexos da norma ISO 31010 (2012) são descritas diversas técnicas e seus possíveis usos para o processo de análise de risco, a critério informativo.

Cabe comentar, adicionalmente, que foi desenvolvida no Brasil a norma ABNT NBR 16337 de 2014, para fornecer "orientações sobre conceitos e processos do gerenciamento de riscos em projetos que tem impacto na realização dos objetivos dos projetos" (ABNT [2014]).

Um ponto extremamente relevante desenvolvido pela norma é a conexão entre a gestão de riscos da organização, de uma forma macro, e a gestão de riscos em projetos, definindo que os mesmos aspectos delineados nas seções anteriores devem ser reforçados e adaptados para o gerenciamento de riscos em projetos, dos princípios à estrutura e ao processo de gestão em si.

A ABNT (2014) faz a conexão entre a gestão da organização, a gestão de riscos e a gestão de riscos em projetos.

Descrevendo rapidamente essa conexão, a estratégia organizacional, por meio da avaliação de oportunidades, desenvolve o caso de negócio (business case) para os projetos, que serão implementados em projetos, que por sua vez terão as suas entregas (operadas pela empresa ou por seus subordinados) gerando benefícios e retroalimentando a estratégia organizacional.

A governança organizacional da empresa, a qual se refere a ISO 31000 (2009), se reflete na governança do projeto, que possui uma governança específica para riscos e um processo associado. Esse processo de gerenciamento de riscos em projetos está imerso; é parte constituinte do processo de gerenciamento de projetos que garante a sua entrega de acordo com os requisitos firmados com as partes interessadas.

Assim, fica estabelecida uma relação entre a gestão de riscos da empresa e a gestão de riscos do projeto, uma vez que a execução dos projetos garante a continuidade bem como a renovação das operações da empresa. Essa conexão entre empresa e projeto, também, na dimensão risco, é chave para o sucesso. Vale consultar a regra ABNT 16337 (2014) para maiores detalhes.

Padrão de práticas de risco do PMI

O padrão de projeto para prática de gerenciamento de riscos em projeto (PMI, 2009) foi criado com um aprofundamento do conteúdo de gerenciamento de riscos que já é abordado no PMBOK. Seu objetivo é definir referenciais de boas práticas para o gerenciamento de riscos em projetos.

Na seção 1 deste livro, percorremos rapidamente os processos de gerenciamento de riscos; até porque os mesmos são amplamente difundidos. Desta forma, optamos por fazer um recorte e comentar apenas alguns aspectos destacados no padrão do PMI.

Primeiramente, é interessante ressaltar os fatores críticos de sucesso no gerenciamento de riscos, enunciados pelo PMI (2009).

- → Reconhecimento do Valor
- → Responsabilidade e Compromisso Individual
- → Comunicação Aberta e Honesta
- → Compromisso Organizacional
- → Esforço de Risco conforme escala e
- → Integração com Gerenciamento de Projetos.

Estes fatores podem ser comparados com os princípios de gerenciamento de riscos destacados pela ISO 31000 (2009).

O primeiro é o reconhecimento do valor do gerenciamento de riscos para a empresa. Se não ocorrer essa valorização, o processo e a dimensão de risco ficarão prejudicados.

A seguir, comenta-se sobre a responsabilidade e o compromisso individual com a gestão de riscos. O próximo fator é a comunicação aberta e honesta dentro e fora da empresa, e como a mesma pode ser fundamental para aprimorar o processo. O compromisso organizacional com o processo é também essencial para que a gestão de riscos ocorra.

O próximo fator é o esforço de risco conforme a escala, ou seja, respeito à máxima de "não usar canhão para matar mosquito". Cada projeto tem seu significado dentro da empresa e é preciso que saibamos como abordá-los, priorizando os projetos-chave para a instituição, mas mantendo uma abordagem que trate de riscos em toda a empresa.

Por fim, o processo de gestão de riscos deve estar integrado com o gerenciamento de riscos. Os dois devem se suportar e trabalhar no sentido de atingir as metas do projeto. Do contrário, o risco pode se tornar estanque e um entrave na gestão, sofrendo comentários como "agora é hora de parar de tocar o projeto e rodar o risco novamente". Não deve ser assim! "Rodar" o risco faz parte da gestão e suporta e apoia o atendimento das metas do projeto.

Alguns princípios são colocados no padrão. São eles:

- → Definição de risco do projeto: Em que ponto o risco é do projeto ou do portfólio? Como definir um risco? A partir de uma lista preexistente ou por meio de um processo de *brainstorming* sem referências? Estes são pontos a se pensar aqui.

- → Riscos individuais e Risco global: Cada risco individualmente identificado no projeto converge para um perfil de risco do projeto. É importante ter noção disto e gerenciar esse risco global.

- → Atitudes frente ao risco das partes interessadas: Dependendo de quem participe do projeto podemos ter pessoas mais propensas ou avessas ao risco, o que influenciará os rumos do projeto.

- → Processo iterativo: O risco deve permitir idas e vindas, aprofundamentos e discussões, coletas de dados adicionais e retorno às mesmas questões, no aspecto qualitativo ou quantitativo, para atingir seu objetivo.

- → Comunicação: Deve ser ampla e frequente, como já mencionado nos fatores de sucesso.

- → Responsabilidade pelo gerenciamento de riscos em projeto: É preciso definir quem está responsável pelo processo de gestão de riscos, e ele deve ser avaliado por seu desempenho. Este papel pode ser de uma área específica da empresa que define, gerencia e executa os processos referentes a risco, de uma área de gestão de portfólio, de um escritório de projetos ou do projeto propriamente dito.

- → Papel do gerente do projeto no gerenciamento de riscos: Como responsável pelo projeto, o gerente deve estar envolvido no processo. De que forma e com qual intensidade, é algo que deve ser definido por cada organização.

Nas próximas seções, faremos uma breve descrição dos processos de gerenciamento de projetos. No final das seções, comentaremos os fatores críticos de sucesso identificados no padrão de processo de gestão de riscos.

Planejamento do gerenciamento de riscos

Em geral, esse processo é realizado nas empresas buscando o desenvolvimento de uma espécie de padrão, que posteriormente poderá ser empregado nos mais diversos tipos de projetos. Consiste, em última análise, na elaboração do Plano de Gerenciamento de Riscos, que dirá como a dimensão Risco será tratada, qual seu orçamento, qual a metodologia para avaliar, entre outras questões referentes ao projeto. Naturalmente, um planejamento cuidadoso e adequado acarretará em um processo de Gerenciamento de Risco mais completo e correto. Pensando ainda na melhoria contínua em empresas que tipicamente trabalham orientadas a projetos, esse tipo de abordagem é especialmente interessante, gerando ganhos adicionais para o sistema como um todo em função das diferentes necessidades de cada projeto específico.

Alguns elementos podem ser levados em conta nesse planejamento. Os fatores ambientais são as condições específicas do projeto em vista, ou seja, questões individuais que o tornam único e que devem ser levadas em conta; são complementares aos Ativos de Processos, que representam os padrões de operação e a forma de atuar da empresa. A Declaração de Escopo do Projeto conterá informações sobre o que deve ser desenvolvido no projeto, e o plano de gerenciamento trará todos os aspectos pertinentes às dimensões ali consideradas, no caso custos, cronograma e comunicações.

Todos os modelos a serem empregados nas próximas fases são aqui determinados. Por exemplo, qual a EAR (Estrutura Analítica de Risco) a ser empregada, como ponderar e determinar a severidade dos riscos do projeto que compõe esta primeira fase.

No planejamento de gerenciamento de risco são tomadas várias decisões através de reuniões, que são as ferramentas e técnicas. A partir das reuniões, chegamos a métodos, formas de se fazer a análise de risco, que serão incorporados aos padrões e práticas do projeto.

O plano de gerenciamento definirá como será feita a análise de risco, quais as suas etapas, quais os momentos de execução, quais ferramentas serão aplicadas, os modelos (templates), os responsáveis pela análise.

É importante comentar que a Análise de Risco é uma etapa do projeto e, assim sendo, consome tempo e recursos que devem ser previstos na elaboração do cronograma e na documentação. Além disto, é importante resolver e definir no processo de planejamento qual o orçamento e o prazo que serão conferidos para a análise de risco. Se formos pensar bem, a análise de risco deve ser comandada, liderada, ou pelo menos ter alta participação, pela equipe do projeto. Essa equipe já tem como principal trabalho gerenciar o projeto, seu andamento, suas fases. Assim, é necessário definirmos recursos para estas atividades de gerenciamento de risco e lhes conferir disponibilidade para atuar nesta dimensão do projeto. As atividades de gerenciamento de risco devem estar no cronograma, com seus custos e recursos alocados.

Podemos comentar que, para qualquer atividade que se vai executar, nada mais certo do que antes de começar a jogar, definir as regras do jogo. Então, no planejamento do gerenciamento de riscos, entre outras coisas, vamos definir quem é o responsável por fazer a análise de risco do projeto, como é o modelo a ser empregado, de que forma isto vai ser registrado e acompanhado, com que periodicidade vão ser realizados eventos de acompanhamento e que eventos serão estes ao longo da vida do projeto. Claro que dependendo do porte, da organização e da importância do projeto para a empresa estes eventos serão mais constantes, complexos e dispendiosos, por exemplo.

Os fatores críticos de sucesso citados por PMI (2011) para o processo de planejamento são: identificar e lidar com barreiras para o sucesso do gerenciamento de riscos em projetos; envolver as partes interessadas e verificar objetivos, políticas e práticas organizacionais, ou seja, entender os entraves que podem prejudicar a gestão de riscos; comunicar-se e considerar a visão de todos os envolvidos no projeto; e atuar conforme normas e procedimentos internos, obedecendo padrões e seguindo processos definidos.

Identificação de riscos

A próxima etapa é a identificação de riscos, cujo principal objetivo é reconhecer aqueles que podem atingir o projeto. Precisamos gerar um processo integrado e inclusivo para criar o ambiente mais propício e plural à discussão sobre eles. Em geral, é realizada em um ou mais eventos, e se torna um grande debate sobre o projeto. Assim, é importante envolver todas as partes interessadas e fazer um evento que consiga determinar de forma bem abrangente quais os riscos do projeto. Dependendo da configuração geográfica do projeto, pode ser necessário realizar vários eventos de identificação ou, por meio de videoconferência, garantir a participação das pessoas que estão fora do site onde está ocorrendo o evento.

Identificar bem o risco é importante, e há uma forma coerente de fazê-lo. O risco possui uma causa, que gera um evento dentro ou fora do projeto e que possui uma consequência ou impacto em alguma dimensão relevante do projeto. A partir de uma determinada causa, um evento ocorre e gera um efeito positivo ou negativo. Assim, a redação de risco seria algo como: "Em função da <causa>, <evento> pode ocorrer, levando à <consequência>." Exemplificando:

→ Causa: Condições climáticas desfavoráveis

→ Evento: Ausência de condições para operação

→ Impacto: Atraso da operação com toda a equipe pronta para executá-la

E, de forma resumida:

→ Risco: Clima e Operação: "Em função de condições climáticas, pode não haver condições adequadas para a operação, levando a atraso da operação com toda a equipe mobilizada e pronta para executá-la."

Este risco possui impactos negativos em prazo e em custo. Supondo que a equipe que vá realizar o trabalho seja terceirizada e cobre por hora, haverá ambos os impactos.

Por falar nisso, em geral somos pessoas muito negativas, principalmente quando nos é solicitado pensar em riscos. É um desafio levantar riscos positivos, as chamadas oportunidades. Normalmente, a proporção de riscos negativos, ou ameaças, e oportunidades é de 50 para 1. É preciso ter cuidado para vencer essa resistência de pensar no que pode dar certo. Os riscos levantados dentro do evento, ou a partir de qualquer outro método, deverão ser inseridos em um documento que, em geral, denomina-se registro de riscos.

Uma vez que tenhamos os riscos, as causas, os eventos e os impactos determinados, podemos definir uma série de modos de classificação dos riscos. Podemos classificá-los por disciplinas funcionais, fase de ocorrência, local de ocorrência, pela própria EAP ou EAR. Enfim, qualquer classificação pode ser interessante, desde que seja útil e colabore para a gestão de riscos deste e dos demais projetos que compõem o portfólio da empresa. Quem estiver conduzindo a análise de risco deve ter *expertise* no assunto e um método de consolidar as informações e contribuir para o banco de dados da organização. Por sinal, esse banco de dados poderá ser consultado ao final do processo como uma espécie de lista de verificação ou checklist do processo. Geralmente, sugerimos que este passo seja conduzido ao final do evento e não no seu início, para não tolher a criatividade das pessoas envolvidas.

Os fatores críticos de sucesso citados por PMI (2011) para o processo de identificação são: fazer com que a identificação seja antecipada, iterativa, emergente e completa, ou seja, ocorra no momento anterior aos riscos tornarem-se desvios; possua uma forma de garantir idas e vindas; possa vir dos níveis de base da organização; e seja completa, envolvendo as diferentes disciplinas, áreas, partes interessadas, clientes e demais envolvidos no projeto. Adicionalmente, a declaração de risco deve ser completa, enunciando causas, riscos e consequências; os riscos devem ter um proprietário claro e bem definido, bem como serem tão objetivos quanto possível.

Análise qualitativa de riscos

Uma vez identificados os riscos podemos passar para a próxima fase que denominamos análise qualitativa de riscos. É possível nesta fase começar a fazer uma priorização dos riscos, que em geral ocorre por meio da **severidade dos riscos** — que é determinada pela combinação entre a probabilidade da ocorrência do evento e os impactos gerados pelas consequências do evento. É primordial compreendermos as dimensões que serão analisadas com relação ao impacto, quais as áreas de conhecimento principais. Em geral, utilizamos as áreas de conhecimento do gerenciamento de projetos, como prazo, custo, escopo, entre outras. Naturalmente, este espectro é customizável e não precisa ser ancorado em um conceito rígido. Pode ser adequado para a realidade da empresa em que se trabalha.

Definidas as dimensões que serão empregadas, vamos usar a matriz de probabilidade e impacto — criada ou validada no planejamento de gerenciamento de projetos — e as dimensões que lá foram identificadas. Como guia, utilizaremos uma régua que pode ser definida para cada projeto, que indicará, por exemplo, que qualquer variação de até 20% do projeto constitui impacto alto em custo, e qualquer variação maior que essa seria um impacto muito alto. Cada risco deve ser testado com relação ao impacto nas diferentes dimensões do projeto.

Uma vez concluída a análise deste risco, temos definida a probabilidade e os diferentes impactos causados pela consequência do risco. Estes dados vão compor o banco de dados e o registro de riscos.

No momento em que definimos a matriz de probabilidade e impacto também, em geral, determinamos quais combinações constituem severidade alta, média e baixa, que normalmente são as três faixas apresentadas; conforme exibido na Figura 2.1.

Probabilidade	Impacto Negativo no Projeto					Impacto Positivo no Projeto				
	Muito Baixo	Baixo	Moderado	Alto	Muito Alto	Muito Alto	Alto	Moderado	Baixo	Muito Baixo
Muito Alta	0,045	0,090	0,180	0,360	0,720	0,720	0,360	0,180	0,090	0,045
Alta	0,035	0,070	0,140	0,280	0,560	0,560	0,280	0,140	0,070	0,035
Média	0,025	0,050	0,100	0,200	0,400	0,400	0,200	0,100	0,050	0,025
Baixa	0,015	0,030	0,060	0,120	0,240	0,240	0,120	0,060	0,030	0,015
Muito Baixa	0,005	0,010	0,020	0,040	0,080	0,080	0,040	0,020	0,010	0,005

Figura 2.1: Matriz de severidade dos riscos com base em probabilidade e impacto (exemplo)

Desta forma, trataremos primeiro dos riscos de severidade alta, evoluindo também para as médias e as baixas. Essencialmente, vamos gastar nossos cartuchos com os riscos mais importantes, embora haja outros critérios para determiná-los além da severidade. Uma vez determinado a severidade, temos uma lista de riscos, identificados e classificados, que pode ser empregada para avaliar e tomar decisões.

Essa etapa do processo é extremamente relevante e é o momento no qual a importância de cada risco será determinada, a partir de seu efeito, combinando-se a probabilidade de ocorrência com o impacto acarretado pela ocorrência do risco.

Os fatores críticos de sucesso citados por PMI (2011) para o processo de análise qualitativa incluem fazer uma abordagem consensual e definir também termos de risco consensuais. Significa que dois riscos classificados com impacto alto em prazo têm a mesma faixa de variação, mesmo quando avaliados por grupos de pessoas distintas. Outro fator crítico é a coleta de informações de alta qualidade, ou seja, garantir que os dados empregados para fazer a análise sejam os mais atuais e adequados à avaliação em questão.

Análise quantitativa de riscos

Este passo no Processo corresponde ao momento em que serão utilizados modelos para quantificar os riscos, ou seja, tentar calcular potenciais perdas ou ganhos de forma material, pensando em pessoas, custos e lucros nas diferentes dimensões consideradas. O objetivo principal do processo é chegar em uma estimativa do risco ao qual o projeto está submetido de forma integral e, na medida do possível, identificar os principais riscos individuais que o impactam.

A principal ferramenta apontada para conduzir esse tipo de análise é a Simulação, aliada à Análise de Sensibilidade e às Árvores de Decisão. Empregando a simulação é possível chegar à avaliação com incerteza de indicadores importantes para o projeto, como prazo de conclusão de marcos importantes, custo total, entre outros. Assim, podemos dizer qual a probabilidade de atingir as metas, quais os principais riscos associados aos desvios encontrados e como ações de tratamento de riscos podem aprimorar os resultados do projeto, compondo um cenário que podemos chamar de "pré-mitigado".

Os fatores críticos de sucesso citados por PMI (2011) para o processo de análise quantitativa incluem realizar a Identificação e Análise Qualitativa Prévias, ou seja, não partir para a análise quantitativa sem passar por estes importantes passos anteriores. É particularmente tentador adiantar a análise quantitativa, mas devemos sempre lembrar que o mais importante na análise de risco não é seu resultado, mas o que fazemos a partir dele. Outros fatores críticos de sucesso são: empregar o modelo de projeto apropriado e ter compromisso com a coleta de dados de risco de alta qualidade. Outras questões importantes (e difíceis de vencer) são: extrair dados sem viés e considerar que os riscos podem ter influências cruzadas.

Planejamento das respostas aos riscos

O próximo passo é efetivamente tratar os riscos, que significa definir pelo menos uma ação que será realizada e que tem como objetivo mitigar o risco — diminuindo sua probabilidade ou seu impacto —, prevenir o risco — eliminando a probabilidade ou reduzindo seu impacto a zero, tornando a severidade do risco nula —, transferir o risco para outra parte interessada no projeto ou ser uma ação apenas de monitoramento, aceitando o risco.

É interessante comentar que as ações podem atuar tanto no evento de risco, reduzindo sua probabilidade, quanto nas consequências, diminuindo os impactos. Por exemplo, podemos ter uma ação de monitoramento ambiental para evitar acidentes usando tecnologias modernas ao mesmo tempo que temos um aparato pronto para mitigar imediatamente o problema, caso este se mostre presente. Naturalmente, para cada ação cabe um responsável, que deve realizar a ação ou envidar esforços para que esta seja feita por outra parte. As ações também terão um prazo, no qual o proprietário do risco se compromete a concluí-la. Cada risco pode ter um gatilho, que é o evento que dispara o risco. Dependendo do projeto, o gatilho pode ocorrer em um momento mais próximo ou mais distante. Sendo o primeiro caso, o risco pode ser denominado urgente ou de curto prazo. Assim, além da severidade, um outro ponto para se analisar com atenção é a urgência do risco. Em função do pouco tempo disponível para se agir, riscos urgentes podem ter seu tratamento priorizado com relação aos riscos de severidade alta.

Para os riscos positivos ou oportunidades, costumamos chamar a ação equivalente à mitigação de exploração do risco, em que tentamos aumentar a probabilidade de ocorrência ou expandir seus efeitos benéficos. O equivalente à prevenção será a exploração, assegurando a ocorrência da ação. A transferência e a aceitação mantêm seus nomes originais.

A análise qualitativa junto ao plano de respostas já fornece aos gestores de projeto uma quantidade grande de informações relevantes para atuar nos problemas e oportunidades do projeto. Entre a análise qualitativa e o tratamento ou planejamento de respostas, encontra-se o próximo processo, a análise quantitativa de risco; foco deste material. A análise quantitativa tem como objetivo estimar de maneira concreta os impactos dos riscos no projeto como um todo e para tal são sugeridas ferramentas como a árvore de decisão e a simulação de Monte Carlo. A análise quantitativa pode ser empregada para refinar a qualitativa a caminho do planejamento de respostas ou pode ser uma forma de avaliar quais riscos são efetivamente mais impactantes.

É natural que uma análise de riscos completa funcione em ciclos e, desta forma, a indicação de que um risco possui um impacto muito elevado no projeto pode levar a uma medida de mitigação mais complexa, que possivelmente anule ou reduza este risco. A comparação entre cenários probabilísticos de uma situação original e uma mitigada possibilita uma análise rica, conforme será evidenciado.

De acordo com Fontaine (2016), "uma das principais estratégias de mitigação de projetos é fazê-los em fases, onde compromissos financeiros incrementais são justificados por projetos com níveis de definição mais elevados e realizações passadas. Diversas indústrias empregam diferentes ciclos de vida de projetos, com terminologia singular para descrever as várias fases dos projetos".

Os fatores críticos de sucesso para o processo de planejamento de respostas aos riscos, citados por PMI (2011), incluem questões de responsabilização, como definição clara de papéis e responsabilidades associadas aos riscos, prazos para as respostas e comunicação. Além disso, garantir recursos, orçamento e prazo para respostas e assegurar que as respostas sejam consentidas pelo projeto, em tempo, efetivas e apropriadas.

Monitoramento e controle de riscos

Após este passo de análise quantitativa e planejamento de respostas aos riscos vem naturalmente uma fase de monitoramento e controle, conforme a periodicidade indicada, apontando novos riscos e eliminando outros, quer seja porque seu prazo e seu gatilho já passaram e ele não ocorreu; porque ele ocorreu e tornou-se um desvio; ou porque sua ação mitigadora "zerou" o risco.

A cada fase do projeto esse ciclo deve ser percorrido de forma completa ao menos uma vez, e sempre que houver substantiva mudança no projeto, na empresa, na situação política ou econômica ou de outra ordem é interessante revalidar tudo que se pensou sobre risco no projeto.

A gestão adequada da disciplina de Riscos permite um grande aprendizado às empresas uma vez que, apesar de todos os projetos serem únicos, guardam a sua similaridade e são fonte de informações, padrões e lições aprendidas. Aprender com o passado é uma obrigação para o ser humano, buscar se aprimorar para evitar os erros e buscar as oportunidades, sempre.

Os fatores críticos de sucesso citados por PMI (2011) para o processo de monitoramento e controle incluem a integração do monitoramento e controle de riscos com o do projeto, associado ao monitoramento contínuo de condições dos gatilhos dos riscos, que são eventos ou situações que nos permitem antecipar a realização do risco, bem como a manutenção do estado de atenção ao risco.

Este capítulo em um coffee break

Neste capítulo foram apresentados de forma breve os conceitos de gerenciamento de riscos em projeto, considerando como base as melhores práticas sugeridas pelo PMI, tanto no PMBOK (PMI, 2017) como no padrão de práticas de gerenciamento de projetos (PMI, 2011). Para somar neste conteúdo, incluímos informações extraídas da ISO 31000 (2009), norma internacional para gerenciamento de riscos.

Iniciamos expondo sobre a necessidade de comprometimento com a gestão de risco, exemplificada de forma contundente pelos princípios de gerenciamento de risco da ISO 31000 (2009). Seguindo-se a estes princípios, cria-se, mantém-se e aprimora-se uma estrutura de gestão de riscos, a partir da qual o processo de gestão de riscos pode ocorrer. Este mecanismo é essencial, pois permite que a empresa se beneficie de uma cultura de riscos, harmonize e equalize o conhecimento ao longo da organização, garantindo que o sucesso da gestão de riscos não esteja nas pessoas, mas na força do processo e na transmissão correta do conhecimento, retroalimentado pelas lições aprendidas e outras práticas de aprendizado tão importantes.

A forma de pensar o processo de gestão de riscos é distinta entre o PMI (2013) e a ISO 31000 (2009). Para a ISO 31000 (2009), um processo de comunicação e consulta por um lado, e monitoramento e análise crítica, do outro, permeiam a gestão de riscos, que consiste do estabelecimento do contexto inicialmente, uma etapa para delimitar e adaptar o processo ao projeto em questão, seguido de identificação, análise e avaliação dos riscos. Por fim, ocorre o tratamento dos riscos.

Diversas técnicas de avaliação de riscos são desenvolvidas na ISO 31010 (2012), norma acessória à norma 31000. Elas incluem métodos qualitativos e quantitativos que podem ser aplicados conforme necessário.

Já o PMI, em suas duas referências, 2009 e 2013, divide o processo em planejamento, identificação, análise qualitativa, análise quantitativa, planejamento de respostas e monitoramento e controle de riscos. Este ciclo possui um paralelo bem claro com o processo descrito na ISO 31000 (2009), dando maior destaque à divisão entre análise qualitativa e quantitativa.

Os fatores críticos de sucesso definidos por PMI (2009) fornecem importantes alertas para a maior efetividade da gestão de riscos, em geral referindo-se à comunicação, ao envolvimento e busca de entendimentos comuns entre as partes interessadas, à responsabilização, entre outros.

As duas referências apresentadas são sólidas e ajudam a construir uma base para a gestão de riscos dentro da organização, de forma que tudo que seja desenvolvido em um projeto possa ser ampliado e empregado nos demais. Todo esforço realizado em pode gerar retorno no futuro, mas se não documentarmos e nos importarmos com o registro, as questões mais importantes do projeto acabam se perdendo na nuvem da memória humana.

Referências

ABNT (2014). ABNT NBR 16337. Gerenciamento de riscos em projetos — Princípios e diretrizes gerais.

FONTAINE, M. (2016). Project Risk Management. In: GREEN, P. (2016). Enterprise Risk Management — A Common Framework for the Entire Organization. Butterworth-Heinemann, Amsterdam. p. 47–58.

GREEN, P. (2016). Enterprise Risk Management — A Common Framework for the Entire Organization. Butterworth-Heinemann, Amsterdam.

ISO (2009). ABNT NBR ISO 31000. Gestão de riscos — Princípios e diretrizes.

ISO (2012). ABNT NBR ISO 31010. Gestão de riscos — Técnicas para o processo de avaliação de riscos.

PMI (2009). Practice Standard for Project Risk Management.

PMI (2017). Um Guia de Conhecimento em Gerenciamento de Projetos (Guia PM-BOK). 6ª Edição.

Estatística descritiva

Em boa parte deste livro, descreveremos variáveis aleatórias por meio de funções de probabilidade.

Sempre que fazemos uma análise quantitativa de risco, os dados de entrada e os resultados obtidos são funções de probabilidade, que convém serem avaliadas. Essa avaliação pode ser realizada pela estatística descritiva, que pode ser definida como a disciplina que nos permite descrever quantitativamente as principais propriedades de um conjunto de informações.

É a partir da estatística descritiva que podemos chegar a dados interessantes, e responder questões como:

- → Qual é a média da duração do projeto?
- → Qual a probabilidade do projeto atrasar?
- → Qual custo é representativo de um valor baixo, que só tenha ocorrido em menor ou igual valor em 10% dos casos? (P10)
- → Qual custo é representativo de um valor alto, de forma que só 5% dos casos estejam acima deste valor? (P95)
- → A distribuição do custo é assimétrica à direita ou à esquerda?
- → Qual o desvio-padrão?

A estatística descritiva reúne uma série de indicadores, ou estatísticas, que podem responder a estas questões. Pode ser univariada, quando descreve uma única variável, por meio de medidas de tendência central e dispersão. O formato da distribuição também pode ser descrito. A estatística descritiva multivariada, também extremamente útil, nos auxiliará a entender a relação existente entre dados. Um exemplo de estatística bivariada é a correlação.

Gerenciamento de Risco em Projetos

O objetivo desta seção é descrever rapidamente algumas das principais estatísticas que serão utilizadas ao longo do material.

Sobre funções de probabilidade

A função densidade de probabilidade descreve a probabilidade de encontrarmos uma variável em uma determinada faixa de valores. Uma variável X tem uma função densidade de probabilidade $F_X(x)$.

A probabilidade de encontrarmos um determinado valor, exatamente, é dada pela função massa de probabilidade. Essa função é especialmente utilizada em distribuições discretas.

A probabilidade de uma determinada variável apresentar valores menores que X é $F_X(x) = P(X < = x)$, e essa função é determinada pela função distribuição acumulada.

Como exemplo, vamos supor que estamos fazendo três lançamentos de uma moeda com a mesma probabilidade de obter cara ou coroa. O número de casos possíveis é de 23, ou 8, pois são três lançamentos com dois resultados distintos possíveis. Estamos interessados em registrar o total de caras obtidos.

M1	M2	M3	Total de Caras
Cara	Cara	Cara	3
Cara	Cara	Coroa	2
Cara	Coroa	Cara	2
Cara	Coroa	Coroa	1
Coroa	Cara	Cara	2
Coroa	Coroa	Cara	1
Coroa	Cara	Coroa	1
Coroa	Coroa	Coroa	0

A partir do resultado, podemos verificar que a probabilidade de obter 0 caras é de 1 em 8, ou 1/8, ou 12,5%. Vamos construir, então, uma tabela com os possíveis resultados e suas probabilidades.

Número de Caras	Casos	Probabilidade (X = x)	Probabilidade (X < = x)
0	1	12,5%	12,5%
1	3	37,5%	50,0%
2	3	37,5%	87,5%
3	1	12,5%	100,0%

A primeira coluna da tabela mostra o número de caras, a segunda o número de casos, dentre os 8 possíveis, de obter o número de caras da primeira coluna. Na terceira, a probabilidade de obter o número de caras. Por fim, na quarta coluna, a probabilidade de obter um valor menor ou igual ao número de caras da primeira coluna. Assim, a probabilidade de alcançar um valor menor ou igual a 1 é a soma das probabilidades de obter zero ou uma cara, 12,5% + 37,5% = 50%.

Vejamos, então, como ficariam as funções de distribuição de probabilidade. A Figura 3.1 representa a **função distribuição de massa**, registrando os valores obtidos para 0, 1, 2 ou 3 caras.

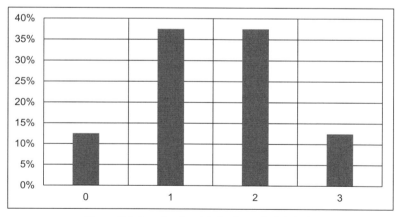

Figura 3.1: Função densidade de probabilidade

Neste caso, essa função também é a **função densidade de probabilidade**. Posteriormente, veremos como fica essa função para distribuições contínuas. Já a Figura 3.2 representa a **função distribuição de probabilidade acumulada**, registrando as probabilidades de obter valores menores ou iguais a 0, 1, 2 ou 3. Como a distribuição é discreta, qualquer valor entre os números inteiros tem probabilidade 0 de ocorrência, criando esta forma de degrau na distribuição.

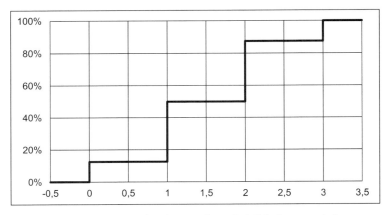

Figura 3.2: Função distribuição de probabilidade acumulada

Imaginando, agora, que tenhamos informações sobre a duração de uma determinada tarefa, que é composta por diferentes etapas, compondo um plano de execução. Esta atividade foi avaliada por um conjunto de analistas que determinaram um formato para a probabilidade de ocorrência de faixas de valores. A distribuição de dados corresponde a uma distribuição normal com média 10 e desvio-padrão 1. Falaremos mais sobre a Normal posteriormente. As funções distribuição de probabilidade seguem na Figura 3.3 e Figura 3.4.

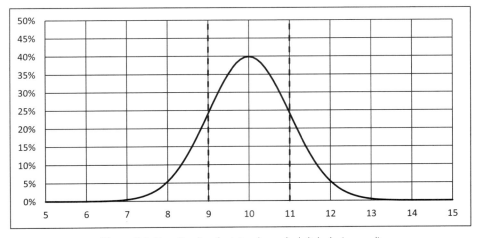

Figura 3.3: Função distribuição de probabilidade (normal)

Função distribuição de probabilidade: Registra as probabilidades de obter os valores das diversas faixas e, neste caso, representa a frequência, como veremos adiante, de que a atividade dure mais ou menos que um valor informado, ou até varie dentro de um intervalo. Nesta figura, observamos que a probabilidade de obter valores menores que 9 (veja o valor sob a curva) é de 15,9%. A probabilidade de encontrar valores maiores que 11 é, também, de 15,9%, como visto sob o outro lado. Finalmente, valores entre 9 e 11 ocorrem com probabilidade de 68,3%, totalizando 100% na soma das três parcelas. Este tipo de visualização é especialmente interessante, pois permite uma rápida identificação gráfica da distribuição que está sendo analisada. Nada impede, no entanto, que vejamos a distribuição de outra forma, como na Figura 3.4.

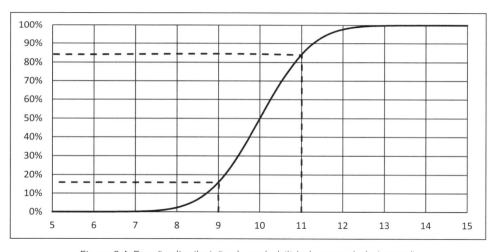

Figura 3.4: Função distribuição de probabilidade acumulada (normal)

Função distribuição de probabilidade acumulada: Registra as probabilidades cumulativas. Neste gráfico, podemos ver que o valor 9 no eixo X representa, no eixo vertical do gráfico, o valor de 15,9%. Da mesma forma, o valor 11 está representado na curva com 84,1%, ou seja, o valor que deixa 15,9% à sua direita. As duas distribuições são formas semelhantes de se enxergar o mesmo fenômeno: a distribuição de probabilidade da duração da atividade.

Cabe comentar que a primeira distribuição (das caras) é denominada binomial, a distribuição associada ao número de sucessos em uma quantidade predeterminada de sorteios com probabilidade de sucesso também conhecida. A primeira distribuição é, naturalmente, discreta, uma vez que não é possível que o resultado seja "meio cara e meio coroa", e só há valores inteiros.

A segunda distribuição, a normal, é contínua, que aceita valores não inteiros. Para esta não faz sentido falarmos em função distribuição de probabilidade de massa, uma vez que, para qualquer X, $P(x = X) = 0$.

A respeito de valores centrais

Quando comentamos sobre valores centrais de uma distribuição de probabilidade, é comum serem usadas três medidas diferentes, a saber:

→ Média

→ Mediana

→ Moda

As três são diferentes representativas de tendência em uma distribuição! A **média** é realizada somando os valores e dividindo-se a soma pelo número de elementos.

A **mediana** corresponde ao valor central da distribuição, de maneira que a probabilidade de obtermos um valor maior à mediana é idêntica a obtermos um valor menor à mediana. Também é denominada de P50.

A **moda** é o elemento que aparece com maior frequência em uma distribuição.

Suponha, por exemplo, que tenhamos os seguintes dados em uma amostra que coletamos:

1; 3; 3; 3; 4; 5; 5; 20; 136

Calcular a média é bastante fácil: somando-se todos os termos, chegamos a 180 e dividindo por 9, que é o número de elementos, chegamos a 20.

A mediana, ou P50, deixará, necessariamente, a mesma probabilidade de obter valores maiores ou menores do que ele. Como os dados estão em ordem crescente, se pinçarmos o quinto dado, haverá quatro valores abaixo dele e quatro acima. Este valor, a mediana, é, para nosso caso, 4.

Já a moda é o valor que mais se repete na distribuição. O número 3 ocorreu três vezes, logo a moda é 3.

Como demonstramos rapidamente, os três indicadores são altamente distintos em natureza, muito embora em alguns casos possam coincidir, quando a distribuição é simétrica e concentrada no valor central, como ocorre com a normal e poderá ocorrer com as distribuições de três pontos (triangular, beta e, mais especificamente, a beta pert). Este assunto ainda virá.

Frequência relativa, absoluta e histograma

Quando temos um conjunto de dados, podemos representá-lo por meio da frequência. A frequência absoluta representa o número de valores de uma amostra que está em uma determinada faixa, geralmente denominada de intervalo.

Quando fizemos a contagem das caras, no primeiro exemplo deste capítulo, obtivemos os valores da frequência absoluta, que denominamos casos.

Número de Caras	Casos	Probabilidade (X = x)	Probabilidade (X < = x)
0	1	12,5%	12,5%
1	3	37,5%	50,0%
2	3	37,5%	87,5%
3	1	12,5%	100,0%

A frequência relativa é obtida dividindo-se a frequência absoluta pelo número de elementos da amostra. Na tabela acima, ela corresponde à terceira coluna (Probabilidade (X = x)). A última coluna representa a frequência relativa cumulativa ou acumulada (Probabilidade (X < = x)).

Um histograma é uma representação gráfica — em geral feita por meio de um gráfico de barras — das frequências de um conjunto de dados tabulado e dividido em classes ou intervalos. O termo histograma foi cunhado pelo matemático e estatístico Karl Pearson; que será ainda citado neste livro por outras históricas contribuições.

O histograma é uma excelente forma de visualizarmos os resultados de uma simulação. Os dados de entrada que serão inseridos em geral são vistos como função densidade de probabilidade ou função de probabilidade acumulada, mas também podem ser descritos em um histograma.

A Figura 3.5 é um histograma de 1.000 valores amostrados de uma distribuição normal com média 10 e desvio-padrão 1.

58 Gerenciamento de Risco em Projetos

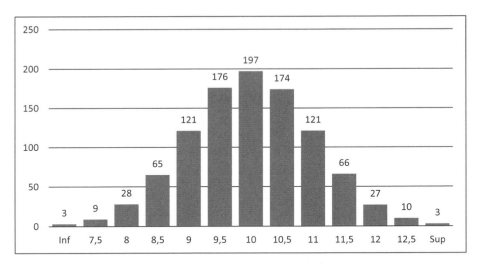

Figura 3.5: Histograma classificando 1.000 dados amostrais

Os valores acima das classes se referem à frequência dos dados. A tabela a seguir ilustra as informações utilizadas para elaborar o gráfico.

Classe	Mínimo	Máximo	Frequência	Frequência Relativa	Frequência Acumulada	Freq. Acum. Relativa
Inf	-infinito	7,25	3	0,3%	3	0,3%
7,5	7,25	7,75	9	0,9%	12	1,2%
8	7,75	8,25	28	2,8%	40	4,0%
8,5	8,25	8,75	65	6,5%	105	10,5%
9	8,75	9,25	121	12,1%	226	22,6%
9,5	9,25	9,75	176	17,6%	402	40,2%
10	9,75	10,25	197	19,7%	599	59,9%
10,5	10,25	10,75	174	17,4%	773	77,3%
11	10,75	11,25	121	12,1%	894	89,4%
11,5	11,25	11,75	66	6,6%	960	96,0%
12	11,75	12,25	27	2,7%	987	98,7%
12,5	12,25	12,75	10	1,0%	997	99,7%
Sup	12,75	+infinito	3	0,3%	1000	100,0%

Medidas de dispersão: Desvio-padrão, variância e percentis notáveis

Considere que você vai contratar uma empresa para realizar um serviço de pintura e você sabe, por meio de um histórico, o tempo que levará para fazer esse serviço. Os dois perfis de probabilidade foram traçados e estão exibidos no gráfico abaixo.

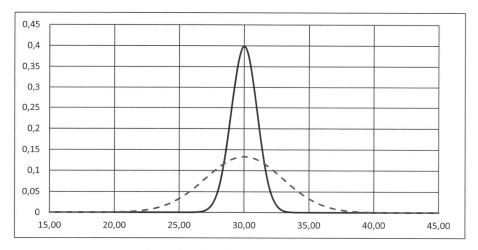

Figura 3.6: Variação em torno da média

Pode-se afirmar, sem sombra de dúvida, que a variação em torno da média de 30 dias é menor para a curva preta do que para a curva pontilhada. Se estamos procurando uma estimativa com menor variabilidade, podemos escolher a empresa da cor preta para fazer o trabalho. Se, por outro lado, queremos aumentar a probabilidade de fazer em menos de 28 dias, por exemplo, como ilustrado no gráfico, a empresa da curva pontilhada nos fornece quase 31% de chance, a área compreendida pela distribuição até o número 28 conforme exibido na figura. Na curva de cor preta, essa probabilidade é pouco mais de 2%! Como tratamos no primeiro capítulo deste livro, risco é questão de preferência.

O que diferencia as duas curvas? A média é a mesma, 30. O parâmetro que diferencia as duas é o desvio-padrão, que é 1 para a curva preta e 3 para a curva pontilhada. De forma simples, o desvio-padrão é uma medida empregada para quantificar a dispersão ou a variação de um conjunto de dados.

O desvio-padrão de uma amostra é calculado através da fórmula:

$$s = \sqrt{\frac{1}{N} \cdot \sum_{i=1}^{N} \left(x_i - \overline{x} \right)^2}$$

Onde $\overline{x}$ é a média de uma amostra da população. Em termos populacionais, usamos μ para a média e σ para o desvio-padrão. Os resíduos $x_i - \overline{x}$ são elevados ao quadrado, uma vez que tanto desvios negativos quanto positivos colaboram para uma maior dispersão dos dados. Quando a média da população é desconhecida, recomenda-se dividir o resultado do somatório por (N-1) ao invés de N. Quando a amostra é suficientemente grande, esse ajuste, conhecido em estatística como Correção de Bessel, torna-se necessário. Além disso, o fator de correção N/N-1 fica muito próximo a 1 quando N aumenta.

Para uma conta simples, retornemos ao nosso caso do lançamento de moedas.

Podemos calcular a média somando o produto do número de caras sorteado (0, 1, 2 e 3) pelo número de casos em que ocorrem estes e, posteriormente, dividindo pelo total dos casos. Assim, temos 0 x 1 + 1 x 3 + 2 x 3 + 3 x 1 = 0 + 3 + 6 + 3 = 12. Dividindo 12/8 chegamos a 1,5, a média da amostra.

M1	M2	M3	Total de Caras (x_i)	$\overline{x}$	$x_i - \overline{x}$	$\left(x_i - \overline{x} \right)^2$
Cara	Cara	Cara	3	1,5	1,5	2,25
Cara	Cara	Coroa	2	1,5	0,5	0,25
Cara	Coroa	Cara	2	1,5	0,5	0,25
Cara	Coroa	Coroa	1	1,5	-0,5	0,25
Coroa	Cara	Cara	2	1,5	0,5	0,25
Coroa	Coroa	Cara	1	1,5	-0,5	0,25
Coroa	Cara	Coroa	1	1,5	-0,5	0,25
Coroa	Coroa	Coroa	0	1,5	-1,5	2,25

Somando os valores de $\left(x_i - \overline{x} \right)^2$ chegamos a um total de 6. Dividindo este valor pelo número total de casos, 8, chegamos a 0,75. Este valor — o quadrado do desvio-padrão — é conhecido como **variância**. Apesar de ser o resultado original do cálculo das dispersões, o desvio-padrão é preferível por estar na mesma unidade que o conjunto de dados coletado. Calculando a raiz quadrada da variância, obtemos o valor de 0,866; o desvio-padrão.

Outro indicador empregado no cálculo de dispersões é o **coeficiente de variação**. De cálculo muito simples, corresponde à divisão do desvio-padrão pela média, ou $c_v = s / \overline{x}$.

No caso em vista, o coeficiente de variação é 0,866/1,5 = 0,57. Ou seja, cada desvio-padrão corresponde a 57% da média. Quando estamos comparando conjuntos de dados com médias muito distintas, o coeficiente de variação pode nos auxiliar a colocar os desvios-padrão em bases similares.

Uma forma alternativa de enxergar a dispersão nos dados é avaliar algumas outras informações. Notadamente, é interessante analisar os percentis das distribuições. Considere os 1.000 dados com os quais geramos o cronograma, derivados de uma normal de média 10 e desvio-padrão 1.

Estatística	Valor
Mínimo	6,73
1%	7,77
5%	8,47
10%	8,79
25%	9,38
50%	10,01
75%	10,65
90%	11,29
95%	11,71
99%	12,18
Máximo	12,61

Na tabela foram inseridos os valores de máximo e mínimo encontrados. É importante comentar que embora estes valores sejam os extremos da distribuição, eles podem ser fruto de situações de difícil repetibilidade e podem gerar um viés de otimismo ou pessimismo quando divulgados. Assim, é comum utilizarmos os valores de percentis, em geral 1%, 5% ou 10% e suas contrapartes 99%, 95% ou 90% para registrar informações extremas. Além destes valores, estão representados os percentis 25% e 75%, chamados de 1º e 3º quartis da distribuição. O 2º quartil, ou mediana, é o percentil 50%.

Através dos valores obtidos, é possível fazer uma avaliação da dispersão dos dados.

Qualquer software de análise estatística descreverá dados com riqueza de detalhes muito superior ao que estamos mostrando aqui. É necessário ter objetividade e saber filtrar a riqueza de informações para separar, dentre todas as análises, o que suportará a tomada de decisão.

Medidas de forma da distribuição: Assimetria e curtose

Outras propriedades que podem ser avaliadas, e sobre as quais vale a pena rápido comentário, são a assimetria e a curtose.

A assimetria é uma medida que determina se a distribuição é simétrica, ou seja, possui a mesma massa de dados à direita e à esquerda de sua média, ou se é assimétrica. No caso de simetria, o valor da média é igual ao valor da mediana, o P50, garantindo que tenhamos a já mencionada simetria ou igual distribuição de informações dos dois lados.

A assimetria positiva ocorre quando o "centro de gravidade" dos dados está concentrado à esquerda do centro. Diz-se que a curva é assimétrica à direita ou com cauda à direita. Já a assimetria negativa ocorre quando os dados estão concentrados à direita, e a curva é dita assimétrica à esquerda ou com cauda à esquerda. Em geral, curvas com assimetria positiva são tais que a média é maior que a mediana. Por outro lado, a assimetria negativa implica, em geral, curvas com média menor que a mediana. A Figura 3.7 ilustra este ponto.

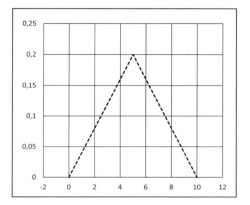
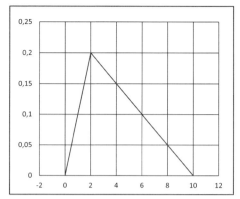
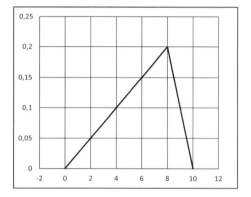

Figura 3.7: Assimetria (exemplo)

A primeira distribuição possui média, mediana e moda iguais a 5. Já a segunda, com assimetria positiva, possui média 4 e mediana 3,7. Por fim, a distribuição à direita possui média 6 e mediana 6,3, tendo, assim, assimetria negativa.

Devido ao viés em geral pessimista na avaliação de incertezas, normalmente são percebidas distribuições como a do meio, em que a moda é o valor determinístico esperado e o espaço para reduzir a duração de uma atividade é menor que para ampliar a duração.

A curtose é uma propriedade estatística que mede o quanto a distribuição é "alta e fina" ou "baixa e ampla". A distribuição normal possui curtose 3 e, desta forma, aquelas com curtose maior que 3 são mais "altas" que um normal com o mesmo desvio-padrão. Vejamos alguns exemplos de distribuições de baixa curtose e alta curtose, na Figura 3.8.

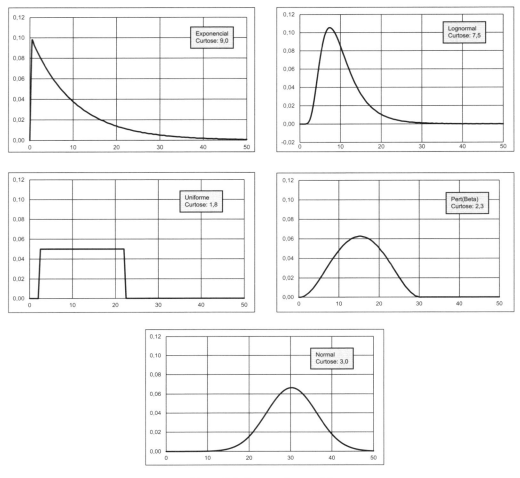

Figura 3.8: Curtose (exemplo)

Representação de uma distribuição através do boxplot

Uma distribuição ou conjunto de dados pode ser representada de uma forma sumarizada de uma série de maneiras. Uma forma popular de enxergar a distribuição em um gráfico é por meio do gráfico ou diagrama de boxplot ou boxplot ou ainda diagrama de box e whiskers. Box se refere à uma caixa no gráfico e whiskers é uma referência a duas linhas que se prolongam a partir da extremidade da caixa.

O gráfico boxplot registra algumas informações interessantes: a média como um ponto, os percentis P_{25}, P_{50} e P_{75}, que serão os componentes da "caixa". Em geral, a regra para determinar a extensão dos "whiskers" é, a partir do P_{25}, subtrair 1,5 vezes o intervalo interquartílico (IIQ), que é a diferença entre P_{25} e P_{75}. O mesmo procedimento é realizado a partir do P_{75}, somando 1,5 vezes o IIQ. Os valores extremos fora deste intervalo são denominados de *outliers*, e em geral são ilustrados individualmente no gráfico.

O gráfico boxplot para 1.000 amostras de uma distribuição normal com média 10 e desvio-padrão 1, representada no histograma da Figura 3.5, segue na Figura 3.9.

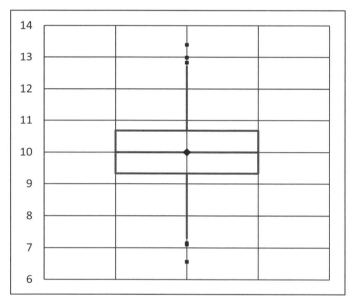

Figura 3.9: Gráfico boxplot (exemplo)

Verificamos a presença de outliers nos dados, acima e abaixo dos "whiskers". Na Figura 3.10, ilustramos três gráficos boxplot para as distribuições triangulares simétrica, assimétrica à direita e assimétrica à esquerda.

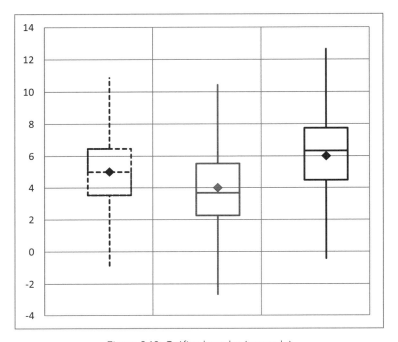

Figura 3.10: Gráfico boxplot (exemplo)

A primeira distribuição é a simétrica, com moda, mediana e média 5. A segunda é a assimétrica positiva, com média menor que a moda. Já a terceira é a assimétrica negativa, com moda 2 e média maior que a mediana.

Este capítulo em um coffee break

Neste capítulo abordamos a estatística descritiva, que é, como o nome diz, uma forma de descrever qualquer distribuição de probabilidade. Conceituamos distribuição de probabilidade através de suas funções de massa, distribuição e cumulativa.

A média, a mediana e a moda foram apresentadas como medidas de valores centrais. Enquanto a média é influenciada por valores extremos, a mediana divide a amostra em dois conjuntos iguais e a moda é o valor com maior probabilidade de ocorrência. São conceitos diferentes.

O histograma é uma forma interessante de avaliar graficamente uma distribuição de probabilidade. Consiste em um gráfico que mostra a frequência absoluta ou relativa de elementos em classes ou grupos. A frequência absoluta é a simples contagem dos valores em cada grupo. Já a relativa é o resultado da divisão da frequência absoluta pelo número de elementos na amostra.

Igualmente importante às medidas de valores centrais, são as medidas de dispersão. O desvio-padrão corresponde à raiz quadrada da variância, que é obtida através das somas dos quadrados das diferenças entre cada elemento da amostra e a média, dividido pelo número de elementos da amostra.

Outra forma de ilustrar a dispersão é por meio dos percentis notáveis da distribuição. Valores extremos como o mínimo e o máximo podem ser resultados de eventos raros e, assim, é mais fácil caracterizar valores com menor probabilidade nos dois extremos através dos percentis P_1, P_5 e P_{10} e suas contrapartes P_{99}, P_{95} e P_{90}. Os percentis P_{25} e P_{75} são o primeiro e terceiro quartil, e o P50 é o segundo quartil ou mediana.

Conceitos adicionais sobre formato da distribuição foram introduzidos. A assimetria determina em que lado e o quanto está concentrada a distribuição de probabilidade, seja ela simétrica ou assimétrica, negativa ou positiva. Adicionalmente, a curtose é uma medida que permite identificar o quanto uma distribuição é achatada e "espalhada" ou empinada e "afinada".

Esses resultados podem ser sumarizados em uma representação gráfica, o box-plot, que é uma estrutura que permite descrever graficamente uma distribuição de probabilidade. Através dos conceitos apresentados, é possível criticar os valores dos dados de entrada que serão simulados e avaliar os resultados da simulação, facilitando o entendimento e suportando a tomada de decisão.

Distribuições de probabilidade "notáveis"

Como introduzido no primeiro capítulo deste livro, a análise de risco quantitativa objetiva a avaliação explícita dos riscos do projeto, determinando os impactos em termos de tempo e custo, por exemplo. Para chegar a este impacto, precisamos definir variações nas variáveis que compõem o cronograma.

Esta análise pode se referir a diferentes elementos do cronograma: duração de atividades, custos de recursos por hora, custos de materiais, entre outros.

Mesmo que os riscos possam ser modelados de diferentes maneiras, como será visto na próxima seção, uma das formas mais correntes de representá-los é a partir de distribuições de probabilidade. Assim, dedicamos este capítulo à descrição de distribuições de probabilidade notáveis, que costumam ser utilizadas com maior frequência.

Distribuições contínuas

Para começar, podemos nos referir às distribuições contínuas, que podem assumir valores não inteiros. Tentaremos fazer descrições rápidas, deixando o leitor à vontade para buscar referências mais aprofundadas.

Nos gráficos exibidos a seguir, representaremos sempre a função distribuição de probabilidade, contendo no eixo x os valores e no eixo y a probabilidade $P(x = X)$.

Distribuição Normal

Talvez a mais comentada entre as distribuições de probabilidade, a Normal representa uma série de eventos. Quando somamos n elementos, sejam eles atividades, custos, pesos, ou seja lá o que for, a média da distribuição resultante converge para um normal quando o número de elementos tende a infinito. É o que nos diz o Teorema Central do Limite.

A chamada "Curva do Sino" está presente em diferentes aspectos da nossa vida. Tem características determinantes, como ser simétrica e possuir 99,7% dos seus dados entre o ponto média −3 desvios-padrão e média +3 desvios-padrão. Em geral, ela é utilizada quando temos um processo que não possui tendência de alta ou de baixa, i.e., simétrico e é composto pelo conjunto de outros fatores.

A normal é uma distribuição que é determinada por dois parâmetros, média e desvio-padrão. Como diversos fenômenos podem ser considerados regidos por uma distribuição normal, no limite, podemos empregá-la quando tivermos uma distribuição simétrica. É muito utilizada quando temos uma estimativa com um certo grau de precisão, mais que uma opinião especializada.

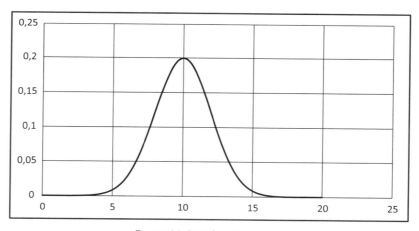

Figura 4.1: Distribuição normal

Distribuição Lognormal

Se a normal é uma distribuição da soma de diversos elementos, a lognormal é uma distribuição do produto de diversos elementos. Isto porque o logaritmo de uma série de produtos A = q x p x r x z é ln A = Ln (q) + Ln (p) + Ln (r) + Ln (z). É uma distribuição com assimetria à direita, permitindo valores mais altos com muito menor frequência.

Quando temos uma atividade que possua, por exemplo, tempos extremamente longos com baixíssimas probabilidades, a lognormal mostra-se uma representação interessante. É também determinada a partir de sua média e desvio-padrão.

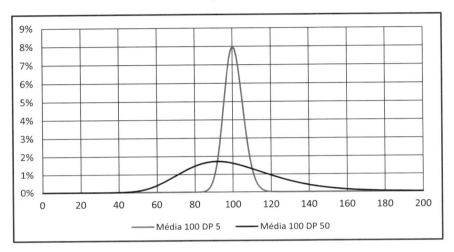

Figura 4.2: Distribuição lognormal

Cabe comentar que a distribuição lognormal é uma forma menos precisa de representar uma atividade com riscos associados de baixíssima probabilidade e alto impacto. Imagine a atividade de percorrer de carro um trecho entre duas cidades. É possível que um pneu fure ou que o carro superaqueça, ou que ocorra um acidente na estrada. Considerando que esses fatores sejam pouco prováveis, é possível modelar essa atividade como uma distribuição lognormal, perdendo-se, no entanto, a nuance de qual dos fatores elencados como riscos está impactando mais profundamente a duração da viagem. Falaremos mais sobre este assunto na próxima seção.

Distribuição Uniforme

Como veremos adiante, tudo começa na distribuição uniforme. Ela é tal que qualquer valor possui a mesma probabilidade de ocorrer. Assim, para determinarmos os números aleatórios que serão usados na simulação, temos que usar distribuições uniformes entre 0 e 1, para simular as probabilidades de 0% a 100%.

A distribuição uniforme é pouco empregada em função de sua elevada variação e ausência em representar uma informação mais significativa. É modelada por seus valores mínimo e máximo, e só deve ser usada quando não temos realmente mais informação sobre o que estamos avaliando.

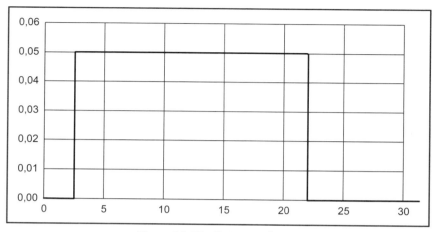

Figura 4.3: Distribuição uniforme

Distribuição Triangular

É uma distribuição de três pontos, a preferida por dez entre dez especialistas, comportando, assim, uma estimativa pessimista, uma neutra ou realista e uma otimista. Seu formato é, naturalmente, um triângulo, e é modelada pelos valores mínimo, mais provável (moda) e máximo. Dependendo da modelagem, podemos usar estimativas de valores "baixos" e "altos", como P10 e P90, por exemplo.

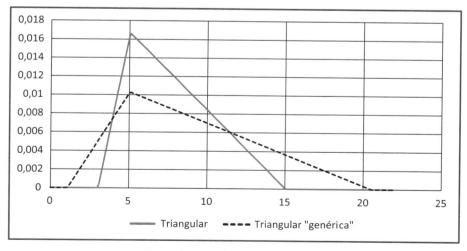

Figura 4.4: Distribuições triangulares

As distribuições acima têm os mesmos parâmetros, mas a de linha sólida tem 3 e 15 como valores mínimos e máximos e na pontilhada, os valores são P_5 e P_{90}. Muitas vezes, é mais fácil para um especialista, alguém que está sendo consultado, emitir uma opinião sobre P_5 e P_{90}, ou P_{10} e P_{99}, do que falar em mínimo e máximo absolutos.

Distribuição Pert

A distribuição Pert, como é chamada, é uma generalização da distribuição Beta; que apresentaremos a seguir. Também é modelada por três pontos: mínimo, moda e máximo. Nesta distribuição podem também ser utilizados parâmetros alternativos, como apresentados na triangular generalizada acima.

Além disso, ela é mais suavizada nas pontas do que a triangular, encerrando-se de forma menos abrupta que a triangular e a uniforme, e mais similar à normal e à lognormal.

A distribuição Pert possui média em função dos parâmetros mínimo (m), mais provável (MP) e máximo (M), conforme a expressão (m + 4MP + M)/6.

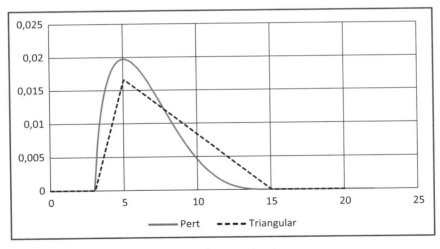

Figura 4.5: Distribuições de três pontos

A Figura 4.5 ilustra uma distribuição Pert e uma triangular com os mesmos limites, para comparação. Repare como a Pert possui um formato mais suave e se encerra de forma mais natural, como as distribuições normal e lognormal.

Distribuição Beta

A distribuição Beta é definida entre os valores 0 e 1, e possui dois parâmetros formadores, alfa1 e alfa2. Pode ser generalizada em qualquer intervalo e aceita valores como mínimo, média, mais provável e máximo. Quando seguimos a fórmula da Pert para a média, ela é a distribuição resultante. A seguir, algumas possibilidades de formatos para a distribuição Beta.

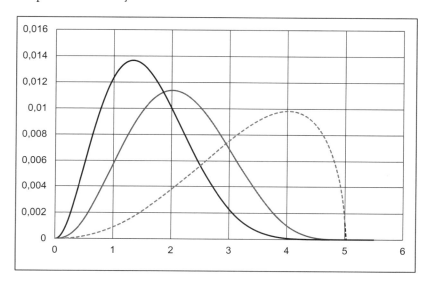

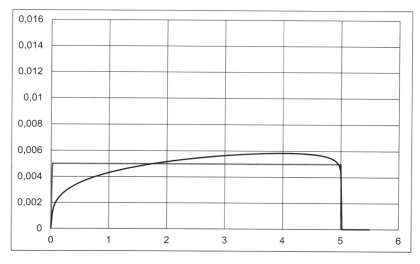

Figura 4.6: Distribuições Beta (exemplos)

Existem várias outras distribuições, para casos mais específicos. Os softwares que fazem modelagem, análise de dados e simulação possuem diversas distribuições instaladas. Estas são apenas as distribuições mais utilizadas em simulações de cronogramas.

Conforme veremos em seguida, as distribuições avaliadas pelos especialistas tendem a ser "de três pontos", em função de ser relativamente fácil para alguém produzir estimativas de tempos e custos mais curtos, mais longos e médios.

Distribuições discretas

Distribuições discretas são aquelas que ficam confinadas no domínio dos números inteiros. Em geral, estão associadas à ocorrência de eventos (distribuições do tipo 0 ou 1) ou número de sucessos ou fracassos em uma quantidade de tentativas. Comentaremos sobre algumas distribuições oferecendo exemplos que poderiam ser empregados no gerenciamento dos riscos do projeto.

Distribuição de Bernoulli

Esta distribuição é um caso especial de uma distribuição de dois pontos, em que os valores possíveis a serem sorteados são 0 e 1. Geralmente, é utilizada na simulação para avaliar um evento, um risco que possui uma probabilidade definida de ocorrer.

Um exemplo rápido seria: o risco de atraso na contratação, que possui 30% de chance de ocorrer. Esse valor de 30% é o único parâmetro da distribuição. A distribuição de probabilidade fica conforme ilustrado na Figura 4.7.

Figura 4.7: Distribuição de Bernoulli

Sendo assim, há uma probabilidade de 30% de que o valor seja 1, isto é, que o evento ocorra. Por outro lado, há uma probabilidade de 70% de que o evento não ocorra, mostrando-se o valor 0.

Um exemplo extremamente comum para a distribuição de Bernoulli é a probabilidade de obter "cara" em um lançamento de uma moeda. Neste caso, a probabilidade de sucesso seria de 50%, se a moeda for honesta. Essa distribuição é um caso particular da distribuição binomial, que é a próxima na nossa lista.

Distribuição Binomial

A distribuição binomial considera que um número n de sorteios será realizado e cada um deles possui uma probabilidade p de sucesso. A Bernoulli é uma particularização da binomial quando n = 1 e a binomial é uma generalização da Bernoulli usando n distribuições independentes.

Já demonstramos a distribuição binomial quando falamos de cara e coroa no capítulo anterior. Faremos agora um exemplo dentro do tema de gerenciamento de projetos.

Considere que após fazer a instalação de um equipamento seja preciso uma Inspeção em 10 pontos essenciais, com 5% de probabilidade de ser necessário uma correção. Essa correção impede o início das operações, que seria o final deste projeto em particular. Esta distribuição ficaria conforme o exposto na Figura 4.8.

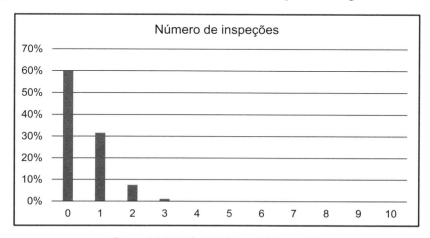

Figura 4.8: Distribuição binomial (exemplo)

Há uma chance de 60% de não ser necessária nenhuma inspeção. A probabilidade de haver uma inspeção é de 31,5% e, para duas inspeções, 7,5%. A ocorrência de 3 inspeções é de 1% e há apenas 0,1% de chance de haver quatro ou mais.

Existem mais duas derivadas da distribuição binomial que valem a pena comentar: a geométrica e a binomial negativa.

Distribuição Geométrica

A distribuição geométrica é uma variação da binomial, que calcula o número de sorteios que devem ser realizados até obter o primeiro sucesso. Se o sucesso ocorrer no primeiro evento, o valor da geométrica será 0. O único parâmetro da geométrica é a probabilidade de sucesso do evento.

Considere que você fez um teste em um equipamento. Há uma probabilidade de sucesso de 70%. Se não houver sucesso, será necessária uma calibração adicional e um novo teste, com a mesma probabilidade. Quantos testes além do primeiro você terá que fazer para garantir o primeiro sucesso? A Figura 4.9 ilustra.

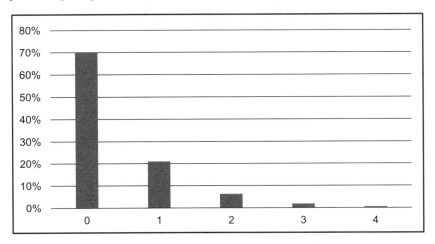

Figura 4.9: Distribuição geométrica (exemplo)

A probabilidade de não fazer nenhum teste extra é de, obviamente, 75%. A chance de precisar de apenas um teste adicional é de ter uma falha e um sucesso. Assim, 0,25 x 0,75 = 18,75%. A probabilidade de serem necessários dois testes é de 6% e a probabilidade de três ou mais testes é cerca de 1%.

Distribuição Binomial Negativa

A distribuição binomial negativa, também derivada da distribuição de Bernoulli e do processo estatístico binomial, nos dá o número de falhas que vão ocorrer antes de n sucessos. Os atributos são, então, a probabilidade de sucesso p e o número de sucessos desejados, n.

Considere que a empresa foi contratada para montar uma linha de produção e ficará responsável, durante a fase de partida, por uma assistência técnica, incorrendo em uma multa para cada peça fabricada com defeito até serem produzidas 10.000 peças em condição de comercialização. Considerando que a probabilidade de sucesso na fabricação é de 99,8%, a distribuição de probabilidade resultante é a apresentada na Figura 4.10.

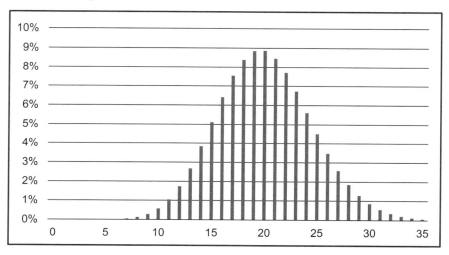

Figura 4.10: Distribuição binomial negativa (exemplo)

Verifica-se que a probabilidade de obter um valor inferior a 10 unidades é de 1%. Entre 11 e 20 unidades, é de 55%. Entre 21 e 30 unidades, o valor encontrado é de 43%. Baseando-se nas informações é possível orçar o custo que será incorrido nessa fase de assistência técnica, uma vez que tenhamos uma expectativa do custo de correção ou multa por peça defeituosa produzida.

Distribuição Hipergeométrica

A distribuição hipergeométrica possui uma hipótese essencialmente diferente da binomial. A distribuição binomial funciona com o que conhecemos como amostragem sem reposição. Imagine que você vai tirar uma amostra de 1 litro de água do oceano para avaliar o teor de sal. Esse litro a menos não alterará de forma significativa a composição de sal no oceano. Assim é o processo binomial, que conhecemos como amostragem com reposição.

Se você tivesse uma urna com bolas pretas e brancas e, a cada vez que sorteasse uma bola você a devolvesse à urna você estaria, literalmente, repondo a amostra que tirou. Com isto, a probabilidade de retirar uma bola branca ou preta mantém-se igual.

Considere agora que você vai retirar de uma bacia um litro de água do mar. Possivelmente, retirar esse litro pode alterar significativamente a quantidade existente na bacia, que contém, digamos, 20 litros de água. O mesmo pode ser dito se você extrair uma bola e não devolver à urna (considerando que a urna possua um número finito de bolas!).

A distribuição geométrica se presta à amostragem sem reposição, a esse último caso. Os parâmetros da distribuição são, então, o número de elementos totais (população) N, o número de elementos sorteados (n) e a probabilidade de ocorrência do evento de interesse, p.

Imagine que você comprou um equipamento fornecido por uma empresa que faliu, e o lote vendido, com 40 unidades, possui 20% de unidades defeituosas. Qual seria a distribuição de probabilidade do número de equipamentos com defeito que a sua empresa comprou, dado que tenha adquirido um total de quatro? A distribuição está na Figura 4.11.

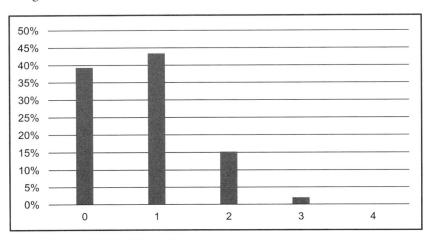

Figura 4.11: Distribuição hipergeométrica (exemplo)

A probabilidade de não haver nenhum equipamento defeituoso é de 39%. De haver um equipamento defeituoso é de 43%. Dois ou mais equipamentos com defeito, 17%.

Distribuição Poisson

Esta distribuição, muito empregada na simulação de eventos discretos e na teoria de filas, modela o número de eventos que ocorrerão em um intervalo de tempo dado que o número esperado de eventos no período λ é conhecido. A distribuição Exponencial faz para com a Poisson, representando o tempo entre chegadas, com parâmetro β = 1/λ.

Considere que durante o período de "Operação Assistida" do projeto de 60 dias, ocorra em média 1 problema a cada 5 dias. A média de problemas ao longo de toda a operação é de 12 no total. Assim, a distribuição para o número de problemas que ocorrerão ao longo dos 60 dias é uma Poisson com λ = 12.

A distribuição de probabilidade segue na Figura 4.12.

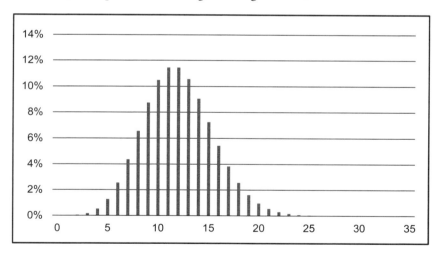

Figura 4.12: Distribuição Poisson (exemplo)

Veremos que, em nossa modelagem para análise de riscos será muito mais usual empregar distribuições contínuas do que discretas, salvo o uso da distribuição Bernoulli para modelagem de ocorrência de eventos discretos

Este capítulo em um coffee break

Neste capítulo descrevemos de forma sucinta as distribuições de probabilidade que são mais usualmente empregadas em análises de riscos quantitativas de cronograma e projetos, em geral. Acreditamos que o material apresentado cubra uma parcela bastante representativa das distribuições que serão efetivamente utilizadas pelos usuários da análise de risco quando estiverem modelando, salvo situações que são particulares para setores específicos. Algumas referências bibliográficas abordam diversas distribuições e seus usos, como Bury (1999) e diversos outros.

Foram demonstradas distribuições contínuas, entre as quais destacam-se as de três pontos, como Triangular, Beta e Pert, bem como distribuições muito conhecidas e empregadas, como a Normal e a Lognormal.

Também foram apresentadas distribuições discretas, que podem ser utilizadas quando modelamos eventos discretos e quando desejamos fazer uma avaliação relacionada a eventos que se repetem, como número de falhas em um conjunto de itens, ou necessidade de correção de algum material etc.

Como já mencionado previamente, a modelagem é essencial para atingirmos um bom resultado na simulação. A não ser que nosso modelo faça sentido e que a modelagem dos dados de entrada esteja adequada, a simulação e o seu resultado bem como todos os insights que gerará são completamente inúteis.

Referências

BURY, K. (1999). Statistical Distributions in Engineering. Cambridge University Press.

Seção 3 — Configurando e executando uma análise quantitativa de risco

Uma visão geral: Metodologia básica

A Análise de Risco Quantitativa não é, como visto nas seções anteriores, um processo isolado, estanque, no gerenciamento de projetos. Do contrário, é parte integrante e viva da gestão de risco e de projeto como um todo.

Assim, é importante que exista um processo, um modelo, uma estrutura a partir da qual possamos visualizar a análise de risco inserida no contexto. Qual é o objetivo da análise de risco? E como ter uma visão de processo desta análise no contexto de gestão de projetos de empresas e organizações em geral? Estas são as questões a serem respondidas neste tópico.

Objetivo da análise de risco

O objetivo da análise de risco é identificar, avaliar e tratar os fatores que podem induzir incertezas no projeto, compreendendo e gerenciando seus possíveis efeitos, propondo planos de respostas e realizando o monitoramento periódico por meio das diversas ferramentas e subprocessos, como a análise qualitativa com o auxílio das matrizes de probabilidade e impacto e a análise quantitativa através da análise de sensibilidade e simulação, o acompanhamento por meio de ferramentas específicas, dentre tantas outras.

A Análise Quantitativa de Risco tem como objetivo explicitar quantitativamente, tão bem quanto possível, o efeito das incertezas presentes no projeto em seus principais indicadores, em geral associada a prazos e custos. Dentre outros fatores que podem ser considerados, podemos citar Segurança, Meio Ambiente e Saúde (SMS) e Qualidade dos produtos entregues pelo projeto.

Proposição de uma metodologia para análise de risco

No capítulo anterior, destacamos como é essencial que a gestão de riscos seja parte integrante da gestão de projetos. As atividades e os processos de gestão devem estar inclusos na rotina da gestão de projetos. O Risco não pode ser uma rotina "estanque", uma caixa preta que é consultada de tempos em tempos para julgar o projeto e apontar fragilidades e problemas.

Da mesma forma, a análise quantitativa de riscos não pode estar isolada dos demais processos de gestão de risco. Assim sendo, seguindo a metodologia proposta por PMI (2014), todos os processos de risco devem estar integrados.

No Planejamento de Risco, por exemplo, devem ser definidas as ferramentas, modelos e regras gerais de funcionamento de todo o processo de risco, incluindo aí a Análise Quantitativa. De quanto em quanto tempo faremos uma análise quantitativa? Qual alteração no projeto justifica uma nova análise? Estas são algumas das questões que influenciam a gestão de riscos.

A identificação de riscos e a posterior análise qualitativa devem ser, sim, insumos para a análise qualitativa. Como veremos adiante, é possível incluir eventos de risco na análise quantitativa. Cada risco identificado deve ser relacionado com as atividades do cronograma, de forma que possamos entender seu impacto nos objetivos do projeto.

Apesar da ordem geral de apresentação dos processos de gestão de risco colocar a análise quantitativa antes do planejamento de respostas, é bastante natural que seja realizado dessa forma. Isto costuma ocorrer porque a análise quantitativa de riscos e os experimentos de simulação são intensivos em capital humano, gerando discussões longas sobre o modelo e sua modelagem. Sendo assim, a análise quantitativa pode ser o processo culminante da dimensão risco do projeto, auxiliando a discussão e os insights do que deve ser realizado para reduzir a variabilidade e buscar o atendimento dos objetivos do projeto em questão.

Uma visão geral: Metodologia básica

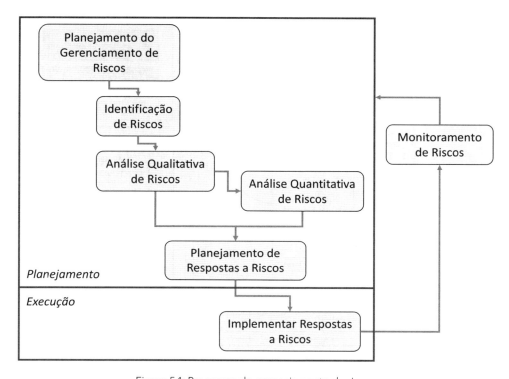

Figura 5.1: Processos de gerenciamento de riscos

Em termos de uma metodologia para o processo de gestão de riscos do projeto, é necessário ampliar o quadro acima, que descreve o ciclo de gerenciamento de riscos — aqui ilustrado conforme PMI (2017) —, para incluir o detalhamento e a conexão entre as diversas atividades.

Na figura a seguir, o ciclo de gerenciamento de risco está ilustrado de forma sequencial, e as etapas da análise quantitativa estão detalhadas, bem como o que chamamos de ciclo de feedback, que avalia os resultados da análise quantitativa e retroalimenta o ciclo de riscos.

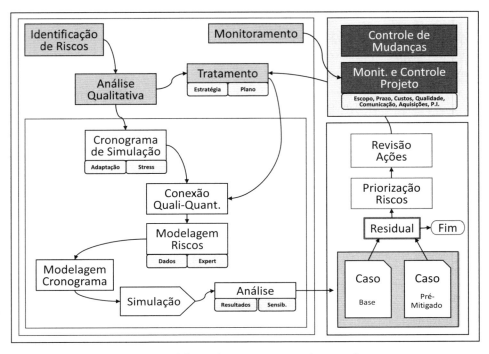

Figura 5.2: Metodologia de gerenciamento de riscos: Proposta

Por simplificação, a etapa de planejamento do gerenciamento de riscos não foi ilustrada, uma vez que é uma etapa preliminar à análise em si, e que determina como a mesma será feita.

Seguindo uma ordenação lógica, o primeiro passo é identificar riscos do projeto. Em seguida, é possível fazer uma análise qualitativa, por meio das escalas definidas para o projeto de probabilidade e impacto nos diferentes objetivos. Uma atenção especial deve ser conferida às escalas de risco, uma vez que são referências para a severidade do risco e serão determinantes na priorização das ações. É bastante comum haver uma diferença nas escalas empregadas por diferentes disciplinas do projeto, o que gera incoerências nos resultados da análise. É importante começar e continuar bem ao longo de todo o projeto neste ponto. Vale o investimento na explicação e a validação desta escala, para um bom nivelamento entre todos os participantes do projeto.

O próximo passo é realizar o tratamento de risco, através das estratégias de resposta e dos planos, com ações responsáveis, prazos, custos e demais elementos necessários associados. A priorização de riscos por importância e urgência, severidade ou demais fatores relevantes será utilizada para determinar como serão tratados os riscos e que grau de cuidado haverá com eles. As ações de tratamento de risco para ameaças envolvem evitar o risco, mitigá-lo, transferi-lo ou aceitá-lo. Quando se trata de uma oportunidade, trocamos "evitar" por "garantir" e "mitigar" por "melhorar". Estas estratégias podem ser mais específicas para um determinado projeto ou empresa, ou podem ser mantidas assim, genéricas, conforme definidas por PMI (2017) e tantos outros autores.

Para se fazer a análise quantitativa, a realização a priori da análise qualitativa é crucial. As etapas da análise quantitativa estão em destaque no retângulo, na parte inferior esquerda da Figura 5.2. Primeiramente, é preciso elaborar o cronograma da simulação. As técnicas para a realização deste processo serão detalhadas posteriormente, mas seu objetivo é reduzir o cronograma base do projeto a seus pontos importantes, simplificando e diminuindo o número de atividades, sem perder de vista as atividades importantes e o caminho crítico. Para conseguir produzir um bom resultado neste processo, é preciso conhecer profundamente o cronograma e seu caminho crítico, e essa nova versão do cronograma deve ser, necessariamente, validada pela equipe de projeto. Este é um ponto essencial, destacado por Hulett (2009) entre outros.

Adicionalmente, o processo pode ser auxiliado por uma técnica conhecida como análise de stress, em que todas as atividades do cronograma são simuladas admitindo uma variação expressiva em termos percentuais, tanto para aumento como para redução (em geral, uma faixa de -50% de sua duração original até +100% desta duração, ou seja, entre a metade e o dobro da duração originalmente prevista). Uma análise da correlação dos objetivos do projeto com a variação destas atividades poderá apontar aquelas que possuem maior impacto nestes objetivos. É importante ressaltar que essa análise não captura impactos disruptivos que podem ser causados por eventos de risco. Trata-se apenas de uma técnica que pode auxiliar a detectar as atividades mais sensíveis a variações no cronograma do projeto.

Uma vez que o cronograma esteja adaptado e sua linha de base esteja "casando" com o cronograma original do projeto, é possível fazer a conexão entre a análise qualitativa e quantitativa. Este processo pode ser realizado de algumas formas, mas deve necessariamente garantir que:

- → Os riscos qualitativos sejam associados a atividades ou recursos dentro do cronograma de simulação.
- → Os eventos de risco estejam também conectados a atividades ou mapeados de forma que sejam inseridas atividades conectadas ao cronograma que os representem.
- → As incertezas de estimativas também estejam descritas explicitamente.

Isso quer dizer que tanto a possibilidade do mau tempo prejudicar uma atividade ao ar livre (evento) quanto a chance de atraso na entrega do material (incerteza) quanto o erro de previsão da atividade em si (estimativa) compõe os dados de entrada que vão agir em conjunto para definir a data de término desta atividade e suas consequências no cronograma.

Esta é a próxima etapa da metodologia. Para cada fator que valha a pena analisar, deve ser identificado um responsável e realizada uma avaliação conjunta para se determinar e registrar como estes fatores serão considerados na análise de risco quantitativa. Essa modelagem deve respeitar tanto a disponibilidade de histórico e bancos de dados bem como a opinião do especialista.

Assim como é normal fazermos um workshop de riscos na fase da definição do projeto e análise qualitativa, também faz sentido fazer uma convalidação global das estimativas de risco e sua modelagem. Idealmente isto deve ser realizado antes da análise propriamente dita, uma vez que é da natureza humana querer ajustar os dados às percepções; o que é metodologicamente inapropriado. Seria o equivalente a, baseado no resultado obtido, aumentar ou reduzir os extremos para chegar a um resultado mais confortável de se enxergar. É preciso fugir desta armadilha!

As próximas etapas envolvem fortemente a equipe técnica que realizará a simulação propriamente dita. Trata-se de incorporar a modelagem validada no cronograma, empregando algum sistema de simulação para efetuar a avaliação do projeto repetidas vezes até que seja alcançado um resultado estatisticamente adequado para que sejam desenvolvidas as análises descritivas. A forma de fazer este procedimento será ilustrada posteriormente.

Em seguida, é preciso avaliar os resultados da simulação. Através de 10.000 (ou quantas iterações se julguem necessárias) valores para a variável a ser analisada (prazo total do projeto, por exemplo), avaliam-se valores centrais, como média, mediana, moda e valores significativos extremos, como P10 e P90, bem como o desvio-padrão e as probabilidades de atingimento da linha de base, entre outros. Essa análise nos diz como estamos para alcançar o objetivo específico do projeto.

Em geral, este quadro pouco adianta, se não for conectado com um estudo sobre quais fatores mais influenciam o resultado obtido. Se não atingimos o prazo do projeto, quem é o responsável maior? Será a etapa de treinamento, a contratação, a execução do serviço ou a validação final? Existem ferramentas e técnicas que podem ser utilizadas para detectar isto.

Com base nesta informação, obtemos o chamado caso base da simulação. Normalmente, é interessante iniciar um ciclo de feedback — destacado no retângulo na parte de baixo, à direita da Figura 5.2 — em que, considerando-se que o risco que o projeto sofre não é aceitável, é feita uma priorização dos riscos que mais impactam os objetivos do projeto, e assim são revisadas e criadas ações de resposta, ou seja, é realizada novamente (na verdade, atualizada) uma etapa de tratamento dos riscos. Este novo tratamento deve reduzir a variabilidade do custo ou prazo do projeto. Por exemplo, em face de uma possibilidade de indisponibilidade de um equipamento elétrico que costuma falhar, contratamos dois equipamentos e reduzimos enormemente a probabilidade de que haja *downtime* na tarefa. Essa observação deve ser incorporada ao cronograma, havendo nova modelagem e o projeto será, então, simulado uma vez mais.

Como resultado, haverá uma comparação entre o caso base e o que chamamos de cenário pré-mitigado, em que consideramos que as ações de risco foram empreendidas e obtiveram resultados positivos. Haverá, naturalmente, um risco residual. Essa exposição pode ser considerada ainda excessiva ou pode ser apropriada para o momento do projeto. No primeiro caso, roda-se um novo ciclo da metodologia, conforme comentado no parágrafo anterior. No segundo caso, o processo se interrompe no momento, sendo novamente convocado conforme o processo de evolução natural do projeto e suas mudanças; como ilustrado na caixa superior à direita da Figura 5.2.

É bom destacar que há diferentes formas de se fazer a análise de risco e não pretendemos apresentar uma maneira definitiva. Essa é uma possibilidade de realizar a análise quantitativa de risco de cronograma e deve ser adaptada à forma de trabalho, aos padrões e processos das empresas, de forma a transformar-se em uma ferramenta útil, para prover insights e ajudar na tomada de decisões, sem se tornar um processo documental ou meramente descritivo para os projetos da companhia.

Caso a metodologia de gestão de risco seja implantada na empresa, é possível, com o tempo, formar bancos de dados de riscos e ações, fazer avaliações a posteriori dos projetos e enriquecer ainda mais o processo de suporte à tomada de decisão com o input da área de conhecimento de riscos.

Gerenciamento de projetos em fase: Estímulo e consequências para o risco

Conforme Fontaine (2016), "uma das principais estratégias de mitigação de projetos é fazê-los em fases, onde compromissos financeiros incrementais são justificados por projetos com níveis de definição mais elevados e realizações passadas. Diversas indústrias empregam diferentes ciclos de vida de projetos, com terminologia singular para descrever as várias fases dos projetos".

Uma forma de acompanhar projetos de engenharia é conforme as seguintes fases:

1. Estudo Conceitual
2. Estudo de Pré-Viabilidade
3. Estudo de Viabilidade
4. Execução

Em geral, na primeira fase, busca-se identificar uma oportunidade de negócio, ou seja, garantir que haja um projeto com escopo definido que possa gerar benefícios para quem o está desenvolvendo, seja qual for o critério empregado. Na etapa 2, é normal explorar diferentes opções para selecionar, ao final da fase, uma única opção. Na próxima fase, a ideia é detalhar a opção escolhida e chegar em uma avaliação mais completa. Por fim, autorizado o projeto, parte-se para a execução, com direito a assinatura de contratos e início das atividades no produto do projeto propriamente dito.

Fontaine (2016) divide os riscos em dois grandes grupos: riscos do projeto e riscos técnicos. Essa classificação pode ser bastante intuitiva e compreendida melhor pelas fontes geradoras de cada categoria. Vamos a elas!

Os riscos do projeto podem ser advindos de diferentes fontes:

→ Locação do Projeto: Inclui condições geopolíticas, ambiente legal e regulatório e catástrofes, crises, convulsões e outros.
→ Economia, Setor e Ambiente de Mercado: Incluem tendências demográficas, ambiente inflacionário, ciclo de evolução do negócio, mudanças na estrutura do setor, mudanças no mix de preços de insumos e taxas de câmbio ou de juros, por exemplo.

Uma visão geral: Metodologia básica   93

- → Tamanho, complexidade e singularidade: Projetos maiores tendem a ser mais complexos do que projetos menores, com maior número de canais de comunicação e níveis adicionais de governança.
- → Capacidade financeira do proponente.
- → Tecnologia.
- → Logística.
- → Comunicação.
- → Projeto (Design).
- → Contratação.
- → Construção.
- → Comissionamento.
- → Integração com operações existentes e simultaneidade.
- → Recursos humanos.
- → Sustentabilidade.

Riscos Técnicos são aqueles associados com o projeto das facilidades de produção. Nas primeiras fases do projeto funciona como guia para o projeto das facilidades e, mais tarde, para verificá-lo. Muitas vezes estes riscos derivam de estudos de segurança e conformidade das operações (como HAZOPs, HAZIDs e outros similares) e sua avaliação implica em alterar o projeto ou criar procedimentos específicos para as operações. Estas medidas mitigatórias podem ter impacto no projeto, uma vez que alterarão escopo, prazo, custo e outras dimensões do gerenciamento. Os elementos técnicos serão insumos para o registro de riscos e o foco desta seção será voltado para os riscos do projeto, que eventualmente deverá considerar os riscos técnicos em sua tradução para as dimensões do projeto.

Algumas fontes de riscos técnicos são, para Fontaine (2016), "explosões ou incêndios, produtos químicos, pressões ou temperaturas extremas, condições mecânicas, radiação, condições elétricas, condições fisiológicas, fatores humanos e ergonômicos, sistemas de controle, vibração, mobilidade, modo de operação e demais fatores".

Ao longo do desenvolvimento do projeto em suas fases, a incerteza e os riscos tendem a se reduzir, à medida que a definição do projeto aumenta. Investimentos incrementais são feitos tão somente quando o nível de definição justifique o gasto, evitando comprometimento de vasto capital com um projeto em resolução enquanto possa haver outras oportunidades maduras para investimento, enquanto se melhor determina a forma pela qual a oportunidade será explorada.

Estudo conceitual: Desenvolvendo a oportunidade de negócio

Geralmente na fase de estudo conceitual, a análise realizada para determinar se existe ou não uma oportunidade de negócio (o chamado Business Case) considera um cronograma genérico, baseado em projetos análogos ou referências do setor produtivo no qual está inserida a empresa. Da mesma forma, uma análise de custos é realizada e também uma estimativa do retorno, dando visão às expectativas de resultados nas dimensões dos objetivos do projeto.

A análise, em geral, é bastante aprofundada na próxima fase, o estudo de pré-viabilidade ou seleção de alternativas, afinal de contas é para essa fase que se está buscando uma aprovação. No entanto, todas as fases do projeto devem ser contempladas.

Conforme Fontaine (2016), "na dimensão dos riscos dos projetos, o esforço tem o foco em avaliar as principais questões do projeto, identificando falhas fatais e ações de tratamento especiais, determinando se são exequíveis na execução e operação do projeto. Assim como em qualquer fase, os riscos serão identificados e avaliados conforme escalas de probabilidade e impacto definidas para o projeto".

O principal entregável nesta fase deve ser um registro de riscos no nível de projeto conceitual, bem como a determinação de contingências para tratamentos de riscos e eventos incertos, tanto em custos quanto em prazos. Hulett (2009) nos ensina que "contingência de prazo é muito mais difícil de se utilizar que a de custo. Sempre podemos arrumar mais orçamento, mas não é possível voltar no tempo".

Nesta fase, a definição do projeto está baixa e grandes alterações ainda poderão ocorrer.

Estudo de pré-viabilidade: Seleção de alternativas

Na fase 2, o objetivo é elencar diversas formas de perseguir a oportunidade e selecionar a melhor, tendo em mente os objetivos do projeto e os requisitos do caso de negócio. Assim como na fase anterior, deve ser elaborado um cronograma detalhado para a próxima fase, e determinada a melhor visão possível para o projeto como um todo. No final da fase, uma alternativa é eleita para detalhamento na fase 3.

Segundo Fontaine (2016), "os riscos do projeto e seus devidos tratamentos devem ser registrados para cada alternativa. Este registro deve, então, ser enriquecido com a discussão em torno da seleção da alternativa e ser finalizado para a alternativa vencedora".

Neste momento, já é possível, segundo Fontaine (2016), "usar as simulações de Monte Carlo da estimativa de custo de capital (CAPEX) e do cronograma para determinar a reserva de contingência e a folga necessária para completar o projeto no tempo previsto. As simulações de Monte Carlo devem incorporar o efeito de riscos no registro que afete custo e prazo, bem como o efeito da imprecisão associada na estimativa de custo e prazo", como falamos anteriormente. Estes dados farão parte do registro de riscos atualizado do projeto e do plano geral de gerenciamento de riscos.

Estudo de viabilidade: Detalhando a alternativa

A fase de detalhamento é a mais importante quando pensamos no planejamento do projeto, uma vez que é a partir de sua definição que se obtém a autorização para desembolsar vastas quantias na execução propriamente dita.

Portanto, neste momento, é essencial que a análise de risco seja a mais completa e detalhada possível. Planos de tratamento devem estar desenvolvidos para todos os riscos considerados não toleráveis ou graves e, para os demais riscos, deve haver um acompanhamento e ações sempre que possível.

As Simulações de Monte Carlo aplicadas tanto a custo como a prazo devem ser realizadas para estimar, por exemplo, as contingências necessárias e as folgas adicionais que garantam que o projeto atinja seu resultado com uma chance razoável.

Na parte dos riscos técnicos, estudos mais detalhados sobre riscos, causas e consequências devem ser realizados. Incluem os chamados HAZOPs (estudos de segurança e operabilidade) para identificar riscos nos projetos das plantas de processos, quando for o caso. Compreendem também questões de instrumentação, controle e demais disciplinas importantes para o sucesso da construção.

Durante o detalhamento, espera-se que todas as mudanças necessárias sejam detectadas e que sejam incluídas no projeto definitivo. Dada a evolução do projeto em fases, boa parte das questões já foi levantada nas fases anteriores, o que deve acarretar menos mudanças. Deve-se sempre lembrar que quanto mais cedo detectarmos a necessidade de uma mudança, menor será o custo de implementá-la, uma vez que o nível de detalhamento do projeto é menor.

Execução do projeto

Uma vez que o projeto esteja autorizado efetivamente, a maior fase de investimento se encontra à frente do gerente do projeto. Neste momento, estar bem planejado em todas as disciplinas é essencial, uma vez que a etapa de execução e monitoramento e controle ocorre com maior intensidade.

Nesta fase, todos os bens e serviços são efetivamente contratados, os equipamentos são comprados e todo o conjunto é construído, instalado e comissionado para iniciar a produção em si.

Tendo feito bem os levantamentos de análise de risco nas fases anteriores, o principal trabalho à frente será, também, monitorar ativamente os riscos de forma atenta e regular, verificando a efetividade das ações definidas e observando riscos "vencendo", ou seja, não ocorrendo até seu prazo limite e saindo do acompanhamento. Por outro lado, os riscos podem ocorrer tornando-se desvios no projeto e as medidas de contingência sendo aplicadas para reduzir os impactos.

Naturalmente, novos riscos podem ser identificados e estas atualizações suscitam a realização de novas análises de risco quantitativas de prazo e de custo para estimativa das variações esperadas na data de término e custo total, por exemplo.

O que (geralmente) interessa: Risco de prazo e custo

Projetos são, por natureza, empreendimentos multidisciplinares. Possuem alguns elementos determinantes, como escopo, prazo e custo e podem atender a diversos objetivos distintos. Dito isto, verificamos que a maioria dos projetos foca o atendimento de prazo e custo, com garantia de qualidade e cumprimento de escopo.

Em geral, a análise quantitativa de riscos tem o foco em prazo e em custo, avaliando quais variações podem ocorrer a partir de uma estimativa; a linha de base do projeto. Esta estimativa será realizada em cada uma das fases descritas, sendo geralmente um valor único na primeira fase e que vai ganhando variações e incorporando os riscos advindos da análise qualitativa nas próximas fases.

Uma forma inteligente de se preparar para as fases posteriores é utilizar o resultado da análise de risco como insumo e definir uma contingência, para acomodar um excesso de custo não previsto. Da mesma forma, pode-se pensar em começar atividades mais cedo ou alterar a ordem delas para criar uma folga que permita que as variações de prazo não atrasem o projeto. A Simulação pode ajudar neste sentido, como veremos adiante.

A análise quantitativa pode ser usada para avaliar o custo estimado final do projeto, a sua data de término e as possibilidades de infringir a linha de base de qualquer dos dois itens.

É possível também utilizar os resultados da simulação para ajustar o plano de projeto. Se verificarmos que o planejamento atual tem pouca chance de atingir a data prevista ou conter-se no orçamento alocado, vale alterar sua programação e conversar com as instâncias decisórias tendo a simulação como fonte de insights para essa tomada de decisão.

Naturalmente, empresas menores tendem a ser mais avessas ao risco, e buscarão mais garantias em comparação a uma empresa que possua uma tolerância maior a perdas. Essa diferença de atitude, já discutida no primeiro capítulo deste livro, pode ser a distinção entre ganhar ou perder um contrato e, em última análise, entre navegar no lucro ou naufragar no prejuízo.

Novamente cabe dizer que quem toma as decisões são as pessoas. As ferramentas, dentre elas a simulação, apenas auxiliam no suporte para decisões mais conscientes e responsáveis.

Falaremos mais sobre determinações de contingência nos estudos de caso, mas vale a pena saber que podemos empregar a simulação para nos programar melhor e ajustar o plano para minimizar as surpresas desagradáveis que podem vir pela frente.

Este capítulo em um coffee break

Neste capítulo buscamos a proposição de uma metodologia de análise de risco que permita um bom uso dos processos de gestão de riscos, passando desde o planejamento até a análise quantitativa de riscos e retomando o ciclo a partir da implantação das respostas a riscos e o controle periódico.

Algumas boas práticas para a análise de risco são citadas, como a integração entre análises de risco qualitativa e quantitativa. O instrumento de trabalho da análise de risco, o artefato definitivo para a realização das análises quantitativas costuma ser o cronograma. Assim, este deve ser coerente, seguindo regras e práticas que permitam a conexão entre suas partes. Como será destacado no próximo capítulo, isto envolve garantir que as atividades possuam sucessoras e predecessoras, que não tenham durações muito longas ou muito curtas, bem como outras regras gerais. A análise quantitativa não deve ser feita com o cronograma original, mas com uma versão adaptada e simplificada.

Na sequência, os riscos devem ser modelados, através de uma necessária conexão com o registro de riscos do projeto. O cronograma deve ser modelado com as incertezas, e a simulação será realizada. Na sequência, é realizada uma análise de resultados e de sensibilidade, na qual poderemos ver quais os fatores que mais impactam o resultado do projeto. Certamente, caberá avaliar com que probabilidade consegue-se atender às datas e aos orçamentos planejados para o projeto.

Poderá ser desenvolvido um caso que considere as mitigações planejadas, que possibilite reduzir a probabilidade ou o impacto dos riscos e, desta forma, diminuir a variabilidade ou melhorar os valores médios observados. Este cenário costuma ser chamado de pré-mitigado. Com isto, será possível avaliar o risco residual que permanece no projeto e verificar se as ações de mitigação estão suficientes ou se devemos fazer uma nova rodada buscando otimizar ainda mais o projeto.

Após a apresentação da metodologia, introduzimos uma seção comentando a gestão de projetos em fases, que vem sendo utilizada já há bastante tempo. Desenvolver projetos em fases é, em si, um modelo que mitiga os riscos, uma vez que trabalha, em cada fase, com um orçamento aprovado apenas para aquela fase.

As quatro fases apresentadas são:
- → Estudo Conceitual ou Avaliação da Oportunidade;
- → Estudo de Pré-Viabilidade ou Seleção de Alternativas;
- → Estudo de Viabilidade ou Detalhamento da Alternativa;
- → Execução do Projeto.

Cada uma delas possui sua própria metodologia de gestão de riscos, que vai se tornando mais quantitativa e intensa à medida que o projeto evolui.

Apresentamos também uma divisão dos riscos do projeto em:
- → Riscos Técnicos: Relacionados a aspectos técnicos e de engenharia do que se está desenvolvendo, muitas vezes associados ao projeto de engenharia.
- → Riscos do Projeto: Relacionados a aspectos como economia, tecnologia, logística, gestão, entre outros.

Em geral, trabalhamos na gestão de riscos do projeto muito mais nesta segunda categoria do que na primeira.

Ao longo do texto, descrevemos algumas formas de realizar estimativas e análises nas diferentes fases do projeto, de modo a utilizar as informações da melhor forma possível, sem sobrecarregar ou aliviar demais o modelo de gestão com dados desnecessários ou insuficientes.

Para encerrar, consideramos como podemos agregar os resultados da análise de risco no planejamento do projeto e utilizar os resultados para alterar linhas de base e definir contingências, por exemplo.

Referências

FONTAINE, M. (2016). Project Risk Management. In: GREEN, P.E.J. (Org.) Enterprise Risk Management: A Common Framework for the Entire Organization. Elsevier. p. 47–58.

HULETT (2009). Practical Schedule Risk Analysis. Gower.

PMI (2017). Um Guia de Conhecimento em Gerenciamento de Projetos (Guia PMBOK). 6ª Edição.

Ajustando o cronograma

O cronograma do projeto é o nosso modelo inicial. Trata-se da tela estática a partir da qual vamos encenar os eventos de risco e dramatizar suas consequências, empregando como atores nossos dados de entrada e avaliando os resultados intermediários e finais nos resultados do projeto.

Assim, este pano de fundo deve ser tão preciso quanto possível. O cronograma precisa ser adequadamente planejado e acompanhado de forma coerente. Dividiremos este capítulo em duas seções: a construção de um cronograma coerente e a adaptação do cronograma para simulação.

Cuidados na construção do cronograma

Para se iniciar do básico, o cronograma deve ser uma representação acurada do projeto, ou seja, deve detalhar todas as entregas necessárias para que o projeto alcance seus objetivos. Em outras palavras, deve ser uma decomposição da Estrutura Analítica do Projeto (EAP), através do detalhamento dos pacotes de trabalho em atividades que possuam uma sequência lógica, concatenada e ordenada.

Uma vez que o cronograma exista e cubra todo o escopo, é preciso que as informações nele dispostas façam sentido com a realidade do projeto, ou seja, que as estimativas de durações, o uso de recursos e o custo das atividades tenham uma lógica.

O cronograma integrado e validado pela equipe de projeto, a partir de uma metodologia processual, como, por exemplo, indicado pelas boas práticas de PMI (2013), é o ponto de partida para todo o processo de gestão de risco, especialmente a análise quantitativa. É a ferramenta essencial para tudo o que virá posteriormente.

Entre as verificações a serem realizadas, podemos citar as mencionadas por Calôba e Klaes (2016):

Conexão do cronograma com a EAP, ou seja, todas as atividades devem se referir a pacotes de trabalho da EAP e nenhum pacote de trabalho deve estar ausente no cronograma, salvo justificativa.

> Muitas vezes o cronograma é desenvolvido a partir de uma definição de escopo incompleta ou preliminar. Sabemos muito bem que, por vezes, ele é elaborado antes da EAP; o que é prática não recomendada em qualquer metodologia que se possa consultar. Enfim, em qualquer um destes casos, o que pode ocorrer é que podemos ter pacotes de trabalho ausentes ou mal desenvolvidos no cronograma. Esta reconciliação de informações entre escopo (EAP) e prazo e custo (cronograma) é fundamental e deve ser sempre verificada e buscada.

Distribuição entre atividades sumárias, marcos e atividades de trabalho, de forma a detalhar de maneira adequada a EAP do projeto.

> O projeto consiste, basicamente, destes três tipos de atividades. As sumárias, também conhecidas como resumo, sumarizadoras ou resumidoras são atividades que orientam e delimitam os pacotes de trabalho. Sua presença é essencial, mas, em geral, há menos delas do que dos outros tipos.
>
> As atividades do tipo marco são aquelas que estabelecem entregas dentro do projeto. Inícios de fase, términos de pacotes de trabalho, desenvolvimentos concluídos, equipe contratada, todas são exemplos de marcos. E são extremamente importantes, tanto que é uma prática saudável acompanhar o projeto pelos marcos, pois têm uma execução instantânea. Não existe marco 50% concluído. Ou está incompleto ou está completo. Esta é a sua beleza e o seu uso no cronograma. Projetos que envolvem contratações, ou muitas etapas de validação podem conter muitos marcos, mas, em geral, não esperamos tantos assim.
>
> O que esperamos então? Atividades de trabalho, em que recursos estão alocados e que representam o esforço, são a vida do trabalho. São estas atividades que, localizadas dentro das atividades resumo e entre marcos importantes, garantem a realização destes marcos e a finalização dos pacotes de trabalho e do projeto como um todo. Devem representar o maior percentual de atividades dentro do projeto, sem dúvida.

Definição de Linha de base para as atividades, para ser possível comparar os valores amostrados com uma referência de projeto.

> A linha de base é a orientadora de tudo que acontece dentro do projeto. É uma referência com a qual comparamos o que ocorre e a partir da qual podemos entender se estamos atrasados, adiantados, gastando menos ou mais do que foi previsto na última aprovação do projeto. Defini-la e mantê-la sempre atualizada é importantíssimo, bem como salvar a linha de base de novas atividades que porventura possam entrar no cronograma, algo que é muito esquecido.

Sequenciamento entre as atividades, preferindo sempre estabelecer relações do tipo Término-Início, exceto quando necessário. As atividades sumárias, por sua vez, não devem possuir nenhuma relação lógica, são apenas resumidoras.

> Todas as atividades no cronograma devem estar conectadas de alguma forma. Este conceito recebe o nome de rede fechada. Se uma atividade não colabora para o encerramento do projeto, não deve ser realizada; como prega a navalha de Occam. As relações entre as atividades devem ser predominantemente do tipo Término-Início (TI), que pregam que a sucessora só pode começar quando a predecessora enterrar.
>
> Ocasionalmente, podem ocorrer restrições de Início-Início (II). Por exemplo, a aprovação de um projeto pode ser o elemento necessário para começar as contratações. Por organização interna, estes processos podem acontecer em paralelo, o que é definido pela relação II.
>
> Também podemos ter relações Término-Término (TT). Por exemplo, só posso concluir o contrato quando a equipe tiver sido desmobilizada do cliente, mas posso trabalhar para encerrar as atividades juntas e não perder tempo.
>
> Atividades sem conexão devem ser investigadas e reenquadradas na lógica do projeto, ou eliminadas. E não há nada errado com isso.

Restrições de datas devem ser evitadas, assim não precisaremos programar quando começa ou termina uma atividade, e sim trabalhar a rede de predecessoras de forma a retratar a situação desejada.

> Devemos tentar ao máximo inserir restrições, pois elas engessam o cronograma e não deixam a possibilidade de atrasos e adiantamentos terem impactos nas atividades sucessoras.

Durações adequadas, nem tão curtas, nem tão longas.

> Atividades muito longas deverão ser convertidas em diversas atividades de tamanho menor. E atividades muito curtas talvez estejam mais para um padrão de execução do que propriamente um cronograma. Se o processo está padronizado, não precisa estar no cronograma de forma detalhada, pode ser reduzido a uma ou duas atividades.

Definição de recursos para as atividades, de forma a retratar o uso e o custo, quando for o caso, e permitir o nivelamento dos recursos no cronograma.

> Como colocado anteriormente, todas as atividades que não são sumárias ou marcos envolvem algum trabalho realizado por alguém; pessoa, máquina, recurso ou seja lá o que for. Assim, os recursos devem estar definidos no cronograma. Recursos podem carregar custos, que podem ser avaliados dentro do projeto. Se não estiverem alocados, como saberemos quando teremos cada gasto no nosso projeto? Adicionalmente, uma das grandes vantagens de usar softwares de gerenciamento de projetos é ser possível fazer nivelamento de recursos, ou seja, garantir que os recursos não estejam sendo usados além de sua capacidade. Se você precisa da minha atenção em tempo integral em dois lugares ao mesmo tempo, não vou conseguir atendê-lo e alguém vai ter que esperar, certo?

O material acima destacado refere-se ao planejamento do cronograma. Seu acompanhamento também deve ser realizado com certos cuidados, dentre os quais novamente Calôba e Klaes (2016) citam:

Definição de uma data de status. Corresponde à data de última revisão do cronograma e, sendo assim, não pode haver trabalho por fazer antes, nem trabalho concluído após essa data.

> A data de status é fundamental para o projeto. Suponha que você recebeu a programação do projeto hoje e quer saber em que pé as coisas estão. A sua primeira pergunta pode ser quando o projeto foi atualizado pela última vez, mas isso não basta! Precisamos saber qual a data de referência desta atualização, pois eu posso ter mexido no cronograma ontem, mas só em atividades de até três meses atrás. Esta é a função da data de status, que nos diz até quando atualizamos.
>
> Como não podemos ter concluído atividades no futuro, suspeitaremos de qualquer atividade que tenha se encerrado após a data de status, bem como não podemos permitir trabalho por fazer anterior à data de status. Ora, o que não foi feito até aqui tem que ser reprogramado para a frente, e isso é muito natural!

Corrigir atividades com término ou início reais no futuro, o que pode ocorrer quando o cronograma é atualizado apenas a partir do percentual concluído, sem atentar para as datas de começo e encerramento das atividades.

> Complementando a observação anterior, é extremamente comum as pessoas alterarem as atividades olhando apenas o percentual concluído. Assim, acabam ocorrendo situações tanto de início quanto de término realizado no futuro, o que obviamente é uma incoerência.

Evitar a programação com folgas, principalmente as negativas, que muitas vezes expressam situações irreais.

> Folgas são admissíveis em algumas situações. Quando você está aguardando a tinta secar para começar a fazer a limpeza geral do imóvel, podemos considerar que este tempo é uma folga. É preciso ser vigilante para evitar o uso destes subterfúgios para programar as atividades para começarem ou terminarem quando achamos que vão começar ou terminar. Quem deve determinar as datas é o software. Nosso papel é colocar as durações, estabelecer os recursos e definir o sequenciamento. É mais um ponto a ser observado.

Avaliar, em frente ao progresso, a factibilidade do planejamento, usando informações como atividades previstas e não iniciadas (ou não concluídas) no prazo, bem como o comportamento do caminho crítico do projeto com relação ao atendimento de tarefas e marcos parciais no prazo.

> Muitas vezes as pessoas não definem a linha de base e acabam por fazer uma certa confusão com o planejamento. O planejamento deve ser sempre factível e resultar em um plano válido para o encerramento do projeto. A linha de base pode ser uma meta difícil de se alcançar, e precisar ser revisitada de tempos em tempos, mas o seu planejamento deve ser sempre exequível com os recursos que você possui.

É muito importante que o cronograma que empreguemos para a análise de risco seja viável em frente a realidade do projeto, e que reflita a visão compartilhada da equipe.

O PMI desenvolveu, como mencionamos anteriormente, uma série de padrões de práticas, dentre os quais se encontra o de Prazo (Scheduling). Esta referência, PMI (2011) apresenta critérios que devem ser considerados para a construção de um bom cronograma, e outras boas práticas associadas.

Elaborando o cronograma para a análise de risco

O cronograma de análise de risco, conforme nos diz Hulett (2009), não é o cronograma de acompanhamento do projeto. Muitas vezes o cronograma do projeto está com um detalhamento que não é necessário para a análise de risco. Um cronograma de acompanhamento normalmente possui marcos de pagamento, entregas de relatórios e outras atividades que não são necessárias para a análise de risco.

Em geral, as atividades que já foram concluídas, em blocos, podem ser eliminadas do cronograma. Por exemplo, se o projeto está percorrendo a fase de detalhamento da alternativa selecionada, não há porque manter as atividades da primeira e segunda fase — identificação da oportunidade e seleção de alternativas — no cronograma para análise de risco.

Uma outra possibilidade de otimização é a combinação de diferentes atividades em uma apenas. Vamos supor que dentro de uma atividade de contratação, seja necessário seguir o cronograma abaixo:

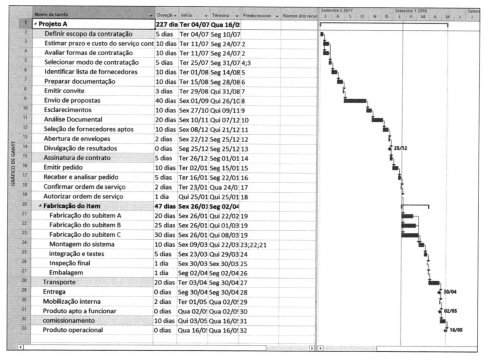

Figura 6.1: Cronograma original

Como podemos visualizar na Figura 6.1, foram definidas uma série de atividades, algumas de maior duração e outras nem tanto. A relação de predecessão entre as atividades está expressa na última coluna do cronograma.

Apesar de ser detalhado, devemos nos perguntar se é necessário ter esse grau de abertura no cronograma de risco. Destacamos com a cor cinza algumas atividades que poderão ser suficientes para o nosso cronograma. A primeira seria o Processo de Contratação em si, que envolve desde a definição do escopo até a divulgação de resultados. Uma segunda atividade seria a assinatura de contrato e emissão do pedido, que iria até a autorização da ordem de serviço. A terceira atividade é a fabricação do produto. Aqui pode caber um detalhe maior ou menor, dependendo do acompanhamento que a empresa contratante, que está executando o projeto no qual estas atividades de contratação se incluem, tem do processo. A quarta é o transporte e o desembaraço do bem, deixando-o apto a funcionar. Por fim, temos o comissionamento e o produto está operacional.

Caso esta sugestão seja adequada e produza um cronograma apto a receber os insumos de incertezas, ficaria da seguinte forma:

	Nome da tarefa	Duração	Início	Término	Predecessoras	Semestre 2 2017	Semestre 1 2018	Se
1	◢ Projeto A	227 dias	Ter 04/07	Qua 16/0!				
2	Processo de contratação	125 dias	Ter 04/07	Seg 25/12				
3	Assinatura de contrato e Emissão do Pe	23 dias	Ter 26/12	Qui 25/01	2			
4	Fabricação do item	47 dias	Sex 26/01	Seg 02/04	3			
5	Transporte e Desembaraço	22 dias	Ter 03/04	Qua 02/0!	4			
6	comissionamento	10 dias	Qui 03/05	Qua 16/0!	5			
7	Produto operacional	0 dias	Qua 16/0!	Qua 16/0!	6			16/05

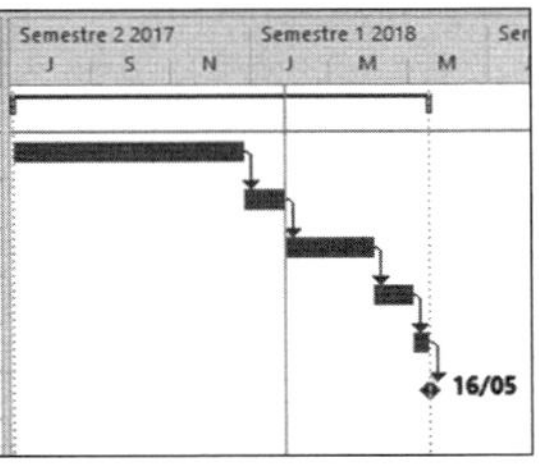

Figura 6.2: Cronograma simplificado

O cronograma manteve sua data de início e término, seu marco final, passando de 33 para 7 atividades; uma redução de 26 atividades. Supondo que o projeto possua 10 contratações que ocorram da mesma forma, há uma redução potencial de 260 atividades. Essa diminuição traz foco na análise de risco e auxilia a simulação a ocorrer mais rápido.

O princípio básico para este ajuste é reduzir na medida do possível, sem comprometer a qualidade dos dados, o entendimento e encadeamento lógico do cronograma ou a modelagem de riscos. Passando por estes três testes, é possível optar pela eliminação das atividades.

O cronograma de risco deve ser programado como qualquer outro, ou seja, ter atenção às relações de predecessão e sucessão, atribuição de recursos, duração de atividades (evitando atividades muito longas ou curtas), restrições de datas e demais pontos levantados na seção anterior.

Muito se fala sobre análise de risco quantitativa de prazo, mas se o objetivo do projeto for, também, avaliar o seu custo, há alguns pontos de atenção a serem considerados. Todos os recursos do cronograma devem possuir um custo associado. Em primeiro lugar, é preciso separarmos os custos variáveis dos fixos.

Caso o projeto seja, por exemplo, um desenvolvimento de software ou uma pesquisa de mercado, em que o principal insumo seja horas de trabalho, é natural que a variação do custo ocorra em muito impactada pela variação do prazo do projeto. Quer dizer, um dia a mais de uma pessoa é um dia a mais de salário pago. Isso também pode ocorrer com recursos materiais, consumíveis do trabalho, que podem ser determinantes no dia a dia. Um projeto que exija movimentação diária utilizando um veículo consumirá os gastos de uso e manutenção deste veículo a cada dia.

O projeto pode ter sua estrutura de custos associada a contratos a serem firmados. Por exemplo, pode ser firmado um contrato específico para remoção de resíduo de demolição de um prédio que vai ser reconstruído para um outro uso. Este contrato, de preço fixo, poderá ser impactante na fase inicial do projeto, e seu preço será estimado de forma fechado.

Em geral, o que encontraremos é uma situação que reúna as duas situações, com predominância de uma ou outra. Uma coisa é certa, no entanto: uma atividade sem recurso alocado é algo que não existe no projeto. Você deve destinar recursos, mesmo que não haja custos envolvidos. Neste caso, então, basta zerar as taxas existentes, mas a lógica de projeto fica preservada.

Para efeito de preparação do cronograma, o essencial é que os recursos estejam atribuídos às tarefas, tanto os de custo variável quanto os de custo fixo, conforme a modelagem permitida pelo software de programação escolhido por quem está tocando o projeto. Geralmente, os recursos variáveis podem ser informados com custos por hora e os fixos com um custo total ou um cronograma de desembolso.

Outro ponto importante é a data em que os custos incorrem. Em geral, considera-se que os custos variáveis são submetidos na data de realização. Já os custos de contrato podem, efetivamente, ser incorridos em 30 ou 60 dias se, por exemplo, carecerem de apresentação de nota fiscal, aprovação e pagamento pela empresa. Tudo depende do objetivo da análise de risco: se o foco é apenas estimar os custos totais ou auxiliar na gestão de caixa da companhia sendo um insumo, por exemplo, para calcular o capital de giro necessário de forma que possíveis descasamentos entre receitas e custos não coloquem o projeto no vermelho, carecendo de reposição de capital em curto prazo, que tende a sempre ser mais cara.

Uma vez que tenhamos o cronograma do projeto devidamente sequenciado e ajustado para a avaliação de risco, podemos dizer que já temos nosso modelo. A partir deste cronograma, então, é possível identificar e modelar os dados de entrada (inputs) e definir os dados de saída (outputs) para realizar, portanto, a análise quantitativa de riscos; a simulação propriamente dita.

Este capítulo em um coffee break

Este capítulo tratou dos cuidados que devemos ter ao utilizar um cronograma para a análise de risco. Os cuidados podem ser retratados em regras práticas aplicadas ao planejamento e acompanhamento do projeto.

Começaremos pelo planejamento. Este primeiro cuidado, essencial para toda gestão de risco, é a construção do cronograma em si. Existe uma série de regras práticas que devem ser observadas na construção de um cronograma.

Inicialmente, o cronograma deve ser uma estrutura fiel ao escopo do projeto, retratando a EAP. Ele deve estar completamente conectado à EAP, sem ter escopo faltante ou adicional.

As atividades devem estar distribuídas de forma harmoniosa entre atividades sumárias, marcos e atividades de trabalho, onde o trabalho realmente acontece. Estas últimas devem ser em maior número que as anteriores. Deve ser definida uma linha de base para todas as atividades, para que possamos ter um planejamento ideal, congelado, a partir do qual podemos verificar nossa performance.

As atividades devem possuir sequenciamento, o que conhecemos por "rede fechada". Uma atividade sem sucessora não conduz a nada, logo não precisa ser feita. Já sem predecessora, a não ser que seja o início do projeto, não faz sentido. Nestes casos, é bom verificar o que está acontecendo!

Além disso, as atividades devem ser conectadas por sucessões e predecessões, e não por restrições de datas. Elas devem ter durações que não sejam nem tão curtas, nem tão longas. Todas que possuem trabalho alocado, ou seja, que não sejam sumária ou marco, devem possuir um recurso associado.

Em termos do acompanhamento do cronograma, é importante haver uma data de referência, a data de status do cronograma; onde foi feita a última atualização do projeto. Naturalmente, não pode haver atividade com término previsto antes desta data que não esteja concluída. Da mesma forma, não podemos ter atividades com término após a data de status que já estejam concluídas. Estas correções devem ser realizadas para que tenhamos um cronograma com a devida coerência.

Também devemos ter cuidado com o planejamento com folgas e com a viabilidade do cronograma. O nosso cronograma deve ser sempre exequível, ou estaremos fazendo análise de risco em um planejamento impossível de ser concluído, o que não faz o menor sentido.

Vencidas as etapas acima descritas, podemos pensar em compor um cronograma para a análise de risco. Como esta é intensiva em tempo e a modelagem das atividades pode ser bastante custosa e envolver muitas pessoas, é interessante pensarmos em simplificar o cronograma para a análise de risco, desenvolvendo uma simplificação.

Este novo cronograma deve seguir todas as orientações anteriormente colocadas, ou seja, deve ser correto e modelado conforme as boas práticas. Poderá excluir do seu conteúdo as atividades que já foram concluídas e reunir atividades que sejam modeladas de forma conjunta. Há um exemplo de simplificação no texto.

Desenvolvido o cronograma da simulação, temos formado o pano de fundo para começarmos a modelagem dos dados propriamente ditos.

Referências

CALÔBA, G.; KLAES, M. (2016). Gerenciamento de Projetos com PDCA. Editora Alta Books.

HULETT (2009). Practical Schedule Risk Analysis. Gower.

PMI (2011). Practice Standard for Scheduling. 2a Edição.

PMI (2017). Um Guia de Conhecimento em Gerenciamento de Projetos (Guia PM-BOK). 6ª Edição.

Ajustando dados de entrada

Uma das questões mais importantes na modelagem de um experimento de simulação é determinar como representar a incerteza nos seus diferentes aspectos. Como veremos, as incertezas podem ser modeladas, na maioria das vezes, a partir de eventos incertos que ocorrem com determinada probabilidade e podem ter um impacto em prazo ou custo, por exemplo. Este impacto, por sua vez, pode ser determinístico ou estar em uma faixa de valores. Outra forma de modelar é considerar que certa duração de tarefa ou custo ou produtividade de recurso segue uma distribuição de probabilidade, seja porque existem indefinições naturais nesta variável — que podem ficar mais claras com a definição do projeto — ou porque existe uma variabilidade inerente nesta atividade. Tudo isto já foi comentado.

Porém, o que não comentamos é que temos que desenhar um procedimento que nos permita entender estes dados e modelar esta incerteza de uma maneira que nos permita dizer de forma confortável que o fenômeno observado pode ter sido causado pela modelagem que fizemos.

Acredite ou não, uma vez identificadas as variáveis mais relevantes do seu projeto, elas não vão lhe dizer algo como: "Bom dia, meu nome é duração da pintura e você pode me representar como uma distribuição normal de média de 8 dias com desvio-padrão de 1 dia". Um dos pontos mais cruciais na modelagem de um problema de simulação é determinar quais distribuições podem ser aplicadas para as variáveis de interesse. Felizmente, muitas pessoas já se debruçaram sobre este assunto e criaram formas de testar esta relação entre valores observados e valores teóricos.

Em geral, há duas maneiras amplas de fazer este processo:

→ Análise de Dados Históricos ou Tendências: Quando temos uma massa de dados que pode ser tratada para avaliar se existe uma distribuição que reproduza satisfatoriamente estes dados empíricos. O teste de aderência é uma forma de se comparar um modelo teórico com dados observados.

→ Opinião Especializada: Neste caso não existem dados históricos, ou estes não são confiáveis e é preciso interagir com especialistas no assunto, a fim de tentar determinar quais distribuições ou fatores podem ser empregados para modelar o fenômeno.

Os dois caminhos possuem sua complexidade, cada um a seu modo, como veremos a seguir.

Sobre testes de aderência

O teste de aderência é um teste estatístico que vai tentar comprovar uma ideia, ou uma hipótese. Um teste de hipótese considera sempre duas possibilidades ou hipóteses, que se contradizem de certa forma.

A primeira é a hipótese nula, geralmente conhecida como H_o, que diz que os dados que temos em mãos podem ter sido gerados por uma determinada distribuição de probabilidade. Não pergunte ainda qual: a gente chega lá! A hipótese alternativa será, desta forma, que os dados observados não são consistentes com a distribuição especificada, ou seja, não é possível garantir que a distribuição tenha gerado os dados observados.

Sempre que fazemos um julgamento de qualificação, ou seja, atribuímos um valor positivo ou negativo a uma questão, estamos sujeitos a dois erros:

→ Erro Tipo I: Rejeitar a hipótese nula quando ela é verdadeira.

→ Erro Tipo II: Não rejeitar a hipótese nula quando ela é falsa.

De forma tabular, temos a situação:

| | | Hipótese nula (H_0) é | |
		Válida/Verdadeira	Inválida/Falsa
Julgamento da Hipótese Nula (H_0)	Rejeitar	Erro Tipo I Falso Positivo	Inferência Correta Positivo Real
	Falhar em Rejeitar (aceitar)	Inferência Correta Negativo Real	Erro Tipo II Falso Negativo

Um exemplo do erro Tipo I é, em um julgamento, dada a hipótese nula que o réu é culpado, rejeitá-la, ou seja, condená-lo quando ele é inocente. Já o erro Tipo II seria deixar o réu em liberdade quando ele é culpado.

Transpondo para a realidade, o erro Tipo I é rejeitar que os dados tenham sido gerados pela distribuição quando isso é verdade. Já o erro Tipo II é não rejeitar que os dados tenham sido gerados pela distribuição quando eles não foram gerados pela distribuição.

Como sempre, há uma notícia boa e uma ruim sobre estes erros. A notícia boa é que conseguimos determinar o percentual de erro Tipo I do teste. Quando o teste de hipótese é realizado, é escolhido um nível de significância — comumente representado pela letra grega Alfa —, que consiste no famoso erro Tipo I dos testes estatísticos.

Para avaliar se os dados podem ter sido gerados pela distribuição, fazemos uma comparação entre os dados teóricos e os dados observados, empíricos. A diferença é medida por meio de um valor, uma estatística de teste.

O valor de alfa, que podemos escolher, representa o erro Tipo I ao qual estamos sujeitos, ou seja, o valor do teste que é estatisticamente significante a ponto de rejeitar a hipótese nula que estamos testando. Em geral, alfa fica entre 1% e 5%.

O nível de significância é usado como critério para rejeitar a hipótese nula. Quando o teste é feito, é calculada a diferença entre o resultado do experimento e a hipótese nula. Depois, assumindo que a hipótese nula é verdadeira, a probabilidade de obter uma diferença maior ou igual àquela verificada é calculada. Se essa probabilidade for grande, é bom sinal. A diferença observada poderia ser muito maior, e o ajuste, muito pior.

Essa probabilidade, que também é denominada de p-valor, é comparada com o nível de significância. Caso ela seja menor ou igual ao nível de significância, a hipótese nula será rejeitada e o resultado dito estatisticamente significante. Em geral, os testes de aderência apontarão valores críticos para determinados níveis de significância. Eles guardarão uma relação direta com os cálculos de p-valor. Ou seja, quando a hipótese nula for rejeitada, o p-valor será menor que o nível de significância e o valor calculado para o teste será maior que o valor crítico.

De forma matemática, podemos dizer que:

$$\text{Valor do Teste} > \text{Valor Crítico } sss$$

$$\text{p-valor} < \text{alfa } sss$$

$$\text{Ho é rejeitada}$$

Quanto menor o nível de significância, mais os dados devem divergir da hipótese nula para serem significativos, ficando no extremo da distribuição de probabilidade de teste. Ou seja, usar um número menor de alfa é reduzir a probabilidade de rejeitar a hipótese nula quando a mesma é verdadeira. Em nosso caso, rejeitar que os dados tenham sido gerados pela distribuição quando efetivamente foram. Podemos ver demonstrado no gráfico abaixo.

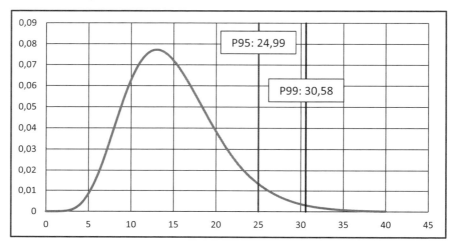

Figura 7.1: Teste de aderência

Verificamos que um nível de significância de 5%, equivalente a um nível de confiança de 95%, é ilustrado no gráfico com o valor de 25. Já o nível de significância de 1% (confiança de 99%) tem o valor de 30,58. Como já falamos, a comparação é realizada com base em uma diferença entre as distribuições. O nível de confiança de 99% permite maior divergência que o de 95%, como já mencionado.

Por que, então, não adotar níveis de significância mínimos e reduzir o erro Tipo I? Agora é a hora da notícia ruim: porque, obviamente, quanto mais reduzimos a probabilidade de ocorrência do erro Tipo I, mais aumentamos a probabilidade de ocorrência do erro Tipo II, o falso negativo, isto é, aceitar que os dados tenham sido gerados pela distribuição quando não o foram. Calcular este valor para o teste é muito mais complexo, e este erro geralmente assume a letra grega Beta. Se temos dificuldade em rejeitar o erro, ou seja, se não queremos rejeitar a hipótese quando ela é verdadeira, acabamos sendo permissivos demais e não conseguindo rejeitar a hipótese quando ela é falsa.

O erro do tipo II significa que uma oportunidade de rejeitar a hipótese nula corretamente foi perdida. A potência de um experimento estatístico é dada por 1 – beta, em que beta é a probabilidade de ocorrência do erro Tipo II, ou seja, a potência do teste é a probabilidade de rejeitar corretamente uma hipótese nula falsa.

Para obter um teste com boa potência, mantendo um nível de alfa razoável, a solução é aumentar o número de elementos da amostra.

É importante comentar que não rejeitar a hipótese nula não significa aceitá-la como verdade; mostra apenas que não há evidência estatística que a rejeite de forma significativa. Um teste de hipótese não tem o poder de confirmar a hipótese nula, apenas rejeitá-la, que é o verdadeiro resultado do teste.

Se avaliarmos uma amostra de dados contra, por exemplo, uma distribuição normal com média 8 e desvio-padrão 1 — como citado no início desta seção, quando não conseguimos rejeitar a hipótese —, não quer dizer que a distribuição não seja normal, ou a média 8 ou o desvio-padrão 1. Significa que não foi possível provar todos estes elementos ao mesmo tempo. A força do teste de hipótese está em sua rejeição.

Testes estatísticos: Ilustração

Alguns testes estão disponíveis em pacotes estatísticos e softwares de análise de risco. São vários e aqui caberá comentar sobre dois: o de qui-quadrado e o de Kolmogorov-Smirnov.

Antes vamos aos dados que serão utilizados neste estudo. Temos 200 registros de homens-hora necessários para fazer a reforma de um pavimento de um prédio comercial. Os dados estão distribuídos conforme o histograma da figura a seguir.

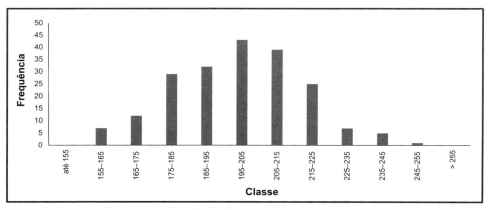

Figura 7.2: Histograma

Cada classe tem comprimento de 10 horas, exceto a primeira e a última, que se estendem de 155 até menos infinito e de 255 até mais infinito.

Vamos verificar, agora, como podemos utilizar um teste de hipótese para avaliar se determinada distribuição de probabilidade pode ser empregada para representar o conjunto de dados em questão.

Teste de qui-quadrado

Inicialmente, o teste de qui-quadrado será exemplificado. Uma referência interessante ao teste é o artigo de Plackett (1983). O próprio trabalho de Pearson (1900), criador do teste, pode ser encontrado online. Outro gigante da estatística, R. A. Fisher, criador da Análise de Variância (ANOVA), desenvolveu a ideia de diferentes distribuições de qui-quadrado, que veremos aqui.

Basicamente, como funciona o teste de qui-quadrado?

Primeiramente, determina-se um número de classes que serão utilizadas para comparar a distribuição teórica com os dados encontrados. Esse número é um parâmetro especificado por quem faz o ajuste, o que torna este teste paramétrico. Com efeito, esta é a maior vulnerabilidade do teste de qui-quadrado: dependendo do número de classes empregado, o resultado pode ser distinto.

Em seguida, verificamos qual a frequência observada (Oi) em cada classe i determinada nos dados que queremos ajustar. Basicamente contar quantos elementos estão contidos em cada classe.

Neste momento, devemos determinar qual a distribuição que vamos tentar ajustar. Para essa distribuição, avaliaremos qual a frequência esperada Ei em cada classe i. A maioria dos softwares estatísticos, e mesmo planilhas eletrônicas, como o MS Excel, fornecem probabilidades para valores dentro de uma distribuição de probabilidade. Se multiplicarmos cada probabilidade pelo número de elementos na amostra, chegamos a valores que estão na mesma escala dos dados observados.

Em seguida, calcula-se, para cada classe, o valor $(Oi - Ei)^2/Ei^2$; que mede a diferença entre o observado e o esperado.

Por último, somamos todos os valores encontrados e chegamos ao valor do teste que iremos realizar:

$$\chi^2 = \sum_{i=1}^{n} \frac{\left(O_i - E_i\right)^2}{E_i}$$

Este valor é então testado contra uma distribuição χ^2 com graus de liberdade adequados, no nível de significância determinado. Nos casos dos testes de hipótese que aqui faremos, os valores que vamos testar são os de confiança da distribuição, referentes a 1 – alfa. A distribuição χ^2 com k graus de liberdade é a distribuição de uma soma de k variáveis normais padronizadas independentes, um caso especial da distribuição gama e uma das distribuições de probabilidade mais utilizadas em inferência estatística.

O que são os graus de liberdade? São simplesmente o número de valores no cálculo final de uma estatística que estão livres para variar, ou o número de componentes que precisamos conhecer para determinar completamente essa estatística. Os valores que podem variar no ajuste são o número de classes, k, subtraídos do número de parâmetros que utilizamos para o ajuste da distribuição esperada. No caso da normal, são dois parâmetros: média e desvio-padrão. Como as k classes, têm que totalizar 100% da frequência observada, uma vez que todos estejam determinados, o último terá como frequência o valor que falta para chegarmos a 100%. Assim, o número de graus de liberdade de um teste χ^2 com k classes é v = k -1 – m, em que m é o número de parâmetros empregados para determinar a distribuição de probabilidade esperada.

Vamos ao exemplo. Os valores observados em cada classe já são conhecidos. Determinou-se que a distribuição a ser testada contra os dados observados, empíricos, será uma Normal, com média de 210 dias e desvio-padrão 20. Por meio das funções estatísticas do Excel, no caso a função DIST.NORM.N, calculou-se os valores das probabilidades acumuladas da distribuição a ser testada. Feito isto, calculou-se a frequência por classe, e o valor esperado multiplicando os valores por 200, na mesma escala dos valores observados. Veja a tabela abaixo:

			(A)	(B)	(C) = (B) * 200
Classe	Lim Inf	Lim Sup	Teórico Cumulativo	Teórico por Classe	Ei
1	-inf	155	0,3%	0%	0,60
2	155	165	1,2%	1%	1,85
3	165	175	4,0%	3%	5,57
4	175	185	10,6%	7%	13,12
5	185	195	22,7%	12%	24,20
6	195	205	40,1%	17%	34,93
7	205	215	59,9%	20%	39,48
8	215	225	77,3%	17%	34,93

continua...

118   Gerenciamento de Risco em Projetos

continuação...

			(A)	(B)	(C) = (B) * 200
9	225	235	89,4%	12%	24,20
10	235	245	96,0%	7%	13,12
11	245	255	98,8%	3%	5,57
12	255	+infinito	100,0%	1%	2,44

Obviamente, precisamos comparar os valores com os observados. Esta relação está exibida na tabela abaixo:

			(C)	(D)	(E) = (D) - (C)	(F) = (E)²	(G) = (F)/(C)
Classe	Lim Inf	Lim Sup	Ei	Oi	Oi - Ei	(Oi - Ei)²	(Oi - Ei)²/Ei
1	-inf	155	0,60	0	0,60	0,36	0,60
2	155	165	1,85	7	-5,15	26,53	14,35
3	165	175	5,57	12	-6,43	41,38	7,43
4	175	185	13,12	29	-15,88	252,23	19,23
5	185	195	24,20	32	-7,80	60,91	2,52
6	195	205	34,93	43	-8,07	65,07	1,86
7	205	215	39,48	39	0,48	0,23	0,01
8	215	225	34,93	25	9,93	98,67	2,82
9	225	235	24,20	7	17,20	295,69	12,22
10	235	245	13,12	5	8,12	65,90	5,02
11	245	255	5,57	1	4,57	20,86	3,75
12	255	+infinito	2,44	0	2,44	5,98	2,44

As diferenças entre Ei e Oi, calculadas na coluna (E), podem ser negativas ou positivas. Para a comparação, ambos são sinais de não ajustamento, e por essa razão, a diferença é elevada ao quadrado e posteriormente normalizada pelos valores esperados.

Somando os valores da coluna (G), chegamos ao total de 72,25. Esse é o valor a ser testado.

Os graus de liberdade desta distribuição são $v = k - 1 - 2$, como comentado anteriormente. Como $k = 12$, $v = 9$.

Vejamos o formato da distribuição de probabilidade χ^2 com 9 graus de liberdade.

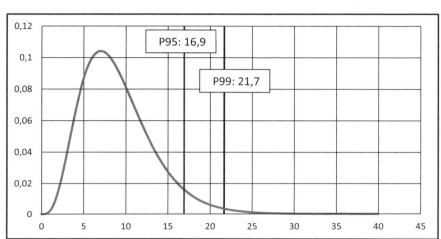

Figura 7.3: Teste de aderência

Os valores críticos para nível de significância de 5% e 1% são, respectivamente, 16,92 e 21,67. Estes valores são representativos dos percentis 95% e 99% da distribuição χ^2 com 9 graus de liberdade. Como o valor calculado foi 72,25, o teste rejeita a hipótese nula de que os dados possam ter sido gerados por uma Distribuição Normal com média 210 e desvio-padrão 20.

No caso analisado consideramos classes de mesma dimensão. Outra forma de se avaliar a aderência é construir classes de igual probabilidade, com base na frequência esperada. Consideremos agora que estamos tentando testar o ajuste dos mesmos dados a uma distribuição normal, com média 200 e desvio-padrão 20 aos dados com classes equiprováveis. Estes valores são facilmente determinados por meio das funções estatísticas do Excel (INV.NORM.N).

Probabilidade	Valor
10%	174,369
20%	183,168
30%	189,512
40%	194,933
50%	200,000

continua...

continuação...	
60%	205,067
70%	210,488
80%	216,832
90%	225,631

Graficamente temos a seguinte situação:

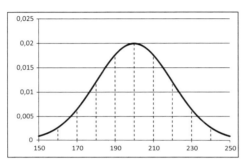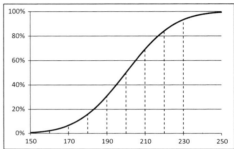

Figura 7.4: Distribuição normal (classes)

Na figura à direita, verificamos como seria o intervalo de dimensão igual, e como cada classe teria probabilidades distintas de ocorrência. Podemos observar, no gráfico à direita, que mostra os valores acumulados, chegando próximo a 100% por volta de 250, que as quatro primeiras classes (até 185) colaboram com cerca de 20% da distribuição cumulativa. A 5ª, 6ª e 7ª classes representam cerca de 20% cada uma, enquanto as três últimas chegam próximas a 20%, também. Ou seja, a probabilidade em cada classe é, com certeza, diferente.

A figura abaixo reflete as classes equiprováveis:

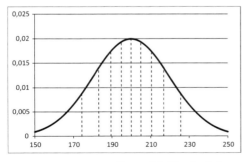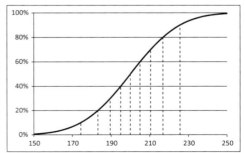

Figura 7.5: Distribuição normal (classes equiprováveis)

As classes ficam determinadas pelos valores acima, e o mesmo procedimento anterior pode ser utilizado.

			(A)	(B)	(C) = (B) * 200
Classe	Lim Inf	Lim Sup	Teórico Cumulativo	Teórico por Classe	Ei
1	-infinito	174,369	10%	10%	20
2	174,369	183,168	20%	10%	20
3	183,168	189,512	30%	10%	20
4	189,512	194,933	40%	10%	20
5	194,933	200,000	50%	10%	20
6	200,000	205,067	60%	10%	20
7	205,067	210,488	70%	10%	20
8	210,488	216,832	80%	10%	20
9	216,832	225,631	90%	10%	20
10	225,631	+infinito	100%	10%	20

Obviamente, precisamos comparar os valores com os observados. Essa relação está demonstrada na tabela abaixo:

			(C)	(D)	(E) = (D) - (C)	(F) = (E)^2	(G) = (F)/(C)
Classe	Lim Inf	Lim Sup	Ei	Oi	Oi − Ei	(Oi - Ei)^2	(Oi - Ei)^2/Ei
1	-infinito	174,369	20	19	-1	1	0,05
2	174,369	183,168	20	24	4	16	0,8
3	183,168	189,512	20	19	-1	1	0,05
4	189,512	194,933	20	18	-2	4	0,2
5	194,933	200,000	20	19	-1	1	0,05
6	200,000	205,067	20	24	4	16	0,8
7	205,067	210,488	20	26	6	36	1,8
8	210,488	216,832	20	18	-2	4	0,2
9	216,832	225,631	20	20	0	0	0
10	225,631	+infinito	20	13	-7	49	2,45

A soma dos valores totaliza 6,40. Neste caso, os graus de liberdade mudam, afinal, são apenas 10 classes. Pela mesma análise, v = 10 – 2 -1 = 7 g.l.

Abaixo, ilustramos a distribuição de probabilidade χ^2 com 7 graus de liberdade.

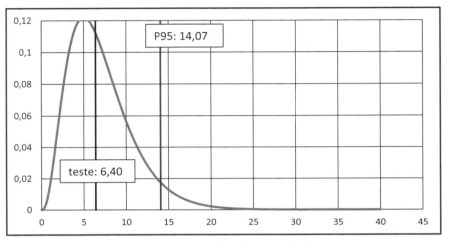

Figura 7.6: Teste de aderência de χ^2

Como podemos ver, o valor de 6,4 é inferior ao valor crítico do teste, 14,07, para um nível de significância de 5%. Desta forma, não podemos rejeitar a hipótese nula. A probabilidade na distribuição qui-quadrado equivalente ao valor de 6,4 é 50,6%. Esse é o p-valor calculado. Como o p-valor é maior que alfa, 5%, não há evidência que rejeite a hipótese nula.

Teste de Kolmogorov-Smirnov

O teste de Kolmogorov-Smirnov também trabalhará comparando diferenças entre a distribuição teórica que queremos ajustar e os dados observados. No entanto, o teste fará outra comparação. Imagine que temos os nossos dados anteriormente listados. Podemos colocá-los em ordem crescente e fazer uma soma cumulativa, chegando à frequência absoluta cumulativa. Se dividirmos estes valores por 200, chegaremos a uma frequência relativa absoluta. O resultado — uma distribuição cumulativa com vários "degraus", onde cada realização tem peso de 1/200, ou 0,5% — segue na figura a seguir:

Ajustando dados de entrada 123

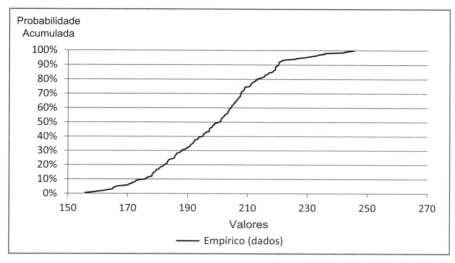

Figura 7.7: Dados empíricos

Supondo agora que temos a nossa distribuição normal com média 200 e desvio-padrão 20, que queremos ajustar, podemos verificar, para cada valor empírico observado, qual seria a probabilidade cumulativa. Podemos fazê-lo via software estatístico, ou por meio da função INV.NORM do Excel; que recebe valores e devolve probabilidades. Veja o resultado abaixo.

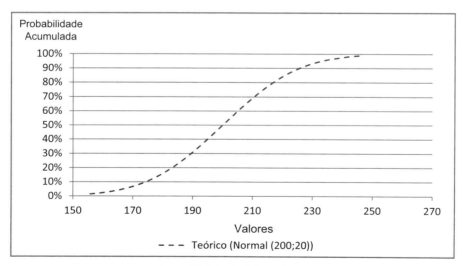

Figura 7.8: Distribuição a ajustar

Agora, o que o teste faz? Coloca as duas curvas justapostas, conforme visto na figura a seguir, e estima qual a maior diferença entre estas frequências absolutas.

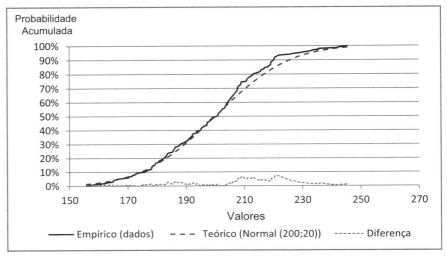

Figura 7.9: Comparação ajuste e dados

Esta diferença pode ser representada pela equação: $D_n = \sup_x |F_n(x) - F(x)|$, na qual sup quer dizer o maior número, que é superior a todos os valores encontrados nas diferenças calculadas. Fn(x) é a função empírica e F(x) é a função teórica. Na figura abaixo é ilustrada a diferença:

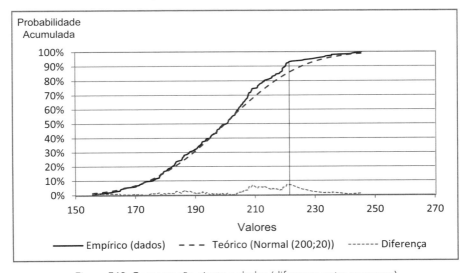

Figura 7.10: Comparação ajuste e dados (diferença entre as curvas)

Na figura destacamos o ponto onde se verifica a maior diferença: no valor registrado de 221,448, com probabilidade cumulativa empírica de 93% e teórica de 85,8%. Esse valor será a fonte para o cálculo do valor crítico a ser usado.

Os valores críticos para o teste são obtidos por meio da distribuição de Kolmogorov. Embora não façamos relação específica a essa distribuição e os testes em si, o leitor pode encontrar mais sobre o teste em Chakravarti, Laha, Roy (1967). O valor do teste dependerá da distribuição a ser testada.

A comparação é em tudo e por tudo igual ao qui-quadrado. Se a estatística calculada for menor que o valor crítico, o p-valor será maior que alfa e não poderemos rejeitar a hipótese, ou seja, considerar a diferença entre as distribuições estatisticamente significante, cabendo assim, aceitar que os dados podem ter vindo da distribuição em questão. Realizada uma avaliação com o auxílio de um pacote estatístico, no caso o software @RISK® da empresa Palisade®, encontramos o seguinte:

O valor da estatística K-S para o ajuste foi de 0,0457. Este é o valor calculado com base na maior diferença entre as distribuições cumulativas de probabilidade. O valor crítico com nível de significância de 5% é 0,062, o percentil é 95% da distribuição; como vimos no teste de χ^2. Coerentemente, o p-valor calculado é de 39,50%. Assim, não podemos rejeitar a hipótese nula: os dados podem ter sido gerados pela normal!

O software utilizado para fazer o ajuste, @RISK, permite realizar uma análise de *bootstrapping* paramétrica, que ajuda a calcular as estatísticas dos testes. Mas o que é bootstrapping?

Em estatística, bootstrapping se refere a qualquer teste ou métrica que se utilize de amostragem aleatória com reposição, ou seja, quando você tira uma bola da urna e, antes de tirar a próxima, devolve a bola que tirou. O Bootstrapping paramétrico é especialmente interessante para testes de hipótese. Basicamente consiste em tirar n amostras do mesmo tamanho dos dados empíricos conforme a distribuição teórica e testar seu resultado, verificando se o valor do teste desta nova amostra é superior ou inferior ao valor do conjunto empírico original. Se fizermos essa experiência 10.000 vezes, por exemplo, e as amostras geradas tiverem resultados 100 vezes superiores ao valor de teste, o p-valor será de 100/10.000 = 1%.

Nesta análise em questão foram feitos 1.000 sorteios com 200 valores cada; aleatoriamente gerados pela distribuição teórica. Para estes 1.000 conjuntos são feitos ajustes e os valores de teste são calculados. É uma estimativa direta do p-valor, ou seja, a probabilidade de que um conjunto gerado aleatoriamente tenha valor de teste superior ao calculado para o conjunto testado.

Nos testes que fizemos aqui, os parâmetros das distribuições foram apontados por nós mesmos. Naturalmente, os softwares utilizados para ajustar os dados podem (e devem!) ser configurados para estimar automaticamente os valores dos parâmetros das distribuições de probabilidade, o que vai nos poupar o trabalho de estimá-los manualmente!

Cabe comentar que existem outros testes de aderência que também comparam as distribuições e avaliam sua diferença, como Anderson-Darling, Crámer-Von Mises e outros. Dados bem ajustados terão a tendência de "passar" em todos os testes. É interessante pontuar que, do ponto de vista estatístico, como já comentamos, a força do teste se aplica à sua rejeição. Desta forma, um p-valor maior que alfa sempre indicará a impossibilidade de rejeitar a hipótese, mas não significa que a distribuição com p-valor de 80% é melhor que aquela com p-valor de 10%. Com esse comentário, podemos abordar o tópico seguinte.

Ajuste muito bom para ser verdade?

Existe algo como um ajuste muito bom para ser verdade? Na realidade, existe, sim. Faremos uma ilustração rápida para que fique claro o conceito. Considere que temos uma série de dados que combinam distâncias percorridas de carro e litros de combustíveis consumidos no percurso.

Os dados estão representados a seguir, com dois ajustes possíveis.

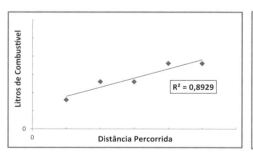 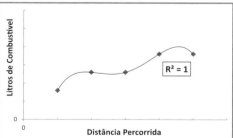

Figura 7.11: Dados e ajustes

O primeiro ajuste é através de uma reta, e possui índice de determinação, denominado R2, de 0,89. Um excelente ajuste para qualquer estatístico, mas o da esquerda é ainda melhor: consegue ajustar-se perfeitamente aos pontos, obtendo um valor de 100% de determinação. Porém, qual é o melhor? Para tal, vamos estender os ajustes para um ponto anterior ao primeiro valor de distância percorrida e outro posterior. Ficaria da seguinte forma.

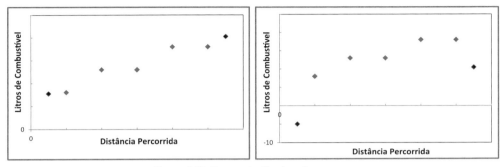

Figura 7.12: Extrapolação dos ajustes

O ponto mais à direita e o mais à esquerda mostram as projeções. Repare que no primeiro caso, os valores estão próximos aos pontos anterior e posterior. No segundo caso, em que foi ajustado um polinômio de quarto grau, há um valor de consumo negativo (!) e um valor que se reduz quando a distância aumenta. A menos que seja um trecho de altíssima velocidade, e em trecho livre, é difícil explicar.

A essa altura, creio que a maioria das pessoas já deve ter se convencido de que o primeiro ajuste é melhor, se adequa à realidade dos fatos. Então, por que o segundo ajuste parece melhor? Simplesmente porque possui cinco parâmetros a ajustar, e não apenas os dois empregados para determinar a reta entre os pontos no primeiro caso.

Como explicar isto? Com a ajuda de um conceito da estatística chamado de sobre ajustamento, ou *overfitting*. Colocado de forma simples, em estatística e inteligência artificial, é quando um modelo estatístico descreve o erro aleatório e o ruído nos dados ao invés do relacionamento essencial entre as variáveis. Geralmente ocorre quando o modelo é excessivamente complexo, tendo muitos parâmetros com relação ao número de observações. Um modelo sobre ajustado não terá nenhum poder de generalização dos dados, ou seja, perde seu poder preditivo. Sendo bem direto, o modelo "memorizou", "decorou" os dados que foram apresentados e não consegue responder nada diferente daquilo, pois não aprendeu nada além do que foi apresentado.

Muito bonito, mas o que isso tem a ver com testes de aderência? Ora, tudo. Algumas distribuições, como a normal, são ajustadas a partir de dois parâmetros: média e desvio-padrão. Outras, como a triangular, consideram três parâmetros. Outras possuem ainda mais parâmetros e são amplamente generalizáveis, como a beta. Assim, uma distribuição com mais parâmetros se "ajusta" melhor aos dados, estando sujeita ao *overfitting*.

Dessa forma, alguns testes de critério de informação (*information criterion*) podem ser empregados para tentar reduzir essa influência. Esses testes, incorporados em alguns softwares estatísticos e de análise de risco, não possuem poder de avaliar se os dados se ajustam bem ou não à distribuição; os testes já apresentados cumprem este papel.

O teste AIC (*Akaike Information Criterion*), desenvolvido pelo estatístico japonês Akaike (1974), usa, basicamente, a expressão AIC = 2k – 2 ln (L), na qual k é o número de parâmetros usados pelo ajuste realizado e L é o valor maximizado da função de máxima verossimilhança do modelo ajustado aos dados. Ou seja, considera a qualidade do ajuste e os parâmetros. O menor resultado representa o ajuste mais simples.

Um conceito que inspira o uso do teste é o Navalha de Occam, a Lei da Parcimônia, atribuído ao frade franciscano William de Occam, que diz, de forma simples, que "se em tudo o mais forem idênticas as várias explicações de um fenômeno, a mais simples é a melhor". Este princípio reducionista é uma das principais regras gerais de grande parte dos modelos, e é encontrado no método científico; uma vez que é mais fácil verificar uma teoria através de um menor número de afirmações.

Ponto-final no ajuste de distribuições

O que sugerimos fazer é avaliar todos os ajustes realizados e montar um "painel". Se a distribuição melhor ajustada soar estranha para quem está ajustando, talvez seja melhor optar por uma distribuição que seja aceita, com p-valor menor, mas que possa ter seu ajuste explicado de forma racional.

Suponha que tenhamos 200 dados amostrais obtidos a partir de uma distribuição triangular com mínimo de 8, mais provável 10 e máximo de 15. O gráfico de frequência relativa apontou a seguinte distribuição:

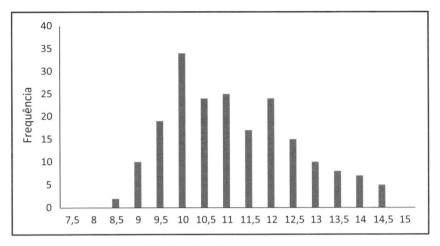

Figura 7.13: Distribuição de dados amostrais

O ajustamento destes dados pode favorecer distribuições mais flexíveis que a triangular. Os resultados de ajustes foram compilados na tabela abaixo.

		Distribuição ajustada							
	Teste	Triang	Beta	Weibull	Gamma	Lognorm	Normal	Uniform	Expon
Ranking	Akaike (AIc)	#1	#2	#3	#4	#6	#9	#12	#15
	Bayesiano (BIC)	#1	#3	#2	#5	#7	#9	#12	#15
	Estatística Qui-Quadrado	#3	#8	#5	#1	#4	#10	#14	#15
	Estatística K-S	#2	#1	#3	#4	#5	#11	#14	#15
Núm. de parâmetros estimados		3	4	3	3	3	2	2	2
IC	Akaike (ALC)	689,65	695,00	696,94	701,67	704,05	713,76	731,94	794,89
	Bayesiano (BIC)	699,42	707,99	706,71	711,44	713,82	720,29	738,48	801,43
χ^2	Estatística Qui-Quadrado	8,65	11,35	10	7,3	9,55	22,6	64	81,85
	P-Valor*	0,755	0,466	0,616	0,835	0,628	0,026	0	0
	Valor Cr.@ 0,050	21,10	20,35	20,65	20,65	20,50	20,35	21,85	22,22
K-S	Estatística K-S	0,084	0,034	0,044	0,053	0,054	0,070	0,183	0,224
	P-Valor	0,752	0,792	0,403	0,103	0,081	0,016	0,000	0,000
	Valor Cr.@ 0,050	0,079	0,058	0,059	0,058	0,057	0,062	0,096	0,075

As várias distribuições foram avaliadas. Podemos verificar que a triangular, primeira listada, está no topo das classificações com relação aos critérios de informação. Com relação aos testes que efetivamente são capazes de rejeitar a aderência (qui-quadrado e K-S), é a 3ª e a 2ª, respectivamente.

A distribuição beta é a mais bem ajustada conforme o teste K-S, e a gama é a melhor distribuição conforme o qui-quadrado. A beta é uma das mais genéricas, podendo assumir formas muito distintas. A gama, por exemplo, descreve o tempo entre chegadas de um processo de Poisson, em que a intensidade ou a probabilidade de chegada de um elemento em uma fila é constante a cada intervalo de tempo. Parece complicado, e deve ser o caso.

Além destas distribuições, foram listadas as distribuições Normal, Uniforme e Exponencial, que estão nas últimas colunas porque seu p-valor é inferior a 5%, e a hipótese nula foi rejeitada. Repare que, para ambos os testes, o valor crítico a 5% é menor que o valor de teste.

Como foi comentado anteriormente, o p-valor alto, ou seja, a estatística de diferença pequena não quer dizer que um ajuste seja melhor do que o outro. A força do teste, reforçamos, é para a rejeição da hipótese nula. Desta forma, todas as distribuições que não foram rejeitadas podem ser aceitas do ponto de vista estatístico. Cabe ao analista, que entende do processo, avaliar se a distribuição sugerida tem coerência com o tipo de dados ajustados e usar o critério de informação como elemento adicional para fazer a escolha final.

Pergunte a quem entende: A opinião especializada

Neste ponto, os analistas de risco precisam ajustar suas técnicas de comunicação e os chamados soft skills para conseguir conversar com quem entende do problema e tentar extrair uma representação para o fenômeno em vista de uma ou mais pessoas que possuem experiência.

Como vimos no início deste material, às vezes possuir muita experiência pode ser ruim, pois leva as pessoas a acreditarem que conhecem tudo sobre o assunto e que estão sempre certas. No modelo de Smithson (1989) é o que chamamos de "fora de tópico". É preciso trabalhar bem estas questões. Para isso, é necessário conhecer algo que Tversky e Kahneman (1974) chamaram de vieses e heurísticas de julgamento sob incerteza.

Vamos começar de uma forma simples. Imagine que você precisa modelar uma informação simples, como o tempo que leva para pintar uma determinada parede em um ambiente industrial. Para tal, você vai conversar com o supervisor da atividade de pintura, maior autoridade viva na empresa sobre esse tipo de tarefa. Como podemos proceder? Como garantir um processo de obtenção de dados bom?

Começando o jogo: O que queremos saber?

Para poder começar um processo positivo de identificação da opinião do especialista é necessário definir, tão bem quanto possível, qual é o objeto de apreciação que estamos encaminhando para o expert.

Em outras palavras, sobre qual elemento em particular queremos uma avaliação? No caso mencionado, parece simples: o tempo que leva para pintar uma determinada parede. Será que é simples assim? Vamos pensar em algumas questões que podem dificultar um pouco o processo e confundir as coisas se não forem esclarecidas no começo da conversa:

- → Esta parede vai ser pintada por uma pessoa ou um grupo de pessoas?
- → Qual a área total a ser coberta?
- → Quantas demãos de tinta serão passadas?
- → Qual é a experiência da equipe envolvida?
- → Qual é a altura da parede? Podemos fazer o serviço apenas com rolos, precisamos de escadas ou, pior ainda, precisamos de andaimes?

Se estas perguntas não forem respondidas de antemão, não teremos garantia de uma uniformidade de pensamento. Este objeto, alvo de nossa análise, tem que estar muito bem definido. Pode, inclusive, ocorrer um fenômeno bastante interessante: o especialista pode considerar que a parede é "fácil de pintar" para estimar os tempos mais curtos e que é "difícil de pintar" para estimar os tempos mais longos, mas a verdade é que a parede é uma só!

Pensando um pouco mais: Quais os dados que queremos obter?

Imagine que você está entrevistando o especialista em pintura. Você consideraria perguntar qual o desvio-padrão ou a curtose do tempo de pintura? Em caso afirmativo, saiba que ele, muito provavelmente — a menos que o supervisor seja interessado por estatística —, terá dificuldade de responder.

Estas medidas da estatística descritiva são, em geral, muito abstratas para quem está envolvido na operação. Entretanto, podemos perguntar, por exemplo, qual a estimativa de tempo longo e de tempo curto para a atividade. Estes valores de topo e base são bastante intuitivos. Combinamos a um fator de medida central, como a média, ou a mediana, ou a moda. É possível começar a gerar uma distribuição de probabilidade dentro das chamadas estimativas de três pontos.

Qualificando o topo e a base

Como verificamos na seção sobre distribuições de probabilidade, é possível determinar uma distribuição de três pontos de várias formas. A mais simples é a determinação de valores máximos e mínimos. Estes valores são extremos da distribuição e, em geral, são difíceis de estimar.

Imagine o nosso caso em vista. Conseguimos estabelecer que queremos avaliar o tempo padrão para pintar uma parede de 20 metros de comprimento por 3 metros de altura; uma medida comum para a execução desta tarefa. Solicitamos ao supervisor uma ideia do menor tempo no qual ele pintou uma parede desse porte.

Dois pensamentos diametralmente opostos podem ocorrer: o supervisor pode pensar naquele caso extremamente positivo, em que tudo deu certo: a tinta era excelente, o tempo es tava bem seco, havia mais gente na equipe etc.; e oferecer esse valor como tempo mínimo. Por outro lado, pode pensar em demonstrar um valor mínimo que possa dar um mínimo de conforto de realização, ou seja, considere alguma contingência de tempo. O importante é que o supervisor pode estar fornecendo a informação incorreta sem se dar conta disto. A tendência para exagerar pode estar tão arraigada que não há consciência desta decisão.

O mesmo problema pode ocorrer com relação à estimativa de topo, ou seja, pode estar exagerada ou conservadora demais.

Por conta deste tipo de problema, sugere-se a estimativa de valores altos e baixos sem serem extremos, ou seja, P10 e P90, ou P5 e P95, por exemplo. Assim, estimam-se valores extremos que não são os extremos absolutos e até permitem desenhar melhor a distribuição do que os mínimos e os máximos.

Definindo o formato da distribuição

Dependendo da avaliação a ser realizada, a distribuição de três pontos pode ser bastante diferente. A distribuição triangular, nossa velha conhecida, é notadamente utilizada para considerar pesos maiores nos extremos, pelo fato de ter o seu formato específico.

Já a distribuição beta, especificada mais particularmente como Pert, apresenta um decaimento mais suave nas pontas, mostrando menores probabilidades de ocorrência em sua vizinhança. De forma simples, podemos dizer que se a estimativa do supervisor for exagerada quanto aos extremos, é mais adequado usar a distribuição Pert. Já se a opinião dele está enviesada com relação ao centro da distribuição, é melhor empregar a triangular para garantir mais "área" nos dois lados extremos da distribuição de probabilidade.

É difícil avaliar como o especialista está vendo a questão, pois a nossa própria percepção da pessoa ou da questão pode induzir um determinado viés. Talvez a melhor forma de saber alguma coisa é investigá-la a fundo. Assim, conversar sobre o assunto durante um tempo maior e fazer mais perguntas pode ser uma forma de tentar encontrar alguma divergência nas informações e chegar na percepção real do especialista.

Muitas vezes, quando as pessoas estão em contradição, é importante evidenciar isso. Neste momento, quando percebemos que estamos com percepções contraditórias, somos forçados a confrontar a situação e tomar uma decisão, fazer uma escolha, e isso nos ajuda a revelar nossa real opinião sobre a questão em análise.

Atribuindo fatores qualitativos

Uma das formas mais realistas de tentar alinhar a percepção original do especialista, seu primeiro olhar sobre o assunto, com uma situação mais verdadeira e afeita aos fatos reais é introduzir fatores qualitativos. Pensemos no nosso caso da pintura. Podemos perguntar para o supervisor coisas como:

- → Quais são os cinco principais fatores que, dentro de uma situação normal de pintura, levam você a demorar mais tempo?
- → Quais são os cinco principais fatores que, dentro de uma situação normal de pintura, levam você a demorar menos tempo?

Condições que levam a maior tempo de pintura:

- → Interferência no trabalho por fontes externas
- → Experiência da equipe
- → Qualidade do material
- → Problemas de logística na chegada de materiais
- → Disponibilidade de condições adequadas de trabalho (EPIs, andaimes, isolamento da área etc.).

Suponha que a resposta do supervisor seja a seguinte para a primeira questão (fatores que levam a menor tempo de pintura):

→ Experiência da equipe

→ Qualidade do material

→ Tempo efetivo de pintura ao longo do dia

→ Condições climáticas favoráveis

→ Disponibilidade de condições adequadas de trabalho (EPIs, andaimes, isolamento da área etc.).

Tendo estes fatores na mão, podemos perguntar para o nosso especialista quanto tempo sua equipe levaria para pintar a tal parede se tivesse um grupo extremamente experiente, boa qualidade de materiais, pouca interrupção, tempo bastante seco e condições adequadas. Munido destas informações, o especialista pode apontar valores de forma mais clara e mais informada e, na sua própria cabeça, remontar aos momentos nos quais estas condições estiveram presentes.

Da mesma forma, quando os tempos são elevados, o mesmo raciocínio se aplica, ou seja, quando o supervisor é interrompido para alterações no trabalho, quando tem uma equipe com baixa experiência, materiais inadequados ou de baixa qualidade etc.

O tempo todo lutamos para quantificar o qualitativo, e neste momento usamos o qualitativo para refinar a análise quantitativa.

Fechando o ciclo

Neste momento, já devemos ter elementos suficientes para traçar nossa distribuição. É importante termos algumas estimativas de valores baixos, médios e altos. Pode ajudar, por exemplo, termos estimativas de valores típicos inferiores, como mínimo, P1 e P10, e valores máximos, como P90, P99 ou o valor máximo.

O mais importante é conseguirmos identificar quando um valor alto é o P90, o P99 ou o valor máximo, por exemplo. Pode ajudar utilizarmos informações qualitativas, como visto na seção anterior.

Especialistas em extrair opinião de especialistas (!) são unânimes em apontar a necessidade de revisar a estimativa uma vez que tenhamos chegado ao final, refinando a análise e alcançando uma ideia mais clara da distribuição de probabilidade que rege o fenômeno em questão.

Greenberg (2013) define um processo para obter estimativas de distribuições bastante interessantes, que basicamente reflete e inspira o que apresentamos de forma muito simples nos itens anteriores. Segundo Greenberg, são necessários 12 passos e pelo menos duas iterações do método. Para a primeira iteração os passos são os seguintes:

1. Qual a variável de interesse? (no seu cronograma...)
2. Qual o valor mais provável, M?
3. Confirmar valor de M.
4. Qual a chance de o valor ser maior que M?
5. Qual o valor inferior, L?
6. Qual a chance de obtermos valores menores que L?
7. Qual o valor superior, H?
8. Qual a chance de obtermos valores maiores que H?
9. Criação/confrontação da "Escala de valor" de probabilidades.
10. Especialista e entrevistador determinam fatores de risco, focando quais contribuem para a incerteza?
11. Especialista seleciona 6 fatores de risco mais importantes.
12. Especialista determina uma pontuação para cada fator de risco.

O primeiro passo determina com precisão qual a questão que queremos que seja respondida. O segundo especifica o valor central da distribuição. O terceiro passo busca confirmar o valor, tal a confusão que em geral acaba ocorrendo entre média, mediana e moda, por exemplo. Em seguida, são determinados valores para um ponto de referência inferior e um superior. Na sequência, busca-se quantificar a escala de probabilidade, atribuindo a termos como "praticamente impossível", "quase certo", "pouco provável" etc. valores de percentis. Desta forma, quando perguntarmos ao decisor sobre a probabilidade de obter um determinado valor, temos uma relação entre o dado qualitativo e o quantitativo. Os próximos passos ajudam a definir os fatores que mais contribuem para tempos mais curtos e mais longos.

Na segunda iteração do método, é possível avançar do passo 3 até o passo 8, convergindo para valores mais "realistas". Segundo Greenberg, a segunda iteração ajuda a fazer o decisor soltar a âncora do valor mais provável e reduzir o otimismo nos valores de L e H. Em geral, a distribuição se torna mais esparsa e mais deslocada para durações maiores.

Devemos ter atenção especial ao que podemos chamar de "memória personalizada" do especialista. Muitas vezes, o especialista terá como informação mais gritante na sua cabeça:

- → A última vez que passou pela experiência que estamos querendo modelar.
- → A vez em que tudo deu errado.
- → A vez em que tudo deu certo.

Qualquer das três informações como base única ou preponderante para a análise pode ser desastrosa na geração da distribuição de probabilidade subjetiva. Assim, o ideal para tentar desfazer esta impressão é montar um histórico de todas as últimas experiências e utilizá-lo para buscar uma informação menos "individualizada". Se mesmo assim houver certeza de um dos extremos acima, a impressão do especialista sempre pode ser documentada e compor a base de informações do projeto.

Opinião e probabilidade: Uma questão condicional

Christian e Griffiths (2016) desenvolveram uma referência na qual fazem um paralelo entre algoritmos usados em processamento de dados e situações cotidianas na vida das pessoas. Um ponto particularmente interessante e pertinente ao tema em tratamento é o Teorema de Bayes. A estatística bayesiana é um ramo ou uma interpretação peculiar da probabilidade, em que consideramos que a probabilidade de um evento futuro é alterada em função de um evento prévio. Assim, a probabilidade de uma pessoa estar infectada com uma doença, uma vez que fez um teste e o resultado foi positivo, dependerá de uma série de probabilidades prévias conhecidas, como o percentual de resultados positivos e negativos verdadeiros estimados por este teste.

De forma similar, quando solicitamos a opinião de um especialista, estamos demandando que ele nos informe a distribuição de um evento em face de seu conhecimento anterior sobre o assunto. E como esse conhecimento prévio se manifesta? Christian e Griffiths (2016) citam três formas genéricas de conhecimentos prévios sobre distribuições, que podem ser mentalmente consideradas pelos especialistas, ainda que eles não tenham consciência disso!

A primeira forma de conhecimento prévio é regida pela chamada lei das potências, considerando que existe uma relação do fenômeno y com x seguindo a fórmula $y = ax^k$, na qual a e k são constantes e chamadas de relações sem escala. De forma prática representa o caso em que alterações em uma variável levam a uma variação proporcional a outra. A distribuição de dados possui uma concentração de resultados abaixo da média e poucos resultantes assimetricamente à direita. Pode ser usada em muitos casos e é o que temos com a regra de Pareto, por exemplo, em que 20% dos casos representam 80% dos valores. Também se aplica à riqueza pessoal ou corporativa, em que poucas pessoas ou empresas representam grande parte da riqueza de um país ou setor industrial. Pode também ser aplicado à acumulação de volumes em reservatórios de petróleo, população das cidades em um país continental, bem como tantos outros exemplos.

Um outro modelo supõe que a distribuição de dados pode ser normalmente distribuída. Neste sentido, imagina-se que a média possua um valor conhecido e esperado. E que o número real vá variar em torno desta média. O custo de uma obra, por exemplo, pode ter esta natureza. Indo para a dimensão humana, a expectativa de vida de uma pessoa também possui um valor esperado que pode ser empregado como referência.

Por último, um cenário sem memória. Por exemplo, a probabilidade de uma lâmpada queimar no próximo minuto é a mesma que ela queime no minuto seguinte, e assim por diante. Este tipo de distribuição pode ser empregado para avaliar a probabilidade de que aquela última atividade que tem que ser feita para terminar a obra ocorra na semana corrente. E se ela não for realizada? Dê mais uma semana que ela ocorre… A distribuição sem memória, que pode ser representada pela exponencial ou pela Erlang — em homenagem a um físico dinamarquês que estudou telefonia no início do século XX via teoria das filas —, nunca está "atrasada" ou "já deveria ter acontecido". Não é porque ocorreram 100 caras em seguida que o próximo lançamento de moeda será coroa. A probabilidade continua de 50%. Quando o número de lançamentos chega a infinito é de se esperar que tenhamos uma igualdade, dado que a moeda é honesta, mas o infinito não está logo ali. O tempo que leva para um cliente chegar na fila do banco, modelado por um processo de Markov, segue, em modelos elementares, uma distribuição Poisson, que não possui memória e que modela a probabilidade de uma nova chegada ocorrer naquele instante. A exponencial, sua inversa, representa o tempo entre chegadas.

Como comentam Christian e Griffiths (2016), as previsões que as pessoas fazem consideram um modelo mental previamente definido, mesmo que implícito. E o motivo pelo qual conseguimos fazer boas projeções com poucos dados é que nossas informações a priori são tão ricas. Por último, os autores nos deixam com uma boa afirmação: A melhor maneira de fazer uma projeção é ter dados e estar precisamente informado sobre o que queremos projetar. Usamos nosso ambiente e nossas experiências. Vivendo em uma metrópole, você pode pensar que o tamanho médio das cidades é mais alto do que realmente é. Vivendo no clima chuvoso, você pode achar que a chuva ocorre com frequência maior que o realmente observado.

Porém, o maior problema tem a ver com a linguagem, como afirma Christian e Griffiths (2016): Os eventos sempre são observados na sua frequência de ocorrência. No entanto, a linguagem não é. Se você possui um evento singular e raro que aconteceu na sua vida, você vai recontar a história, lembrá-la para sempre e fazer com que outros o façam, também. Portanto, você está alterando as informações a priori sobre aquele evento. Christian e Griffiths (2016) nos deixam dois exemplos valiosos.

Há uma questão recorrente com relação ao meio de transporte mais perigoso: avião ou carro. Acidentes de carro são corriqueiros e ocorrem com poucas vítimas, em geral. Já acidentes de avião são mais expressivos e divulgados pela internet o tempo todo. O número de pessoas que perderam a vida em acidentes de avião nos EUA desde 2000 não é suficiente para lotar metade do Carnegie Hall (cerca de 1.800 pessoas). No entanto, os acidentes fatais de carro seriam equivalentes à população do Wyoming (mais de 580 mil pessoas). Estatisticamente não há dúvida de qual seria o meio de transporte mais perigoso.

O segundo exemplo se refere à violência no país. Apesar da taxa de homicídios ter caído cerca de 20% nos EUA nos anos 1990, a cobertura jornalística aumentou em 600%. Não há como não achar que as coisas estão mais perigosas.

Portanto, proteger nosso conhecimento prévio é importante, assim como saber que informações novas devemos descartar e quais podem ser empregadas.

Por último, pode ocorrer o que chamamos de distribuição sem memória. Neste caso, consideramos que o tempo até o evento ocorrer é independente do cenário atual. O tempo de chegada entre clientes na fila de um banco, por exemplo, pode seguir uma distribuição deste tipo, em que esperamos que um cliente chegue a cada cinco minutos independentemente do número de clientes que já visitaram o banco naquele dia. Se aplica àqueles casos em que só precisamos de mais uma semana para resolver o problema e terminar a tarefa. E na próxima semana? Naturalmente, só precisamos de mais uma semana...

Questões comportamentais: Tversky e Kahneman e viés de percepção

O artigo seminal de Tversky e Kahneman (1974) aponta algumas situações que podem acontecer quando profissionais estão fazendo julgamentos incertos em tomada de decisão, que podem ser denominadas heurísticas e vieses.

As heurísticas, o primeiro conjunto comentado, são técnicas que utilizamos para simplificar e avaliar uma situação. Tversky e Kahneman citam o exemplo de como podemos medir a distância até um objeto por quão bem o visualizamos. Se aparece bem definido, podemos julgar que está mais perto que outro objeto que tenha uma aparência mais "borrada" e fora de foco? É claro que essa heurística tem seu valor, mas não é absoluta, uma vez que é condicionada, por exemplo, pela visibilidade geral que temos em cada situação.

A heurística de representatividade tem a ver com achar que probabilidade e similaridade são a mesma coisa. Ou seja, porque A é parecido com B, a probabilidade de A ocorrer é a mesma que B ocorra. Uma equipe com baixa experiência pinta com menor eficiência apenas porque possui menos experiência? Talvez, se a tarefa for complexa e demandar essa experiência. E se a tarefa for simples? E se o supervisor for o fator decisivo, organizando o trabalho? Essa heurística leva a uma série de vieses, como abordaremos a seguir.

Um ponto interessante a comentarmos é o viés de insensibilidade a resultados ou probabilidades prévias. Em uma experiência descrita por Tversky e Kahneman (1974), foram feitas descrições rápidas de 100 indivíduos e, para um grupo de estudantes, foi dito que havia ali 30 advogados e 70 engenheiros. Para um outro grupo, o inverso: 70 advogados e 30 engenheiros. Avaliando o perfil de cada indivíduo, entretanto, as frequências foram praticamente iguais nos dois grupos, mostrando que o julgamento de cada indivíduo foi baseado na sua similaridade com um engenheiro ou advogado, embora houvesse uma informação a priori que poderia ser utilizada para induzir a um resultado alinhado com a afirmação inicial.

Este tipo de questão pode ser especialmente complexo de se lidar, uma vez que trabalha com estereótipos; algo para se ter em mente quando estamos conversando com nosso especialista.

Uma outra questão derivada da representatividade é a insensibilidade ao tamanho da amostra. Às vezes, a experiência pessoal do especialista está restrita a um pequeno número de situações, que não descrevem de forma abrangente o espaço amostral. Esta amplificação pode gerar resultados incorretos.

No artigo, Tversky e Kahneman (1974) citam um exemplo em que uma cidade possui dois hospitais, um pequeno e um grande. No pequeno hospital, nascem cerca de 15 bebês por dia, enquanto no grande, são 45. As pessoas fazendo o teste foram informadas que os hospitais registraram, durante todos os dias de um ano, que mais de 60% dos bebês nascidos foram meninos. A pergunta é: Qual hospital registrou mais dias assim? A maioria dos respondentes diz que foram aproximadamente o mesmo número de dias. No entanto, como no hospital menor nascem menos bebês diariamente, é muito mais provável que ocorram maiores distorções nessa frequência. Em uma amostra maior, é muito mais difícil que a média saia dos 50%, como exaustivamente demonstrado na teoria da probabilidade.

Um outro ponto considerado é a insensibilidade à previsibilidade. Neste caso, ao sermos pedidos para avaliar duas empresas diferentes com relação ao lucro, podemos considerar que a empresa A terá melhor resultado que a B apenas porque a descrição feita da empresa A foi mais positiva que a B, mesmo que nenhum aspecto referente a lucros, vendas, clientes ou o que seja tenha sido mencionado nesta descrição. No artigo, os autores citam um exemplo em que um parágrafo de uma aula de um professor universitário foi fornecido para cada participante no teste e foi pedido que cada um avaliasse a qualidade da aula baseada no parágrafo. Em seguida, foi solicitado que o estudante analisasse o sucesso do professor após cinco anos. Os resultados foram assustadoramente similares (!), mostrando pouca confiança na melhora do professor e que, a partir de um parágrafo de uma aula — uma amostra pequeníssima com uma representatividade corrente —, os participantes acharam razoável fazer uma previsão em longo prazo.

A ilusão da validade é um viés que representa a heurística de representatividade, é o ato de julgar a probabilidade pela similaridade. Explica, por exemplo, porque psicólogos que fazem processos de seleção por meio de entrevistas possuem elevada confiança na sua previsão embora saibam que é um método altamente propenso a falhas.

Heurística de disponibilidade

Basicamente, a disponibilidade tem a ver com o fato de, em geral, avaliarmos a probabilidade ou a frequência de algo abrangente com base na nossa experiência particular. Vamos falar sobre viés:

→ Recuperação de Instâncias: Muitas vezes aumentamos a probabilidade subjetiva que determinado evento ocorra, ou de sua frequência, pela facilidade de recuperação da instância ocorrida. Se fornecermos a um grupo de pessoas uma lista de inventores famosos e seus inventos, por faixa etária quando o invento ocorreu, é capaz que a idade mais preponderante seja aquela cujos inventos mais nos impressionam.

→ Eficiência de Busca: Tversky e Kahneman (1974) exemplificam este viés com um simples exercício: Você acredita que existem mais palavras que comecem com a letra r (rato, roupa, rádio) ou que tenham r como a terceira letra (carro, torno, corpo)? Como é muito mais fácil exemplificar palavras que comecem com r, é normal atestar que esta frequência é maior que no caso alternativo.

Ajustando dados de entrada   141

→ Capacidade de Imaginação: Nossa capacidade de abstrair fatos e enumerar elementos mentalmente é extremamente limitada. Assim, quando precisamos avaliar a frequência de algo simples, a resposta vem mais facilmente do que quando é algo complexo. A taxa de produtividade de uma tarefa repetitiva executada por uma pessoa, comparada à taxa desta mesma tarefa realizada por um grupo de pessoas com diferentes participações, pode ser mais simples de avaliar em termos de sua incerteza.

→ Correlação Ilusória: Consiste em enxergar uma relação entre eventos que podem não estar associados. Uma boa medição a fazer é a relação entre o salário do indivíduo e a qualidade do seu trabalho. Há toda uma lógica entre a concessão de níveis salariais e a boa performance, mas será que estes números, muitas vezes observados em casos extremos, que "saltam aos olhos" podem ser generalizados para toda uma população?

Resumindo, temos um instinto natural de lembrar de casos de classes mais frequentes, de associar maior probabilidade a eventos que ocorram com maiores do que com menores chances e tendemos também a reforçar a conexão entre eventos quando os mesmos acontecem em conjunto. Este procedimento, a heurística de disponibilidade, pode nos levar a erros, aumentando em muito a ocorrência subjetiva destes itens mais recorrentes.

Heurística de ajuste e ancoragem

Como relatam Tversky e Kahneman (1974), muitas vezes as pessoas fazem estimativas a partir de um valor base que resulta em uma resposta final. Por exemplo, o valor médio da distribuição da duração ou custo da tarefa pode ser o valor que resulta no término no custo ou no prazo e esse é o valor apresentado a priori para quem vai avaliar esta duração. Este fenômeno denomina-se Ancoragem. Tversky e Kahneman (1974) fornecem dois exemplos interessantes sobre o assunto:

→ Um grupo de estudantes respondeu a seguinte questão: "Quantos países africanos têm representação nas nações unidas?" A resposta inicial remetida como referência foi dada a partir de uma roleta, com um valor inicial definido. Quando o valor inicial era 10, a mediana das respostas foi 25. Quando o valor inicial era 65, a mediana foi 45. Bastante diferente.

→ Um grupo de estudantes foi chamado a avaliar a multiplicação 1 x 2 x 3 x 4 x 5 x 6 x 7 x 8 em cinco segundos. Para outro grupo a expressão foi ao contrário, ou seja, 8 x 7 x 6 x 5 x 4 x 3 x 2 x 1. Apesar de serem obviamente iguais, pelo fato de, no segundo caso, os primeiros cálculos gerarem valores maiores, a mediana foi de 2.250, enquanto no segundo caso, ficou em apenas 512.

Outra questão interessante são os eventos conjuntos e eventos disjuntos. Chamamos de eventos conjuntos quando é necessário que uma série de condições seja favorável para que ele ocorra. Por exemplo, a probabilidade de que uma acumulação economicamente recuperável de petróleo esteja presente em um determinado local é função de vários fatores, conforme, por exemplo, Harbaugh (1990), descritos na expressão: $P = F \times T \times M \times A \times S$.

P é a probabilidade da acumulação economicamente recuperável.

F é a existência de uma rocha fonte que possa ter gerado o óleo.

T se relaciona ao fato da migração e a geração terem ocorrido no tempo correto.

M é a existência do movimento do óleo entre a rocha geradora e a rocha que o "aprisiona", denominada trapa ou armadilha.

A é a existência de uma rocha onde o óleo estará acumulado e tem a ver com as características do reservatório, como porosidade, espessura, entre outras.

S é a existência de uma rocha selo, que fica acima da rocha reservatório e que permite que o óleo não migre até a superfície.

Este evento é conjunto e, muitas vezes, se informamos apenas uma probabilidade individual — digamos que é de 95% —, podemos ter a impressão de que a probabilidade da acumulação pode ser elevada, mas basta um fator ser baixo, talvez 5%, para já ser inferior.

Por outro lado, se temos uma situação em que existem vários sistemas que podem falhar e a falha de um único sistema pode comprometer o funcionamento do todo, o que é claramente um evento disjunto, há uma tendência de subestimar as chances de sucesso. Considere, por exemplo, um automóvel. É um sistema complexo que possui sistemas eletrônicos, mecânicos, rodas, seres humanos dentro e fora do veículo. A probabilidade de esse sistema falhar pode estar relacionada com a falha de qualquer sistema. A injeção eletrônica, a bomba de combustível, o motor ou algum de seus componentes etc. Assim, a chance de haver algum problema em uma viagem, quando analisada simplesmente pelos seus sistemas e fatores, pode ser severamente subestimada.

Os autores são específicos sobre o efeito da ancoragem com relação à estimativa de distribuições subjetivas de probabilidade, que é exatamente o que fazemos quando solicitamos a opinião do nosso especialista. Quando pedimos a alguém para estimar o P10 ou o P90 de uma distribuição, é normal que tal pessoa parta do valor médio e estime valores extremos muito próximos deste centro, definindo distribuições muito estreitas. Por outro lado, quando pedimos ao especialista que informe a probabilidade de determinada variável ser maior ou menor que um dado valor X, este viés tende a se reduzir e a distribuição poderá ficar mais "larga".

Em um estudo, um grupo de estudantes foi questionado sobre os percentis P10 e P90 de diversas variáveis (como a distância entre dois lugares). Um segundo grupo recebeu as estimativas médias de P10 ou P90 do primeiro grupo e foi requisitado que avaliasse a probabilidade de que a variável excedesse o valor em questão. Na presença de um valor, o segundo grupo foi mais conservador que o primeiro, e considerou que os valores de P10 e P90 seriam, na verdade, aproximadamente P25 e P75.

Mais alguns pitacos de Kahneman

Para quem se interessou pelo assunto, vale ler a formalização sobre a teoria prospectiva (Prospect Theory) — criada pelos mesmos autores —, alternativa à teoria de utilidade que discutimos brevemente no início do livro e disponível em Kahneman e Tversky (1979).

Para um texto mais atual, que revê e desenvolve exemplos e conceitos adicionais sobre a psicologia subjetiva e sua aplicação na tomada de decisão, Kahneman (2011) é um excelente material, no qual nos diz que "os especialistas resistiam a admitir que havia se enganado, e quando eram obrigados a assumir um erro, dispunham de uma ampla coleção de desculpas; só haviam errado quanto ao momento, um evento imprevisto ocorrera ou havia se equivocado, só que pelos motivos corretos. Especialistas são apenas humanos, no fim das contas. Ficam deslumbrados com seu próprio brilho e odeiam estar enganados". Este texto é parafraseado de Tetlock (2005, p. 274).

Está enxergando um pouco de você neste texto? Que bom! Kahneman nos diz ainda que "diversos estudos têm mostrado que os tomadores de decisão humanos são inferiores a uma fórmula de previsão mesmo quando informados sobre a pontuação sugerida pela fórmula! Eles acham que podem levar a melhor sobre a fórmula porque contam com informação adicional sobre o caso, mas na maior parte dos casos, estão errados".

Continuando no assunto, Kahneman nos dá exemplos práticos, dizendo que "quando alguém lhes pede para avaliar a mesma informação duas vezes, eles frequentemente dão repostas diferentes. A extensão da inconsistência é muitas vezes um motivo de real preocupação. Em ambientes de baixa validade, definidos como aqueles em que as respostas vêm em longo prazo e existem muitos fatores subjetivos envolvidos e, de fato, é complexo validar rapidamente as opiniões dos especialistas, é mais fácil contar com uma fórmula, ou um procedimento objetivo, que possa ser utilizado para justapor opções e avaliá-las buscando minimizar as ilusões de habilidade e validade. A primeira é aquela que nos incumbimos quando consideramos que a nossa habilidade (ou de uma outra pessoa) é superior para fazer um determinado julgamento por causa de seu conhecimento ou algum outro fator que nos leva a crer nisso (um belo efeito halo, que nos faz pensar que o projeto vai ser um sucesso porque o gerente entende do negócio e é habilidoso com as pessoas). A segunda é o que nos leva a considerar, mesmo quando demonstrado em contrário, que nossos julgamentos sobre determinado assunto continuam corretos".

Para resumir a questão, se você quer a opinião do especialista sobre um determinado assunto, busque ser o mais objetivo possível, e tente excluir questões demasiadamente subjetivas. Além disso, esteja preparado para questioná-lo e lembre que, se você está em frente a um especialista no tópico em questão, você é o especialista na análise de riscos! E superar seus vieses e ilusões será uma tarefa muito mais complexa que enxergá-las no outro...

Este capítulo em um coffee break

Ajustar distribuições às variáveis de entrada é uma das principais etapas da simulação

Para fazê-la, temos dois caminhos principais:

- → Buscar distribuições que se ajustem a dados, se temos este privilégio.
- → Buscar um ou mais experts no assunto para extrair a informação.

Na primeira linha, coletamos as informações e fazemos um teste de aderência, comparando a diferença entre os dados que temos (distribuição empírica) e as informações da distribuição que queremos ajustar (distribuição teórica).

Essa diferença é medida de alguma forma no teste, calculando-se uma estatística. Essa estatística é confrontada com um valor de teste, chamado de valor crítico. Se a diferença calculada for maior que o valor crítico, rejeitamos a hipótese que a diferença seja pequena, ou seja, que os dados possam ter saído da distribuição. A probabilidade de estarmos julgando errado, ou seja, rejeitando quando deveríamos aceitar, é o nível de significância alfa, que, em geral, fica entre 5% e 1%. Quanto menor, mais diferentes têm que estar a teoria e a prática para rejeitarmos que são iguais, ou seja, que os dados tenham vindo da distribuição.

Exemplificamos dois testes de aderência no teste: o de qui-quadrado e o de Kolmogorov-Smirnov. Suas estratégias de comparação são distintas: o qui-quadrado separa os dados em classes e compara frequência teórica e observada; já o Kolmogo-rov-Smirnov compara a maior diferença entre as distribuições acumuladas.

Existem ajustes bons demais para serem verdade. Por mais que os dados representem o que queremos avaliar, um ajuste muito perfeito pode advir apenas de uma distribuição que tenha muitos parâmetros para ajustar. Neste caso, as funções de critério de informação (AIC e BIC) são interessantes para comparação. Porém atenção! Estas funções só ordenam os dados penalizando as funções que usam mais parâmetros, mas não testam as hipóteses!

Para avaliar as distribuições, a sugestão é fazer uma espécie de ranking por meio de um ou mais testes, e verificar, dentre aqueles que não rejeitam a hipótese de similaridade, a distribuição que melhor representa, de um ponto de vista interpretativo, os dados.

Alguns softwares de estatística e de análise de risco possuem funcionalidades de ajuste de distribuição que funcionam adequadamente.

O grande problema da opinião do especialista é a ocorrência de fatores que distorcem a realidade dos fatos. Ou seja, para variar, a questão do ser humano é que ele é um ser subjetivo, por mais que tente ser objetivo!

Entrevistar alguém para obter informações é uma arte: não é nosso escopo dizer como, mas algumas dicas podem ser interessantes:

- → Montar um painel com mais de um especialista.
- → Buscar sempre estimar valores extremos antes dos valores centrais.
- → Pensar primeiro nos valores e depois no formato da distribuição.
- → Fazer perguntas que possam ser respondidas por pessoas normais: ninguém sabe de cabeça qual o desvio-padrão da média de copos d'água que consumiu em um dia; já o mínimo e o máximo... Bem mais fácil!
- → Atentar para as armadilhas da percepção humana.
- → Questionar e não se intimidar: o especialista, por mais que seja acostumado a receber massagens de ego, nada mais é que uma fonte de informação para o processo de análise de risco!

Referências

AKAIKE, H. (1974). "A new look at the statistical model identification" (PDF), IEEE Transactions on Automatic Control 19 (6): 716–723, doi:10.1109/TAC.1974.1100705, MR 0423716.

CHAKRAVARTI, L.; ROY, J. (1967). Handbook of Methods of Applied Statistics, Volume I, John Wiley and Sons, p. 392–394.

CHRISTIAN, B.; GRIFFITHS, T. (2016). Algorithms to Live By: The Computer Science of Human Decisions. Henry Holt & Co.

GREENBERG, M. (2013). A Step-Wise Approach to Elicit Triangular Distributions. NASA Technical Reports Server. BiblioGov.

HARBAUGH, J. W. (1990). Computing Risk for Oil Prospects: Principles and Programs. Pergamon.

KAHNEMAN, D. (2011). "Rápido e Devagar — Duas formas de Pensar". Editora Objetiva, Rio de Janeiro.

KAHNEMAN, D.; TVERSKY, A. (1979). Prospect theory: An analysis of decision under risk. Econometrica: Journal of the econometric society, 1979.

PLACKETT, R. L. (1983). "Karl Pearson and the Chi-Squared Test". International Statistical Review, Vol. 51, No. 1 (Apr), p. 59–72.

SMITHSON, M. (1989). Ignorance and uncertainty: Emerging paradigms. New York: Springer Verlag, p. 9.

TETLOCK, P. E. (2005). Expert Political Judgement: How Good is It? How Can We Know? (Princeton University Press, Princeton). p. 233.

TVERSKY, A.; KAHNEMAN, D. (1974). "Judgement Under Uncertainty: Heuristics and Biases, Science, New Series, v. 185, n. 4157 (27 Set 1974). p. 1124–1131.

Preparando o modelo para a simulação

Partindo da análise qualitativa

A análise de risco de um projeto é um processo que possui diversos componentes. No Capítulo 2, consideramos duas referências de gestão de projetos e ambas delineiam um processo com etapas que devem se suceder para garantir um bom resultado final. Mesmo quando não houver esta sequência mandatória, as etapas devem guardar relação umas com as outras.

Quando a análise qualitativa de riscos é corretamente desenvolvida, este processo se encerra com uma lista de riscos, com suas causas, eventos e consequências, a probabilidade e o impacto, que resultam na severidade que vai nos dizer em que ordem devemos perseguir as oportunidades e afastar as ameaças. Esse processo qualitativo vai desaguar, antes ou depois da análise quantitativa, em uma lista de ações de respostas aos riscos, com responsáveis, prazos e ações práticas que devem ser desenvolvidas com recursos estabelecidos e dentro do domínio do projeto.

Como já comentamos diversas vezes ao longo do texto, o objetivo da análise de risco não é ser apenas uma bola de cristal que comunica o que vai acontecer no futuro, profetizando o apocalipse ou a salvação geral. Seu objetivo precisa ser ajudar o projeto a cumprir suas metas. Desta forma, deve dar subsídio a decisões de replanejar, revisar, buscar alternativas, entre tantas outras.

Por essa razão, quando conseguimos conectar a lista de riscos com as atividades e a modelagem inserida na análise quantitativa, podemos fazer o caminho de volta e, a partir dos resultados da análise quantitativa, determinar os planos de ação a ser implementado e como o esforço adicional melhora os resultados, seja reduzindo a variação ou se aproximando dos valores pretendidos para o projeto nos seus objetivos de prazo e custo, entre outros.

Uma forma bastante simples de conectar a análise qualitativa com a quantitativa é elaborar uma lista com os riscos e integrá-los ao cronograma de risco; considerando que a análise qualitativa foi realizada de forma completa e adequada com os padrões de processo da empresa.

Todos os riscos com impacto em prazo, por exemplo, devem se conectar a atividades do cronograma. E todos os com impacto em custo devem estar refletidos nos custos fixos ou variáveis dos recursos ou atividades. Esta abordagem pode ser amenizada para considerar apenas os riscos altos e médios, mas deve haver rigor na seleção de riscos que possam ser dispensados do tratamento quantitativo. Se riscos altos (e médios!) não forem aproveitados na análise quantitativa, seus impactos potenciais devem ser revisados. Se não importam ao ponto de serem aproveitados, devem receber um *downgrade*.

A figura ilustra uma tabela em que conectamos os riscos da análise qualitativa com as atividades.

É extremamente importante que, no processo de obtenção de estimativas junto a especialistas, sejam considerados os riscos específicos do projeto. Não é possível mensurar o impacto em uma atividade sem considerar as ameaças e as oportunidades que a ele se vinculam. Devemos lembrar sempre que cada projeto é único por definição e que as estimativas a serem empregadas devem respeitar esta peculiaridade.

Modelagem de riscos

Riscos podem ser percebidos de maneiras distintas em um projeto. Uma vez que sejam relevantes e forem incorporados à análise quantitativa, precisam ser modelados de alguma forma.

A forma mais básica de se modelar um risco em um projeto é atribuir uma distribuição de probabilidade à duração de uma atividade.

Os softwares de simulação disponíveis no mercado permitem, a partir da importação dos dados de um cronograma para uma planilha eletrônica, ou através de uma interface proprietária, modelar as distribuições de probabilidade. Considere que uma determinada atividade tem uma incerteza representada a partir de uma distribuição triangular com valor mínimo de 5 dias, valor mais provável de 10 dias e valor máximo de 20 dias.

Podemos supor que esta incerteza existe porque não temos convicção da produtividade da equipe de trabalho. Por outro lado, e de forma bastante diferente, essa incerteza poderia advir de um erro de estimativa. Conforme sabemos, existe naturalmente um erro em qualquer estimativa que possamos produzir vindo daí, inclusive, o termo estimativa. Talvez a escala mais conhecida de erros de estimativas seja a proveniente da AACEI, reproduzida aqui a partir de AACEI (2016).

A escala apresenta limites para erros de estimativas de acordo com a maturidade dos projetos. Conforme maior a definição, menor será a classe do projeto.

É entendido que, no desenrolar do projeto, o nível de maturidade dos produtos aumente, e com isso, a faixa de incerteza na estimativa se reduza. São estabelecidas 5 classes, em níveis de definição:

- → Classe 5: Definição do Conceito, quando a definição do projeto está entre 0% e 2%. A faixa de precisão esperada fica entre -20% e -50% do custo orçado, pelo lado da redução e +30% e +100% pelo lado da extrapolação.
- → Classe 4: Estudo ou Viabilidade, com definição entre 1% e 15%. A faixa fica entre -15% (-30%) e +20% (+50%).
- → Classe 3: Autorização ou Controle Orçamentário, com definição entre 10% e 40%. Aqui já temos custos unitários com algum detalhe e a variação fica entre -10% (-20%) e +10% (+30%).
- → Classe 2: Controle ou Licitação, com definição variando entre 30% e 75%. A variação vai de -5% (-15%) a +5% (+20%).
- → Classe 1: Verificação de Estimativa ou Licitação. Aqui, já estamos com o objeto muito bem definido, algo entre 65% e 100%, com custos unitários já extremamente detalhados. A variação ficará entre -3% (-10%) e +3% (+15%).

A presença de dois limites para a faixa de variação permite que seja empregado qualquer valor naquele intervalo como referência. Por exemplo, nosso projeto em classe 5 pode ter definição tal que consideraremos que os custos poderão variar entre -40% e +60%, por exemplo. Não existe uma regra rígida para isto, mas é possível que cada empresa, cada negócio e cada setor estabeleça seus padrões e os utilize, refinando à medida que os projetos amadurecem e evoluem.

Apesar de construída para estimativas de custo, pode ser facilmente adaptável para estimativas de prazo.

Retornando à nossa distribuição triangular, sua função distribuição de probabilidade ficaria da seguinte forma:

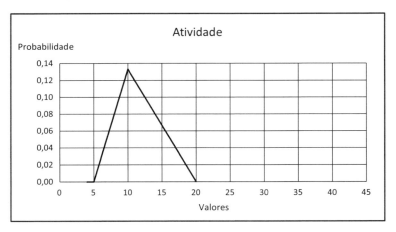

Figura 8.1: Distribuição triangular

Uma segunda forma de atribuir variação a uma atividade é inserir um evento; advindo provavelmente da matriz de riscos e da análise qualitativa. Assim, é possível considerar para a atividade anterior que, por exemplo, existe uma probabilidade de 10% (muito baixa) que ocorra uma escassez de recursos para executar a tarefa, gerando um atraso de 15 dias no tempo determinístico de 8 dias.

A distribuição discreta ficaria conforme o gráfico a seguir:

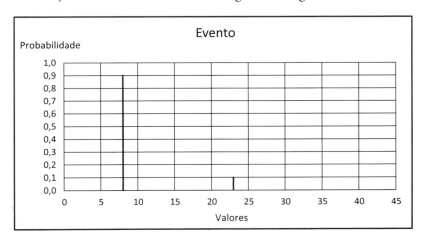

Figura 8.2: Distribuição discreta (evento)

Naturalmente, os efeitos podem ser combinados, ou seja, a incerteza do primeiro modelo com o evento do segundo.

Figura 8.3: Combinação de resultados (evento e incerteza)

Esta combinação cria uma possibilidade de obtermos valores maiores que 20 dias, que só acontecem quando o evento ocorre.

Adicionalmente, o evento pode ter impacto, também, incerto. Supondo que o impacto do evento seja de 10 dias no caso mais otimista, de 15 no mais provável, e de 25 no pessimista, ocorrerá o caso abaixo, que dramatiza o impacto.

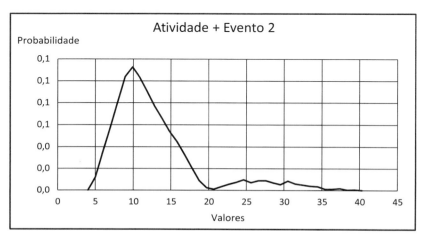

Figura 8.4: Combinação de resultados (evento e incerteza [2])

Neste caso, visualizamos valores acima de 35 dias, que só ocorrem pela combinação da ocorrência do evento com um valor mais alto do seu impacto.

Cada risco, conforme comentamos, deve ser incorporado ao modelo, e este é um trabalho que demanda tempo e esforço por um grupo de pessoas ligadas ao projeto. Em capítulos posteriores, comentaremos as formas que podemos empregar para associar distribuições às incertezas.

Uma interessante forma de agregar riscos ao modelo quantitativo é apresentada por Hulett (2009). O método desenvolvido e já implementado em ferramenta de simulação comercial é denominado de *Risk Driver Method* e possui como principal premissa modelar os riscos e não as incertezas das atividades do projeto. A abordagem que faremos aqui bebe desta fonte, também.

No método *Risk Driver*, o risco tem probabilidade de ocorrência que pode ser de 100% (caso das estimativas de três pontos representando os riscos e os erros de estimativas, que sempre ocorrem), ou menores, retratando eventos e condições incertas.

Saídas da simulação

Após a conclusão da etapa anterior, ou seja, a modelagem de todos os riscos, podemos passar às saídas da simulação. Nos passos anteriores, utilizamos o conhecimento de estatística descritiva e nos apropriamos das distribuições corretas para modelagem. Inserimos essas informações no nosso cronograma por meio de um software de simulação e aqui estamos.

Para o próximo passo, precisamos determinar as saídas da simulação. Neste momento, perguntamos: Para que estamos simulando? O que queremos avaliar?

As possibilidades são muitas:
- → Duração total do projeto
- → Custo total do projeto
- → Custo de uma fase
- → Duração de uma fase
- → Data de encerramento do projeto
- → Data de entrada de módulos progressivos de um projeto que ocorre por estágios, como a inserção de uma planta industrial

→ Data de entrega de marcos significativos do projeto

→ Entre outros

Para fazer essa simulação, sinalizamos que determinado campo de nosso cronograma é uma saída ou, como falamos mais costumeiramente em linguagem de simulação, um output do modelo.

A cada rodada ou iteração da simulação, os valores a serem apropriados em cada risco modelado serão sorteados, e o valor dos outputs será calculado. Esse valor é registrado e um novo sorteio é realizado. Assim, a cada simulação temos um vetor de dados com x inputs e y outputs, conforme a tabela.

Iteração	Input1	Input2	Input3	...	Inputx	Output1	...	OutputY
1								
2								
3								
...								
n								

Este conjunto é armazenado para ser tratado posteriormente, com a mesma estatística descritiva apresentada anteriormente. Dessa forma, podemos avaliar, por exemplo, a probabilidade de encerrar o projeto no prazo ou dentro da contingência possível para o atraso. O mesmo pode ser feito para o custo, a probabilidade de atingir a meta ou ficar dentro da reserva administrativa ou gerencial do projeto. Além disso, obviamente, podemos registrar valores de média, mediana, moda, e percentis significativos (P10 e P90, por exemplo).

Estes dados são o coração da simulação. A capacidade de interpretá-los e tomar as decisões, não tenha dúvida, é o cérebro da operação e está nos analistas e especialistas que as empregarão.

Este capítulo em um coffee break

Neste rápido capítulo falamos sobre alguns temas muito importantes, que valem a pena repassar de forma expedita.

A simulação é uma etapa importante para a análise quantitativa, mas de nada adianta ter os melhores simuladores se o nosso modelo não faz sentido. Isso passa por duas questões essenciais:

1. O modelo que conecta inputs e outputs é lógico e faz sentido?
2. A modelagem dos riscos é correta, completa e adequada para o caso em análise?

O primeiro ponto é o que investigamos no Capítulo 6, em que avaliamos se o nosso cronograma possui relações lógicas entre atividades e custos bem definidos e explicitados. Imaginamos que chegando aqui essa etapa já esteja superada. Nunca é demais checar duas vezes...

Já o segundo ponto é o que tratamos neste capítulo. Começamos falando como é importante partir da análise qualitativa, já que em 90% das análises que você encontrar por aí não terão a menor conexão entre o registro de riscos e a análise quantitativa. Este é um laço, um elo que devemos construir, preservar e nutrir. Um dos pontos mais difíceis em qualquer análise de risco e, por esse mesmo motivo, mais deixado de lado.

Em seguida, é preciso saber como modelar os riscos. Falamos em dois tipos de modelagem principal: o primeiro consiste em atribuir distribuições de probabilidade a durações ou custos e o segundo compreende a criação de eventos, com impacto e probabilidade, que geram saltos e descontinuidades na distribuição de probabilidade de saída. São estes registros que muitas vezes saltam aos olhos e, advindos do registro de riscos, destacam a necessidade de implementação de um plano de resposta mais eficaz ou contundente.

Em seguida, falamos sobre os dados de saída, os outputs da simulação. Eles são exatamente aquilo que você quer avaliar, descobrir e saber como conter ou aprimorar. Em geral, quando referentes a prazo, são a duração total do projeto, seu término, a data de entrega de um determinado marco etc. E quando são relacionados a custo, também podem ser o custo total do projeto, sua variação com relação ao orçamento previsto ou o desembolso de uma determinada fase do projeto.

A simulação vai, obrigatoriamente, registrar um vetor de dados para cada iteração, com o valor dos outputs e dos inputs. Este registro ajudará na avaliação descritiva dos resultados, na validação dos dados de entrada e na análise de sensibilidade, que ainda iremos discutir.

Referências

AACEI (2016). AACE International Recommended Practice No. 18R — 97. Cost Estimate Classification System — As Applied in Engineering, Procurement, and Construction for the Process Industries.

HULETT (2009). Practical Schedule Risk Analysis. Gower.

Como funciona a simulação: Apenas o básico

O processo de análise de risco de um projeto é, como o nome já diz, um processo. Sendo assim, consiste em etapas que devem ser realizadas em uma determinada ordem e, mesmo quando não houver esta sequência mandatória, deve ser tal que as etapas guardem relação umas com as outras.

Assim, podemos afirmar categoricamente que uma análise de risco bem-feita depende, na sua vertente quantitativa, de algumas premissas:

- → Um modelo que, devidamente estimulado, transforme os dados de entrada, em dados de saída, de forma coerente e conforme uma lógica definida, verificada e auditável.
- → Correta identificação das variáveis de entrada e saída do modelo.
- → Mapeamento adequado das incertezas de cada atividade ou evento de riscos, conforme a metodologia corporativa e o processo de gestão de riscos como um todo, especialmente na integração da Análise Qualitativa com a Quantitativa.

Sistemática da simulação

Atendidas essas premissas básicas — detalhadas nos itens anteriores desta seção —, é possível realizar a análise quantitativa, que consiste em fazer um ou mais experimentos de simulação. A simulação ou, como é popularmente conhecida, simulação de Monte Carlo trata-se de um método que consiste em:

- → Gerar valores para os dados de entrada
- → Calcular (rodar) o modelo
- → Obter e registrar os dados de saída

Cada "passo", cada "vez" que esta sequência é executada, consideramos que uma iteração do modelo de simulação foi computada. O modelo é executado até que se chegue a um número de iterações adequado, que pode ser determinado simplesmente por quem está executando a análise. Uma outra forma de fazê-lo é por meio de testes de convergência dos resultados; voltaremos a esse tema em breve.

A segunda e terceira etapas da iteração do modelo são bastante diretas: rodar o modelo significa, a partir dos valores "sorteados" ou amostrados, para usar o termo mais técnico, calcular os valores finais. A última etapa, então, consiste tão somente em registrar os valores de dados de entrada e saída de cada iteração, gerando um vetor de dados que será compilado em uma matriz, como ilustrado na tabela abaixo.

Iteração	Input1	Input2	Input3	...	Inputx	Output1	...	OutputY
1								
2								
3								
...								
n								

A partir da matriz, é possível empregarmos a estatística descritiva — já apresentada neste material —, além de outras técnicas de visualização de dados, para permitir o entendimento dos resultados e a relação entre os dados de entrada e de saída; que é assunto para nossos próximos capítulos.

Voltando para o assunto em tese, a simulação propriamente dita, nos restou o primeiro passo.

Imagine um modelo simples, que possui apenas duas distribuições normais, com média de 10 dias e desvio-padrão de 1 dia. O resultado que nos interessa é o tempo total do projeto, que consiste, além destas duas fases de análise de dados, em uma primeira etapa de coleta de informações, que durará cinco dias e uma etapa de compilação de resultados e elaboração de relatórios, que durará mais cinco dias.

Já sabemos que a nossa variável de saída é a duração total do projeto e que nossas variáveis de entrada são as durações das duas atividades de análise de dados. Nosso objetivo, agora, é descobrir como inserir valores para as duas distribuições que representem adequadamente a distribuição normal que queremos utilizar como fonte.

Uma possibilidade é amostrar diretamente a distribuição normal, a partir de seus valores. A normal é uma função que leva um valor x à sua probabilidade acumulada $P(x)$, ou seja, $F(X) = P(x < = X)$. Uma outra possibilidade é utilizar a chamada função transformada inversa G que leva a probabilidade à distribuição normal. Esta função G é tal que $G(P(x)) = X$. Sua elaboração é feita a partir de uma inversão de domínio da distribuição original, o que justifica o seu nome.

Uma vez que temos esta função transformada inversa, e que conseguimos disponibilizá-la, ou método igualmente semelhante, para todas as funções distribuições de probabilidade que nos interessa simular, basta termos um método que amostre adequadamente um número entre 0 e 1, de modo que todos os valores possuam a mesma probabilidade, ou seja, uma distribuição uniforme.

Para tal, é possível utilizarmos um método como a Amostragem Aleatória Simples (também conhecida como Método de Monte Carlo), que emprega um gerador de números pseudoaleatórios para definir uma sequência de valores a partir dos quais a distribuição uniforme se dará. Há outros tipos de amostragem aleatória que são bastante empregados, como o método do Hipercubo Latino (McKay, 1979) ou da amostragem descritiva (Saliby, 1989).

Os números são chamados pseudoaleatórios porque existe uma forma de reproduzi-los, eles não foram criados a esmo! Em geral, pode ser aplicada uma técnica de geração chamada linear-congruente ou de Lehmer; conforme citado em Warnock (1987). Essa técnica consiste em multiplicar o número anteriormente sorteado por um valor, somar a esse número um terceiro valor e, por último, obter o resto da divisão deste valor por um número maior (geralmente uma potência de 2). A fórmula é algo como:

$$x_{n=1} = \left(A.x_n + C \right) \bmod M$$

Em que x_n é o último número calculado

x_{n+1} é o próximo número calculado

A e C são números inteiros

M é um número grande, uma referência para o período do algoritmo, número de sorteios após o qual os números começam a se repetir.

Segue um exemplo rápido. Consideremos que M = 32, A = 21, C = 1 e que o primeiro número a ser utilizado seja x_0 = 13.

Número	$A.x_n$	$A.x_n + C$	$A.x_n + C / M$	Resto da Divisão (Mod)	Resto x M
x_0					13
x_1	273	274	8,56	0,56	18
x_2	378	379	11,84	0,84	27
x_3	567	568	17,75	0,75	24
x_4	504	505	15,78	0,78	25
x_5	525	526	16,44	0,44	14

O primeiro cálculo na tabela multiplica A (21) por xn (13), chegando a 273. Esse número é posteriormente somado a C (1), chegando a 274. Esse número é dividido pelo fator M (32), chegando a 8,56. Neste momento, é possível utilizar o resto desta divisão e utilizá-lo como uma probabilidade (afinal, ele necessariamente está entre 0 e 1!). O próximo passo, para chegar ao número que dá continuidade à sequência de amostragem, é multiplicar esse resto por M. 0,56 x 32 = 18. Com isto, voltamos para a amostragem e, a partir de x_1 chegaremos a x_2.

Os métodos empregados nos softwares de análise de risco são mais complexos. Para mais detalhes, consultar Warnock (1987). Cabe comentar também que diferentes testes podem ser usados para provar a característica aleatória, entre eles:

→ Testes de Frequência, em que se verifica a proximidade da sequência de valores de uma distribuição uniforme. É um teste de aderência do tipo X2 ou KS, como visto anteriormente.

Testes de Corrida, em que se avalia se a ocorrência de sequências de subida e descida de valores apresentam número e comprimento aleatórios.

Testes de Autocorrelação, em que se avalia se os números gerados apresentam ciclos regulares.

No método de Amostragem Aleatória Simples, os números são gerados em quantidade e isto garante a representação adequada da distribuição.

Na amostragem pelo método do Hipercubo Latino ou na Amostragem Descritiva, o espaço aleatório entre 0 e 1 é dividido em intervalos equiprováveis, que são embaralhados de forma aleatória e sorteados. Assim, se forem amostrados 100 valores de uma distribuição, podemos afirmar que um deles estará entre 0% e 1%, um outro entre 1% e 2% e daí por diante, garantindo que a distribuição está equidistribuída no espaço amostral entre 0 e 1.

Atualmente, uma série de pacotes de software possuem rotinas para gerar Simulações, considerando uma diversidade de algoritmos de geração de números aleatórios, técnicas de amostragem e tantos outros. Alguns destes softwares trabalham de forma integrada com planilhas eletrônicas e sistemas de planejamento e controle de projetos.

Iterações: Quantas e por quê?

Esta é uma excelente pergunta. O número de iterações deve ser tal que permita que a história se repita um número representativo de vezes. Dito isto, alguém pode falar: Ótimo, faça pelo menos um milhão de vezes. Apesar de, talvez, esta ser uma solução, não precisamos chegar a tanto!

Basicamente, quanto mais complexo nosso modelo, mais lentamente ele vai convergir para um padrão. E o que é esta convergência? Lembrando do Teorema Central do Limite, quanto mais ocorrências temos em uma amostra, mais os resultados tendem para a média (como Bernoulli falou, você verá no próximo tópico!).

Assim, quanto mais iterações temos, mais próximos chegamos dos valores da distribuição. Uma técnica chamada teste de convergência avalia, após um dado número de iterações, qual a variação que ocorreu em algumas variáveis-chave da simulação. Se essa alteração for significativa, continuamos rodando a simulação. Se já está bem pequena, interrompemos e ficamos satisfeitos com o resultado.

Vamos a um exemplo rápido. Considere que você tem três atividades em sequência em um cronograma, e que a duração de cada uma siga uma distribuição triangular, cuja duração menor seja 8 dias, a mais provável seja 10 dias e a máxima seja 12 dias. Vamos supor que os nossos indicadores para determinar se a convergência ocorreu ou não sejam a média, o desvio-padrão e os valores dos percentis 10% e 90%. Faremos uma simulação com 5.000 iterações e, a cada 100 iterações ocorridas, calcularemos a média, o desvio-padrão e os valores dos percentis 10% e 90%. Vejamos o que ocorre!

A figura a seguir ilustra como a média variou a cada 100 iterações, neste experimento.

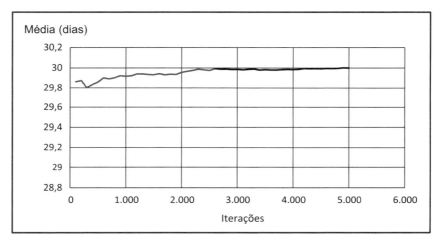

Figura 9.1: Convergência da média

Verifique que a média varia bastante na primeira parte da simulação, mas após cerca de 2.500 iterações (começo da linha mais escura) essa média estabiliza e quase não varia. Podemos considerar que a partir deste momento a média convergiu. Iterações adicionais não agregam nada para a simulação, apenas mais números. E apesar da simulação criar uma massa de dados para analisá-los posteriormente, não interessa a ninguém ter um volume muito superior ao necessário para fazer uma boa avaliação do que foi modelado.

Porém, não estamos interessados apenas na média! Queremos convergir desvio-padrão e percentis 10% e 90%, lembra? Vejamos rapidamente os resultados para todas as variáveis.

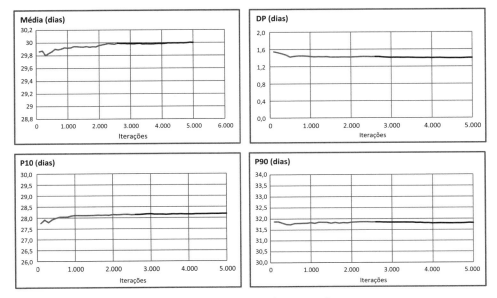

Figura 9.2: Convergência dos quatro fatores

Podemos verificar nos quatro casos uma certa estabilidade que ocorre após as 2.500 iterações. Como forma de simplificar a análise conjunta, consideremos que o importante é a variação ser menor que 0,5% para qualquer dos quatro fatores. No gráfico a seguir, plotamos as variações para as quatro variáveis, dando destaque para a maior delas a cada 100 iterações.

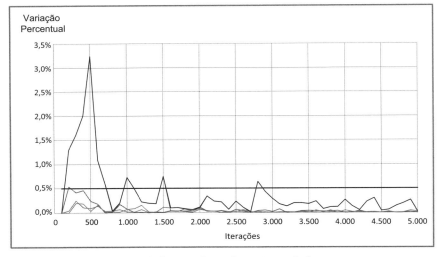

Figura 9.3: Convergência do conjunto de fatores

A linha escura horizontal demarca a variação de 0,5%, nosso limite para convergência. Repare que após 2.700 iterações, nenhuma das quatro variáveis excede este patamar. Para jogar com a segurança, podemos crer que 3.000 iterações são suficientes para uma boa análise.

Brevíssima história da simulação de Monte Carlo

É extremamente comum as pessoas chamarem a Simulação, da forma que faremos aqui, de Simulação de Monte Carlo. Na verdade, como veremos adiante, a Simulação de Monte Carlo consiste no uso específico de um método de amostragem conhecido como Amostragem Aleatória Simples.

Os primórdios do uso da amostragem estatística para tomada de decisões vêm de bem antes dos computadores e da informática como conhecemos hoje. Jacques Bernoulli, no distante século XVII, expressou a primeira versão da lei dos grandes números, que essencialmente nos diz que após várias tentativas, a média dos resultados tende ao valor esperado. Esse trabalho foi publicado postumamente, em 1713.

Cerca de um século depois desta definição, em 1777, o conde de Buffon propôs o famoso problema das agulhas de Buffon. Sua ideia era que se agulhas ou palitos de comprimento L fossem aleatoriamente colocados sobre uma superfície plana com linhas paralelas espaçadas entre si de uma distância D maior ou igual a L, resultaria que a probabilidade de uma agulha "cortar" uma linha seria expressa como $P = (2L / \pi D)$.

Sobre essa proposição, Pierre-Simon de Laplace mostrou que este procedimento poderia ser utilizado no cálculo do número irracional π, com base na associação entre o número de sucessos, x com relação ao número de agulhas colocadas, y. Assim, ficaríamos com $\pi = (2L / (x / y) D)$. Este problema é um ótimo exemplo da Simulação de Monte Carlo, em que um fenômeno (soltar agulhas em uma mesa) simula outro fenômeno (estimar o valor de π). Para saber mais sobre a história da Simulação desde Jacques Bernoulli, consulte Dunn e Shultis (2011).

As origens da Simulação de Monte Carlo remontam à década de 1940. O termo foi cunhado por Metropolis, que escreveu um artigo em homenagem a seu colega Stanislaw Ulam; um dos nomes associados ao nascimento da Simulação da forma que a conhecemos hoje (Metropolis, 1987). Em 1945, foi criado o ENIAC, o primeiro computador eletrônico de grande porte. John Von Neumann, um professor de matemática no Instituto para Estudos Avançados, era um consultor para Los Alamos, onde foi desenvolvida a bomba atômica, e estava interessado nos problemas termonucleares envolvidos no entendimento da bomba. Assim, ele convenceu o próprio Metropolis e outros colegas que o ENIAC poderia fazer um teste mais exaustivo do que as combinações que eram realizadas manualmente para resolver as equações diferenciais. A guerra findou antes que eles terminassem os experimentos, mas continuaram a pesquisa.

Entre os principais nomes da pesquisa em Los Alamos, estavam Enrico Fermi, John Von Neumann e Nicholas Metropolis. Um dos participantes era Stan Ulam, que possui uma natureza menos formal que os demais colegas. Seu interesse em processos aleatórios ajudou. Stan gostava de jogar paciência, era estimulado pelo poker. Ele era intrigado pela teoria de ramificação (branching) e ajudou muito no seu desenvolvimento. Tanto que Von Neumann escreveu uma carta ao líder da divisão teórica de Los Alamos, Robert Richtmeyer, incluindo um esboço detalhado de uma possível abordagem estatística para resolver o problema de difusão de nêutrons em material físsil.

Von Neumann era um entusiasta do método, da possibilidade de usar amostragem estatística para representar a realidade. Metropolis sugeriu o nome, conforme ele diz, de maneira bastante óbvia e também relacionado ao fato de que Ulam tinha um tio que pegava dinheiro emprestado dos parentes porque ele tinha que ir a Monte Carlo.

O método consistia tão somente em atribuir aleatoriedade às componentes de um modelo de forma a imitá-lo, e buscar entender o que ocorreria depois de um número adequado de iterações. Duas questões importantes surgiram: como gerar números aleatórios e como transformar estes números aleatórios nas distribuições de probabilidade desejadas? A resposta, obviamente, é empregar geradores de números pseudoaleatórios, como os criados por Von Neumann e usar a função transformada inversa, que, a partir de um número entre 0 e 1, gera seu correspondente na distribuição de probabilidade desejada.

Enrico Fermi, famoso físico italiano, também participou da criação do método e, já na década de 1930, fazia adivinhações bastante corretas sobre experimentos com base — admitida posteriormente — na amostragem aleatória. Nada mais justo que incluí-lo no hall dos inventores do método, uma vez que seus experimentos com nêutrons, no final da década de 1940, foram essenciais na disseminação do método de Monte Carlo.

Conforme Eckhardt (1987) relata, o método de Monte Carlo em essência foi explicado pelo próprio Stanislav Ulam, que relatou que os primeiros pensamentos no desenvolvimento do método surgiram quando estava convalescendo de uma doença, em 1946, e começou a jogar paciência. A questão imediata que ocorreu a Ulam foi qual seria a probabilidade de que uma mão de paciência com 52 cartas possa ser concluída com sucesso. Após tentar por um dado tempo empregar cálculos combinatórios, ele considerou utilizar um método mais prático, sem pensamentos abstratos. Distribuir as cartas cerca de 100 vezes, por exemplo, e contar quantas teriam sucesso. Já era possível imaginar a aplicação a problemas de grande porte, uma vez que os computadores já estavam se desenvolvendo. O próximo passo foi conversar com Von Neumann.

Von Neumann ficou entusiasmado e escreveu uma carta aos superiores, e o seu esboço foi a primeira formulação de uma Simulação de Monte Carlo informatizada. E o resto, como dizem, é história.

Este capítulo em um coffee break

Neste capítulo, buscamos ilustrar um pouco sobre o método da simulação conforme empregamos para avaliação de projetos, que popularmente se tornou conhecida como Simulação de Monte Carlo.

Para tal, descrevemos como é a sistemática da simulação. Muito simplesmente, o que temos que fazer é sortear números aleatórios, atribuí-los às funções de probabilidade e atualizar os valores pertinentes em nosso modelo. "Rodando" o modelo, temos o resultado desta iteração. O ciclo prossegue até terminarmos o nosso experimento.

Obviamente o primeiro obstáculo para a boa simulação é a modelagem adequada; que foi tratado nos capítulos anteriores. Dado que essa modelagem foi feita e que a forma de registrar as incertezas foi validada por quem é de direito, é possível proceder a esta parte mais mecânica do processo de simulação.

Felizmente para nós, muita gente boa e inteligente já botou as mãos neste processo desde os anos 1940 e resolveu problemas como:

1. Capacidade de memória e velocidade para rodar rapidamente as iterações: Apesar de básico, sempre é bom lembrar dos avanços que nos permitem rodar tudo rapidinho hoje em dia!

2. Geradores de números pseudoaleatórios: Existem dezenas, senão centenas, de algoritmos confiáveis e otimizados para geração de números aleatórios e implementados nos softwares de análise de risco.

3. Funções transformadas inversas, que associam um número aleatório entre 0 e 1 a um valor correspondente na distribuição de probabilidade definida para a variável.

Essas são as principais "caronas" que pegamos para fazer facilmente as nossas simulações. Temos mais é que aproveitar!

O processo de simulação foi descrito no detalhe suficiente, e incluímos uma seção falando sobre iterações e convergência, mostrando basicamente que, depois de um certo número de iterações, há uma tendência pelas leis da probabilidade que as estatísticas não se alterem. Alguns testes podem ser realizados para isso, costumeiramente chamados de testes de convergência.

Caso se imagine que o número de iterações seja insuficiente, basta aumentá-lo e monitorar a convergência em torno da média, do desvio-padrão e de percentis notáveis.

Encerramos o capítulo contando a história de como a simulação começou com Bernoulli e Laplace, gênios da ciência no século XVIII, e foi complementada no século XX pelos também geniais Stanilav Ulam, Enrico Fermi e John Von Neumann.

Referências

DUNN,W. E SHULTIS, J. K. (2011). Exploring Monte Carlo Methods. Elsevier.

ECKHARDT, R. "Stan Ulam, John Von Neumann, and the Monte Carlo Method". Los Alamos Science, Los Alamos, no. 15, p. 131–146, 1987.

MCKAY, M. D.; BECKMAN, R. J.; CONOVER, W. J. (May 1979). "A Comparison of Three Methods for Selecting Values of Input Variables in the Analysis of Output from a Computer Code". Technometrics (JSTOR Abstract). American Statistical Association. 21 (2): 239–245.

METROPOLIS, N. "The Beginning of The Monte Carlo Method". Los Alamos Science, Los Alamos, no. 15, p. 125–130, 1987.

SALIBY, E. (1989). Repensando a Simulação: a Amostragem Descritiva. Editora Atlas.

WARNOCK, T. Random-Number Generators. Los Alamos Science, Los Alamos, no. 15, p. 137–141, 1987.

Seção 4 — Avaliação dos resultados

Nesta seção, após termos trabalhado com todo o esmero na preparação de nossa simulação, montado um cronograma coerente e adequado, feito a associação com a análise qualitativa e determinado que distribuições de probabilidade usar em cada variável que consideramos relevante, determinado o número de iterações e executado a simulação, vamos ao momento mais importante.

A interpretação dos resultados da simulação vem em dois passos principais: a análise dos resultados propriamente dita e um estudo de sensibilidade que enseja toda uma retroalimentação do ciclo de gerenciamento de riscos, como vimos na seção sobre metodologia. Faremos essa análise empregando um exemplo simples de um projeto com poucas atividades. Posteriormente, serão apresentados estudos em caso e análises com maior grau de complexidade.

Analisando resultados: Valores notáveis e dispersão

Antes de começar a falar dos resultados em si, vamos apresentar nosso projeto.

O projeto se inicia pela atividade A. A atividade B pode começar apenas quando a A tiver se encerrado; a atividade C também, mas a atividade D depende de que a C termine e, por fim, a atividade E depende de B e D. Suponha que as estimativas para a duração das atividades sejam, respectivamente:

A: Determinística em 3 dias, sem grandes espaços para variação

B: Triangular (2,5,10)

C: Triangular (2,4,5)

D: Triangular (5,7,8)

E: Triangular (1,2,3)

Vamos supor, também, por hipótese, que tenhamos três recursos trabalhando no projeto, conforme descrito abaixo:

→ Preparadores: Atuam nas atividades A e B, custando cerca de $50/h

→ Executores: Atuam nas atividades B, C e D, custando cerca de $40/h

→ Finalizadores: Atuam nas atividades D e E, custando cerca de $35/h

Considera-se que a estimativa de custo horário é tal que sua incerteza segue uma distribuição triangular, cujo mínimo é uma redução de 20% do custo horário padrão e o máximo é um aumento de 35% do custo horário padrão.

Neste primeiro momento, será realizada uma análise considerando apenas as variações de estimativas; conforme mencionado no Capítulo 8, Modelagem de riscos. Na sequência desta seção, incorporaremos os riscos registrados para o projeto, que provocarão efeitos mais destacados nos resultados de interesse.

A análise de risco em questão foi realizada com 5.000 iterações, e os resultados para a duração do projeto podem ser compilados em um histograma como o representado abaixo.

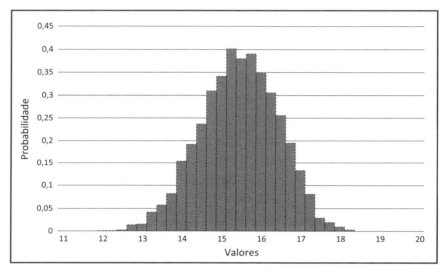

Figura 10.1: Resultado da análise para o projeto exemplo (duração)

Um histograma como o apresentado permite identificar algumas informações descritivas, conforme vistas no Capítulo 3. Compreendemos que a média está por volta de 15,5 dias e que os valores vão desde pouco menos de 12 dias a pouco mais de 18 dias. Por sinal, é sempre bom comentar que cada classe do histograma contém os valores menores ou iguais àquele de referência. Como o intervalo de cada classe é de 0,25, a classe com o número 14 representa, por meio da sua altura, os valores encontrados entre 13,75 e 14.

Podemos incrementar a análise incluindo algumas informações, como a média, o desvio-padrão e outros números interessantes.

Estatística	Valor
Média	15,34
Desvio-padrão	0,97
P10	14,05
P50	15,36
P90	16,58
P(x < 16)	74%

A tabela apresenta os valores calculados. Foram incluídos os percentis 10, 90 e 50, que também são chamados de mediana. Uma outra forma de apresentar os dados é por meio da distribuição acumulada, que permite identificar facilmente os percentis notáveis. Foi adicionada uma linha sólida com o caso determinístico, a linha de base do projeto, ou seja, a duração de 16 dias.

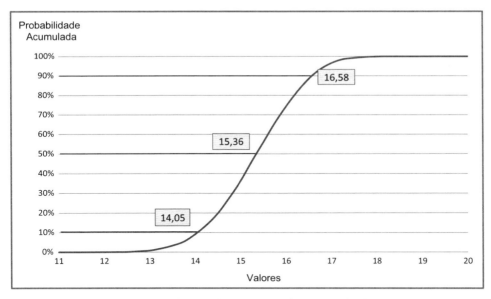

Figura 10.2: Distribuição de probabilidade acumulada (duração)

Podemos avaliar os resultados e dizer que há uma probabilidade de encerrar o projeto no prazo de 74%, o que parece bastante positivo.

Confira nossa análise com relação aos custos. A linha de base do projeto previa um custo total de $10.840,00, calculado conforme a alocação de pessoal e seus custos.

Realizada a análise de risco, o resultado pode ser novamente expresso através de um histograma.

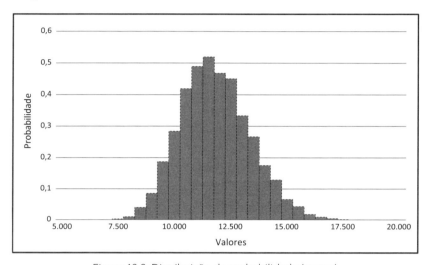

Figura 10.3: Distribuição de probabilidade (custos)

Verifica-se visualmente que os valores calculados estão concentrados em torno de $11.000. Vejamos a tabela com as estatísticas descritivas.

Estatística	Valor
Média	11.564
Desvio-padrão	1.532
P10	9.650
P50	11.473
P90	13.603
P(x < 16)	34%

Comprova-se um cenário bastante distinto da análise de prazo, em que a média é superior ao custo da linha de base, assim como a mediana. A probabilidade de se manter dentro do custo é de 34%, bastante inferior à de prazo.

Na análise de risco de prazo, em geral apenas as durações das atividades causam impacto. Muito embora seja possível termos casos em que a empresa precisa se capitalizar e ganhar fôlego para continuar as obras, por exemplo, estas situações tendem a ser uma exceção em análises de risco. Por outro lado, é muito comum que o prazo impacte no custo, uma vez que vários recursos são calculados com base em tarifas horárias ou diárias. Podemos ver o custo de uma atividade como um produto do número de horas trabalhadas pelo custo do recurso por hora. Se a duração da atividade for fixa e apenas o recurso variar, teremos uma variação. Se apenas a duração variar e o custo do recurso for fixo, a variação será outra. No caso, entretanto, em que variamos os dois fatores simultaneamente, geramos muito mais variação. Considere uma atividade que dure 50 horas de trabalho, em que cada hora do recurso custe $20. O custo base será de 50 horas x $20/hora = $1.000. Pressuponha que as horas podem variar entre 40 e 60 e que o custo horário do recurso também pode variar entre 15 e 25.

Caso consideremos apenas a variação de prazo, o custo da atividade variará entre 40 horas x $20/hora = $800 e 60 horas x $20/hora = $1.200.

Observando apenas a variação de custo do recurso, o custo da atividade variará entre 50 horas x $15/hora = $750 e 50 horas x $25/hora = $1.250.

Considerando as duas variações simultaneamente, chegamos a um mínimo de 40 horas x $15/hora = $600 e um máximo de 60 horas x $25/hora = $1.500.

O histograma abaixo ilustra os três casos.

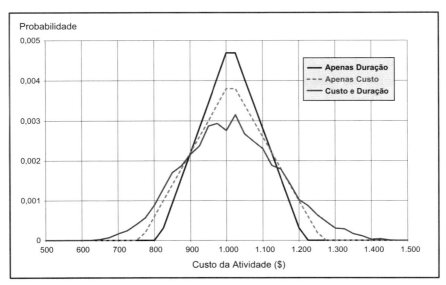

Figura 10.4: Comparação entre variação da duração, do custo unitário e dos dois fatores

Como observado anteriormente, a variação conjunta é expressivamente superior à de cada fator analisado isoladamente.

Retomando o nosso projeto, para a distribuição de probabilidade acumulada, temos o seguinte:

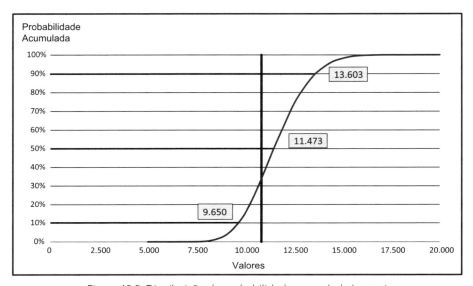

Figura 10.5: Distribuição de probabilidade acumulada (custos)

Podemos avaliar, então, que embora seja possível concluirmos o projeto no prazo, é mais provável que tenhamos um problema quando falamos sobre custo. Uma forma de ilustrar essa questão é fazer um gráfico com a representação simultânea de prazo e custo. O gráfico a seguir é uma demonstração dos 5.000 valores encontrados para prazo (no eixo x) e para custo (no eixo y). Acompanham também os valores de referência (linhas de base) para prazo e custo.

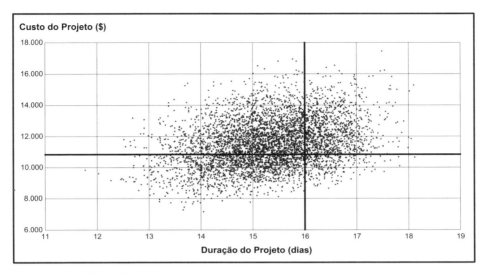

Figura 10.6: Distribuição conjunta do prazo e do custo do projeto

O gráfico mostra uma certa relação entre os dois fatores e, realmente, a correlação entre prazo e custo é de 0,30, ilustrando uma relação estatística de impacto. Temos quatro regiões (ou quadrantes) contendo dados a saber:

- → Inferior esquerdo: É o nirvana do gerente de projetos. O custo é inferior a $10.840 e o prazo inferior a 16 dias. Objetivos cumpridos a contento. Caso haja um desvio muito grande de prazo ou custo, cabe rever se as estimativas estão sendo realizadas com muita contingência.
- → Inferior direito: O projeto atrasou e se manteve dentro do custo previsto. Pode ocorrer, mas como nosso projeto tem seu custo muito ligado às horas trabalhadas, é o quadrante menos preenchido.
- → Superior esquerdo: Obedecemos ao prazo, mas perdemos o custo. Atividades não críticas podem ter demorado excessivamente, carregando o custo sem impactar tanto o prazo.
- → Superior direito: É o pior quadrante para se estar, estourando tanto prazo quanto custo, dois dos principais objetivos de qualquer projeto.

Podemos incluir no nosso gráfico as observações registradas para cada um desses conjuntos. Vejamos como fica.

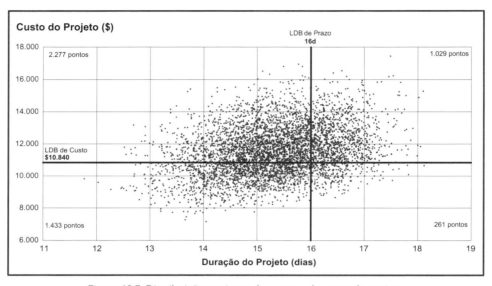

Figura 10.7: Distribuição conjunta do prazo e do custo do projeto
(com número de pontos e percentis de cada região)

Verificamos que a possibilidade de estar no melhor quadrante de todos é de 29%. Por outro lado, estar no quadrante inferior direito ocorre 5% das vezes. Somando as duas porcentagens chegamos a 34%, que, conforme visto anteriormente, é a probabilidade de nos mantermos dentro dos custos da linha base.

A probabilidade de ficarmos dentro do prazo, mas fora do custo é de 46%. Somando estes 46% aos 29% do quadrante inferior esquerdo, teremos (arredondando) 74%, que é a porcentagem já observada de estarmos dentro do prazo.

Um gráfico como este permite analisar um pouco melhor os resultados da simulação e visualizar os dados de forma conjunta. Adicionalmente, com relação à dimensão custo podemos verificar qual seria a contingência adequada para estarmos seguros em 90% dos casos. Isto faria com que subíssemos a linha horizontal da LDB de Custo. O mesmo pode ser feito para o prazo, se houver a possibilidade de iniciar o projeto mais cedo ou adiar o prazo de entrega, deslocando a linha vertical para a direita. Vejamos visualmente este deslocamento na figura a seguir.

Analisando resultados: Valores notáveis e dispersão

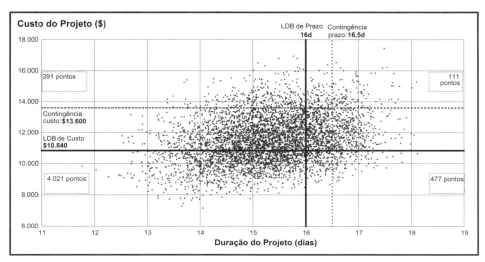

Figura 10.8: Distribuição conjunta do prazo e do custo do projeto (considerando contingência)

As retas pontilhadas ilustram a nova referência para o projeto, que permitirá um estouro de prazo e orçamento de apenas 2%. As demais informações podem ser lidas diretamente no gráfico. A partir dessas informações, é possível entender as variações conjuntas e definir ações cabíveis para gerenciar os riscos.

Este capítulo em um coffee break

Este capítulo apresentou um caso prático simplificado e mostrou como podemos fazer a análise de resultados para o projeto.

Este tipo de análise envolve descrever a distribuição de resultados com o auxílio dos indicadores abordados no capítulo sobre estatística descritiva e construir gráficos, que podem mostrar distribuições de probabilidade (frequência relativa), distribuição cumulativa de probabilidade e outros tipos, como gráficos de dispersão que podem demonstrar, ao mesmo tempo, a variação de prazo e de custo, por exemplo.

Dependendo do projeto, a forma de exibir resultados variará muito. Tudo depende do que queremos apresentar e que resultados queremos destacar para suportar a tomada de decisão.

O importante é termos as informações confiáveis geradas pela análise de risco e empregá-las para demonstrar incertezas, impactos, mitigações e tudo o mais que quisermos demonstrar.

Analisando a sensibilidade: Identificando fatores relevantes

O principal objetivo da Análise de sensibilidade é identificar quais as variáveis que mais impactam o resultado no qual estamos interessados.

Se o nosso modelo avalia o valor presente líquido de um projeto, provavelmente nossas estimativas de investimentos em bens de capital e custos operacionais, bem como o volume de vendas, a produtividade dos equipamentos da (hipotética) fábrica e o preço de vendas devem influenciar esse resultado.

Se o nosso modelo avalia o processo produtivo de uma fábrica, informações como defeitos em partes por milhão, custo de correção, tempo de setup, entre outros, poderão ter papel importante na modelagem.

E, claro, se o nosso objeto de análise é a data de encerramento de um projeto em um cronograma, o custo total do projeto ou os desvios em prazo e custos, por exemplo, é de se entender que os prazos e custos de cada atividade e a ocorrência ou não de eventos discretos influenciem esse resultado.

Porém, como medir essa influência? Como oferecer à diretoria os problemas nos quais devemos focar para aprimorar o resultado? Essa é, portanto, a finalidade principal da análise quantitativa de riscos: dizer o quanto cada fator dói no bolso (ou no calendário!).

Para exemplificar a sensibilidade, vamos começar pelo método que costuma ser chamado de índice crítico.

Índice crítico

O índice crítico é um indicador bastante simples. Para demonstrar, vamos olhar novamente o nosso projeto exemplo.

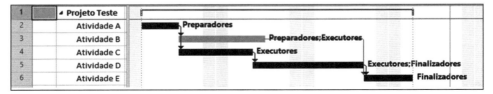

Figura 11.1: Ilustração do caminho crítico do projeto

Observe que o caminho crítico passa pelas atividades A, C, D e E. Há um outro caminho crítico possível, passando por A, B e E. Durante a simulação ocorrerão situações em que a soma do caminho A-C-D-E será menor que o caminho A-B-E. Desta forma, as atividades C e D sairão do caminho crítico e D entrará no mesmo.

Durante a simulação, serão registradas as atividades que estão no caminho crítico em cada iteração. Podemos, assim, saber qual percentual das vezes em que as atividades se encontram no caminho crítico e esse indicador pode ser usado para avaliar as atividades mais sensíveis.

O resultado para uma simulação de 5.000 iterações segue na tabela abaixo.

ID	Correlação Linear	Correlação de Posto
1	PROJETO-TESTE	n/a
2	Atividade A	**100%**
3	Atividade B	0,74%
4	Atividade C	**99,32%**
5	Atividade D	**99,32%**
6	Atividade E	100%

Correlação

A correlação é uma estimativa do grau de variação conjunta de duas variáveis aleatórias. Para quem aprecia, a fórmula da correlação (linear) segue abaixo.

$$r_{x,y} = \frac{\sum_{i=1}^{n}\left(\left(x_i - \overline{x}\right).\left(y_i - \overline{y}\right)\right)}{\sqrt{\sum_{i=1}^{n}\left(x_i - \overline{x}\right)^2 . \sum_{i=1}^{n}\left(y_i - \overline{y}\right)^2}}$$

A correlação avalia o que ocorre com uma variável quando a outra está variando. Para tal, dados acima e abaixo da média são contabilizados, gerando o produto que vemos no numerador. Cada valor x_i é subtraído da média em x e multiplicado pelo seu valor correspondente y_i subtraído da média em y e, em seguida, somamos tudo isso, dividindo pelos desvios-padrão de x e de y para normalizar. Ah, é bom comentar isto! A correlação fica situada, necessariamente, entre -1 e 1.

Existem vários tipos de correlação, vale a pena mencionar dois:

→ Correlação linear de Pearson (olha ele aqui de novo!): Obtida pela fórmula acima, a partir dos valores das variáveis.
→ Correlação de Posto de Spearman: Calculada a partir da correlação das "ordens" das duas variáveis.

Considere o exemplo a seguir. É um gráfico ilustrativo do número de pé de sapato que várias pessoas calçam e a altura das mesmas pessoas. Adicionamos uma reta com a regressão dos dados pelo método dos mínimos quadrados. É uma hipótese razoável considerar que, de maneira geral, quanto mais alta uma pessoa é, maior o número de sapato que ela calçará. São mais de 400 entradas coletadas por uma pesquisa da Universidade de Indiana (McLaren, 2012).

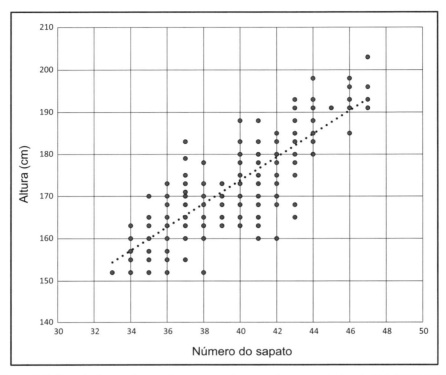

Figura 11.2: Correlação — número do sapato e altura, conforme os dados de McLAREN (2012)

A correlação linear é de 0,859. Note que a correlação de X com Y é igual à de Y com X.

Podemos colocar os valores de X e Y em ordem crescente e determinar os "postos" ou "ordem". O maior será 1 e o menor será 400. Calculamos a correlação da mesma forma que a linear, mas entre os postos, e obtemos o valor de 0,866.

Ficou bastante parecido, não? Será que tem que ser sempre assim? Claro que não! Muitas vezes um outlier (aquele dado que é diferente dos outros) acaba elevando a correlação linear, se ocorrer em um dos extremos. Um conjunto com baixa correlação de pessoas de estatura entre 1,52m e 1,60m com números de sapatos entre 34 e 38 pode melhorar significativamente sua correlação linear se, de repente, agregamos uma pessoa com 2,1 metros de altura e pé 48. Vejamos como.

Analisando a sensibilidade: Identificando fatores relevantes

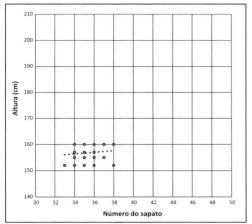 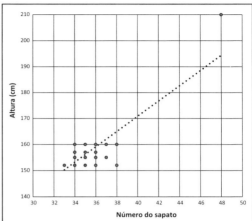

Figura 11.3: Correlação (efeito de outliers)

No caso à esquerda, a correlação linear calculada é de 0,12. Na direita, devido ao outlier, já passa de 0,79. No caso da correlação de posto, o caso à esquerda registra 0,07 e o caso à direita, com o outlier, é de 0,12. Ou seja, o impacto do outlier na correlação de posto é menor do que na linear.

Indo além, o estatístico Francis Anscombe fez um interessante experimento, conforme visto em Anscombe (1973). Ele gerou quatro conjuntos de dados que possuem estatísticas descritivas extremamente similares. Por outro lado, são visualmente muito distintos.

Todos os dados possuem, para a variável x, média 9 e variância 11. Para a variável y, média 7,5 e variância 4,125. A correlação linear entre as variáveis nos quatro casos é de 0,816 e a reta de regressão linear é a mesma, bem como o coeficiente de correlação linear (quadrado da correlação, r^2).

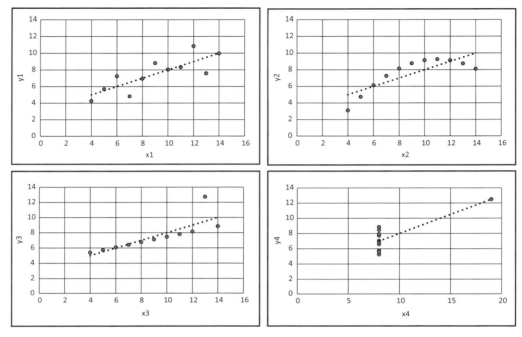

Figura 11.4: Correlação — estudo de Anscombe (1973)

Os formatos são muito diferentes! A primeira curva é, de fato, uma regressão linear de dados que estão em seu entorno. A segunda curva possui um certo amortecimento da variável y quando a variável x aumenta. No terceiro caso, todas as observações estão alinhadas menos uma, que faz com que a regressão se altere substancialmente. O quarto caso é ainda mais extremo: todos os valores de y são iguais, exceto um, que é totalmente responsável pela inclinação da reta.

Conforme Anscombe (1973): "na maior parte das circunstâncias não estamos certos que cada observação é confiável. Se qualquer observação for desacreditada e removida dos dados no caso 1, o restante dos dados contará a mesma história. Isto não é verdade para os dados em 4. Assim, o cálculo da regressão deve ser acompanhado de um aviso dizendo que uma observação teve papel crítico na análise".

Verifiquemos como fica o gráfico de "postos" para os quatro casos apresentados.

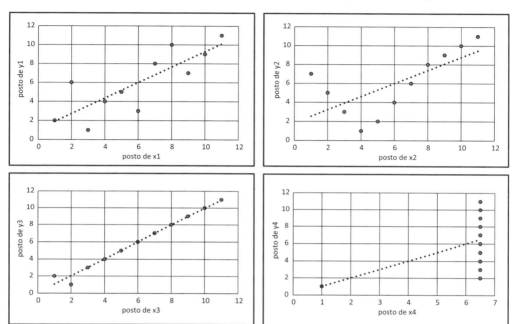

Figura 11.5: Correlação de posto para o estudo de Anscombe (1973)

Conforme definição, quando temos vários casos com o mesmo valor (exemplo 4), o posto que designamos para o conjunto que empatou é a média dos postos que deveriam ocupar. Pondo de forma mais simples, o normal seria termos postos de 1 a 11 em todos os casos. Como temos apenas o posto maior diferente no caso 4, todos os outros 10 pontos assumiram o valor de 6,5, que é a média entre os valores de 2 até 11. A soma 2 + 3 + 4 + 5 + ... + 11 é igual a 65 e, dividida por 10 pontos, chega a uma média de 6,5.

As correlações encontradas foram as seguintes:

Caso	Correlação Linear	Correlação de Posto
1	0,816	0,818
2	0,816	0,691
3	0,816	0,991
4	0,816	0,500

Verificamos nos casos 2 e 4 uma redução da correlação, enquanto o caso 4 mostrou uma queda expressiva e o caso 1 uma manutenção do valor encontrado.

Uma questão importante a colocar é que a correlação não implica, necessariamente, que uma variável seja responsável pela outra. No nosso exemplo, quanto maior o pé de sapato, maior a altura, mas é no mínimo estranho pensar que o fato de uma pessoa ter um pé grande tenha feito ela crescer tanto! A resposta deve ter a ver com questões genéticas e de criação, como altura e saúde dos pais, alimentação e sono durante a infância e adolescência, entre outros. Estes fatores são só exemplos, nosso foco é a análise de risco e não os motivos que levam as pessoas a serem altas ou baixas.

Por outro lado, há correlações que implicam causa. Se no nosso projeto a duração de uma atividade possui correlação elevada com o término do projeto, provavelmente essa atividade está impactando o término. Sabemos neste caso que o término é consequência do término, logo, da duração da atividade. Ou seja, quando essa duração é longa, o projeto tende a se alongar.

Correlações negativas também existem por aí! A relação entre número de horas extras e qualidade do trabalho realizado durante este período tende a ser negativamente correlacionada. A temperatura média e a venda de roupas de inverno também pode ser um exemplo.

E a correlação pode ser nula, quando os dados não possuem nenhuma conexão estatística! Compare o número de crianças em idade escolar e o produto interno bruto do Brasil. Não haverá grandes relações entre estas variáveis!

A correlação é um número que deve ser olhado com alguns cuidados. Como é um indicador estatístico, sempre haverá ligação entre duas séries de dados. Qualquer correlação menor que 10%, por hipótese, deve ser desconsiderada quanto à causalidade. Trata-se de um número calculado entre duas séries, mas que não implica qualquer conexão. Da mesma forma, uma correlação de -2% não quer dizer que a duração maior da atividade de elaboração do relatório mensal implique em uma redução do custo do projeto. São dados espúrios, que devem ser expurgados da análise.

Por outro lado, não podemos avaliar que uma correlação de 12% seja mais significativa que uma de 15%. Não há evidência que suporte esse tipo de referência. Devemos, então, separar as atividades como muito impactantes, pouco impactantes e não impactantes; como ilustrado no gráfico a seguir, que costuma denominar-se Tornado.

Analisando a sensibilidade: Identificando fatores relevantes 189

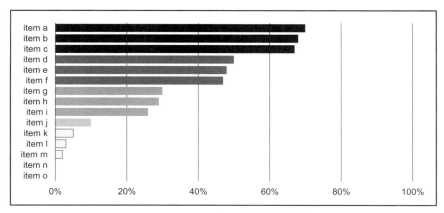

Figura 11.6: Ilustração de gráfico de correlação tipo Tornado

O foco deve ser, sempre, atuar nos fatores mais impactantes e, uma vez concebido um plano de mitigação, realizar uma nova análise. Os números podem ter se alterado!

Voltando ao nosso exemplo, como ficou a correlação das atividades quanto ao prazo total do projeto?

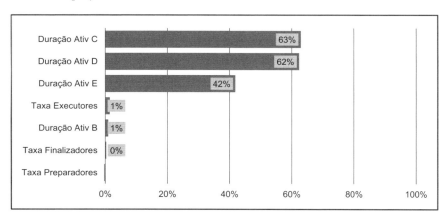

Figura 11.7: Gráfico de Tornado (correlação) para a duração

Verificamos que as principais atividades impactando na duração do projeto são, em primeiro lugar, C e D. Na sequência, em menor grau de impacto (42%), está a atividade E. As demais variáveis do modelo (taxas por hora de trabalho dos funcionários e a duração da atividade B, que quase nunca está no caminho crítico) são desprezíveis.

A correlação nos permite, também, olhar o custo do projeto e verificar quais as variáveis determinantes. Vejamos como fica.

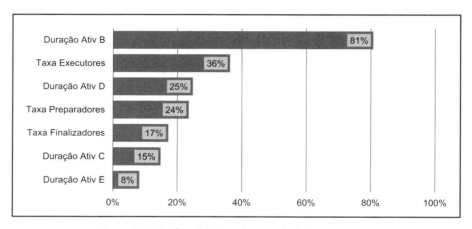

Figura 11.8: Gráfico de Tornado (correlação) para o custo

É interessante analisar que, no caso do custo, as variáveis determinantes são, em primeiro lugar, a duração da atividade B. Como essa atividade possui uma variação grande (entre 2 e 10 dias, mais provável em 5 dias) e nela trabalham preparadores e executores, com taxas horárias de $50/h e $40/h, respectivamente, é de se entender essa relevância. Em segundo lugar, fica a própria variação da taxa dos executores, seguida pela duração da atividade D e a taxa dos preparadores. Depois, vem a taxa dos finalizadores e a duração da atividade C. E em último lugar aparece a duração da atividade E.

Baseado nesses resultados, podemos concluir que não basta focar apenas os fatores que impactam o prazo se nosso objetivo for mitigar também o custo! Cada análise pode oferecer diferentes "ofensores" e, lembrando a dispersão dos dados, devemos recordar que estamos muito mais desconfortáveis em custo do que em prazo, pois só atingimos a meta no custo total em cerca de 33% dos casos.

Desvio-padrão

Um indicador possível de se utilizar é o desvio-padrão da variável de entrada. Quanto maior ele for, maior será o seu potencial de impacto. Mas será que esse é um bom indicador?

Vamos voltar ao projeto e identificar os desvios-padrão das durações das atividades. Considerando que o desvio-padrão da duração do projeto é de 0,97, podemos normalizar os desvios-padrão por essa quantidade, obtendo o quadro abaixo.

Atividade	D.P. Duração	D.P. Normalizado
Atividade B	1,65	1,70
Atividade C	0,62	0,64
Atividade D	0,62	0,64
Atividade E	0,41	0,42

Verifique que a atividade B possui maior desvio-padrão, embora não impacte o prazo; como vimos no item sobre correlação. Por quê será?

Porque estamos medindo o impacto da variação da atividade sem nos perguntar se ela impacta no projeto como um todo.

Esse indicador pode ser aplicado a prazo, mas com relação ao custo fica muito mais difícil, uma vez que os desvios-padrão das taxas estão em outra escala, como visto na tabela abaixo.

Variável	Desvio-padrão
Taxa Preparadores	5,68
Taxa Executores	4,55
Taxa Finalizadores	3,98

Para complementar esta seção, apresentaremos um indicador composto, que reúne dois indicadores anteriormente detalhados.

Indicador de sensibilidade de cronograma: SSI

O SSI é um indicador que combina o índice crítico com o desvio-padrão. Considere que o índice crítico é a probabilidade de que a atividade impacte o projeto. Ora, o desvio-padrão é o impacto que a mesma tem com relação ao desvio-padrão do projeto. Multiplicando os dois, temos uma combinação de probabilidade e impacto, ou seja, exposição ao risco, como fazemos com as matrizes da análise qualitativa.

Trata-se de um indicador interessante para avaliação de riscos, combinando a possibilidade de uma atividade entrar no caminho crítico com o seu impacto. Desta forma, ficarão privilegiados na análise inputs que tenham alta probabilidade e alto potencial de impacto, em uma escala ordenada, como pode ser feito com a correlação.

Em geral, o SSI e a correlação acabam mostrando valores similares. Além disso, ele guarda um sabor adicional: o da decomposição da exposição em probabilidade e impacto. Por outro lado, não faz sentido usar o SSI para avaliar dimensões que não sejam prazo.

Vejamos como fica o resultado para nosso projeto exemplo.

Atividade	D.P. Duração	D.P. Normalizado	SSI
Atividade B	0,74	1,703	1,26%
Atividade C	99,32%	0,644	63,94%
Atividade D	99,32	0,644	63,94%
Atividade E	100,00%	0,421	42,15%

Observa-se que a atividade B perde importância em função de quase nunca estar no caminho crítico, e saltam aos olhos as atividades C e D, seguidas da atividade E, em consonância com o que nos revelou a correlação.

Outros indicadores podem ser utilizados para avaliar sensibilidade, como por exemplo, estabelecer um modelo de regressão linear múltipla entre os vários inputs e cada output.

De uma forma genérica, a correlação parece ser um indicador que compara os impactos entre variáveis e constrói uma relação numérica, que pode ser linear (quando usamos a correlação de Pearson, aquela da regressão linear) ou não linear (quando usamos a correlação de posto ou de Spearman). Sem prejuízo dos outros indicadores, pode ser aplicado tanto para custos quanto para prazos e é adimensional, o que não ocorre com os coeficientes de uma regressão, por exemplo.

Este capítulo em um coffee break

Tão ou mais importante que fazer a simulação e avaliar os resultados é entender quais dados de entrada têm mais impacto no custo ou no prazo do projeto, ou de um marco específico. Chamamos estes indicadores de índices de sensibilidade. Apresentamos alguns indicadores para medir a sensibilidade.

Primeiro, vamos falar sobre o Índice Crítico. Ele mede a frequência de uma determinada atividade no caminho crítico do projeto. Quando fazemos a simulação, o caminho crítico se altera e as atividades se alternarão no caminho crítico.

Sabemos que há uma tendência de nos concentrarmos no caminho crítico, e o índice crítico é um indicador que nos permite enxergar a multiplicidade do caminho crítico do projeto que ocorre na simulação. Obviamente, é um indicador apenas para a dimensão de prazo.

A correlação é um indicador bastante completo, que vem sendo utilizado em duas formas principais. A correlação linear, ou de Pearson, é estimada a partir de uma regressão entre os dois dados e seu cálculo foi demonstrado no capítulo. Já a correlação de posto, ou de Spearman, calcula os índices de correlação entre a posição ordinal dos números das séries, e não seu valor efetivo. Há vantagens e desvantagens no uso dos dois formatos, e ambas foram ilustradas.

Como a correlação é um indicador entre -1 e 1, ela se presta para indicadores em escalas diferentes e tanto para custos quanto para prazos.

O desvio-padrão é um indicador que aponta o quanto a atividade varia, em seu prazo ou custo, e não possui ligação direta com o projeto. Assim, não mede a relação que desejamos aferir, ou seja, o quanto o dado de entrada impacta o dado de saída.

O indicador de sensibilidade de cronograma faz uma composição do caminho crítico e o desvio-padrão, buscando, de certa forma, trazer uma representação quantitativa à severidade na forma de um produto da probabilidade de ocorrência (caminho crítico) e impacto (desvio-padrão). É um indicador que se destina apenas a medir impactos de prazo.

Há diversos indicadores, e eles podem ser utilizados em conjunto ou individualmente. O importante é saber qual o propósito e a limitação de cada um. Espero que, lendo este capítulo, você tenha conseguido compreender um pouco mais sobre os indicadores e a sensibilidade, pois ela é a chave para saber que rumo tomar para conter a incerteza e a variabilidade no projeto, e propor o plano de mitigação e o cenário de resposta correto. Mas isso é assunto para o próximo capítulo!

Referências

ANSCOMBE, F. J. Graphs in Statistical Analysis, The American Statistician, v. 27 no. 1, p. 17–21. (1973).

MCLAREN, C. Using the Height and Shoe Size Data to Introduce Correlation and Regression. Journal of Statistics Education (ISSN 1069–1898), v. 20, n. 3 (2012).

Desenvolvendo cenários de resposta

O grande objetivo da análise de risco é auxiliar o gerenciamento de projetos a cumprir suas metas. Esse deve ser o objetivo de todas as áreas de conhecimento e do gerenciamento de projeto em si.

Por meio da combinação da análise de risco qualitativa e quantitativa, pode-se verificar quais são os principais riscos e seus impactos nos resultados pretendidos pelo projeto. Assim, caso sejam definidas ações para lidar com os riscos, são incorridos custos e atividades dentro do projeto no sentido de aplacar o impacto de ameaças ou viabilizar a concretização de oportunidades.

Quando estas ações são combinadas em um ou mais conjuntos de atividades formalizadas em um plano, são desenvolvidos os chamados cenários de resposta, também conhecidos como cenários pré-mitigados, que podem ser avaliados através da mesma metodologia de simulação aqui apresentada, gerando (espera-se!) melhores indicadores de prazo, custo ou qualquer outra dimensão que se queira avaliar quantitativamente.

É importante ressaltar que as ações utilizam recursos, consomem tempo e podem gerar gastos adicionais consideráveis para o projeto. Se a implementação destas ações gera benefício superior ao custo, no entanto, pode ser uma excelente ideia pô-las em prática.

Essas ações, obviamente, poderão impactar quantitativamente de diversas formas: reduzindo a dispersão das distribuições de incerteza quando, por exemplo, adiantamos uma contratação; firmando o preço e o prazo de algo que guarda em si uma incerteza; reduzindo a probabilidade de um impacto; ou atenuando seu impacto.

Introduzindo eventos de risco: Projeto-teste

Vamos supor que o projeto-teste, aquele que trabalhamos anteriormente, tenha sido reavaliado e novos riscos foram aplicados a ele.

Foi detectado um risco adicional de que ocorra uma falha na montagem de um equipamento realizada na atividade D. Essa falha, que possui uma probabilidade baixa (25%) de ocorrer, gerará um impacto de 15 dias no prazo do projeto, sendo que o reparo será realizado pelas mesmas pessoas envolvidas na atividade (Executores e Finalizadores) que seguirão apontando suas horas e gerando custos.

Por outro lado, pode ocorrer uma mudança no início do projeto, se a plataforma definida para a programação se mostrar inadequada. A possibilidade desse risco é média (40%), mas a sua consequência é utilizar uma plataforma alternativa, com um custo estimado de $10.000 em licenças não previstas. Esse risco, se ocorrer, se apresentará ao final da atividade A.

O terceiro risco identificado é um atraso na implementação no cliente, devido a problemas de licenciamento com as autoridades competentes. Embora essa atividade esteja fora do escopo, o contrato especifica que o projeto só se encerra com a produção dos primeiros itens. A probabilidade desse risco é muito baixa (10%), mas seu impacto é um atraso entre 20 e 50 dias, com valor mais provável em 30 dias.

Podemos resumir os riscos na tabela abaixo:

Risco	Probabilidade	Quando?	Impacto	
			Prazo	Custo
Montagem de equipamento	25%	Durante atividade D	15 dias	HH adicional
Plataforma inadequada	40%	Após atividade A	-	10.000
Licenciamento atrasado	10%	Após atividade E	20 a 50 dias	-

A simulação do prazo do projeto apresentará o seguinte perfil.

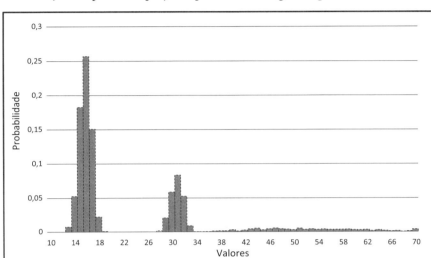

Figura 12.1: Curva de distribuição com eventos (prazo)

Verifica-se a presença de valores superiores a 26 dias. O máximo valor registrado no caso base foi de cerca de 18 dias. Naturalmente, os riscos são os responsáveis por esta alteração. A probabilidade de se obter um valor maior que 26 dias de duração é de 32,6% neste caso.

Em termos de ocorrência dos riscos, sabemos que dois impactam no prazo: a montagem de equipamento e o licenciamento atrasado. Assim, podem ocorrer quatro situações distintas com relação à realização dos riscos:

- Nenhum dos riscos ocorre
- Apenas o risco de montagem ocorre
- Apenas o risco de licenciamento ocorre e
- Os dois riscos ocorrem

Vamos analisar, agora, a probabilidade de ocorrência desses riscos.

Riscos que ocorrem	P(montagem)	P(licenciamento)	P(total)
Nenhum	75%	90%	67,5%
Risco Montagem apenas	25%	90%	22,5%
Risco Licenciamento apenas	75%	10%	7,5%
Montagem e Licenciamento	25%	10%	2,5%

Na tabela, temos as probabilidades com relação à montagem, ao licenciamento e à probabilidade combinada que avalia a ocorrência dos eventos de montagem e licenciamento de forma combinada. Em probabilidade, estamos multiplicando as probabilidades de cada evento para ter este conjunto.

Exemplificando: a probabilidade de ocorrer o risco de montagem é de 25%. Logo, a probabilidade de que ele não aconteça é de 75%. Analogamente, a probabilidade de ocorrência do risco de licenciamento é de 10% e a de que ele não ocorra é de 90%. Para que nenhum dos riscos aconteça (primeira linha da tabela acima) temos que combinar 75% da não ocorrência da montagem com 90% da não ocorrência do licenciamento. O produto dá os 67,5% da última coluna da tabela. Fazendo as contas nas outras linhas, obteremos os valores registrados. Assim, temos 67,5% de chance de que nada de ruim aconteça, e ficaremos com valores tais quais os registrados para nosso caso base. Com 22,5% de chance, ocorrerá apenas o risco de montagem, e em 7,5% das oportunidades, apenas o risco de licenciamento. Nos 2,5% restantes é que mora o grande perigo da realização simultânea dos dois riscos.

Esta tabela explica o gráfico. Mostraremos agora a distribuição acumulada, inserindo também o caso original e destacando o valor determinístico calculado. Veja só!

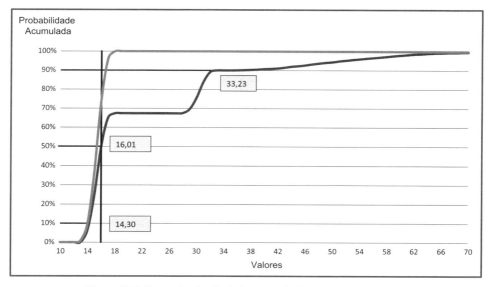

Figura 12.2: Curva de distribuição acumulada com eventos (prazo)

Os valores destacados são referentes ao caso incluindo os eventos de riscos. Vejamos as estatísticas dos dois casos lado a lado.

Estatística	Eventos de Riscos	Caso Base
Média	22,41	15,34
Desvio-padrão	12,04	0,97
P10	14,30	14,05
P50	16,01	15,36
P90	33,23	16,58
P(x < 16)	50%	74%

Verifica-se a diferença marcada entre os casos mais nos valores extremos (P90) e em estatísticas que os considerem (média e desvio-padrão) do que nos registros de P10 e P50. Nesse caso, a probabilidade de perder a data é de 50%.

Com certeza, o caso considerando eventos de riscos apresenta dispersão mais elevada e, se possível, deverá ser mitigado. Para fazer uma análise completa, no entanto, vale a pena avaliar o gráfico de Tornado. Aqui optamos por utilizar a correlação de posto.

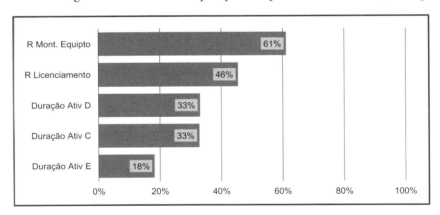

Figura 12.3: Gráfico de Tornado (correlação) para o prazo

Observa-se que são determinantes para o preço os riscos de montagem de equipamento e o licenciamento, nesta ordem. Na sequência, a duração das atividades D e C. Por fim, em um patamar um pouco inferior, a duração da atividade E. Essas atividades devem ser nossa prioridade na ação contra os impactos adversos no projeto. Para que nossas ações sejam mais efetivas, no entanto, vamos olhar a outra dimensão do projeto: o custo.

A simulação — incorporados os eventos de risco — apresenta o resultado abaixo.

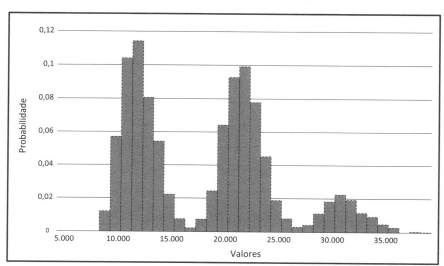

Figura 12.4: Curva de distribuição com eventos (custo)

Novamente temos uma presença de "saltos" no histograma apresentado. A probabilidade de se manter dentro do orçamento previsto é de 16% apenas. A área que vai além do primeiro triângulo engloba aproximadamente 54% de todos os resultados calculados. Vamos fazer aqui novamente o raciocínio para os eventos que fizemos para o prazo. Sabemos que dois riscos impactam no custo: a montagem de equipamento e a mudança de plataforma. Assim, podem ocorrer quatro situações distintas com relação à realização dos riscos:

→ Nenhum dos riscos ocorre
→ Apenas o risco de montagem ocorre
→ Apenas o risco de mudança de plataforma ocorre e
→ Os dois riscos ocorrem

Vamos verificar, agora, a probabilidade de ocorrência destes riscos.

Riscos que ocorrem	P(montagem)	P(plataforma)	P(total)
Nenhum	75%	60%	45%
Risco Montagem apenas	25%	60%	10%
Risco Plataforma apenas	75%	40%	30%
Montagem e Plataforma	25%	40%	10%

Na tabela, temos as probabilidades com relação à montagem, ao licenciamento e à probabilidade combinada, que avalia a ocorrência dos eventos de montagem e licenciamento de forma combinada. Em probabilidade, estamos multiplicando as probabilidades de cada evento para ter este conjunto.

Exemplificando: a probabilidade de dar-se o risco de montagem é de 25%. Logo, a probabilidade de que ele não ocorra é de 75%. Analogamente, a probabilidade de ocorrência do risco de mudança de plataforma é de 40% e a probabilidade de que ele não ocorra é de 60%. Para que nenhum dos riscos aconteça (primeira linha da tabela acima) temos que combinar 75% da não ocorrência da montagem com 60% da não ocorrência da mudança de plataforma. O produto dá os 45% da última coluna da tabela. Fazendo as contas nas outras linhas, obteremos os valores registrados. Assim, temos 45% de chance de que nada de ruim ocorra, e ficaremos com valores tais quais os registrados para nosso caso base. Com 15% de chance, sucederá apenas o risco de montagem, e em 30% das oportunidades, apenas o risco de mudança de plataforma. Nos 10% restantes teremos a ocorrência dos dois riscos, gerando impactos mais extremos.

Assim, como no prazo, mostraremos a distribuição acumulada, o caso base e a distribuição considerando eventos de risco.

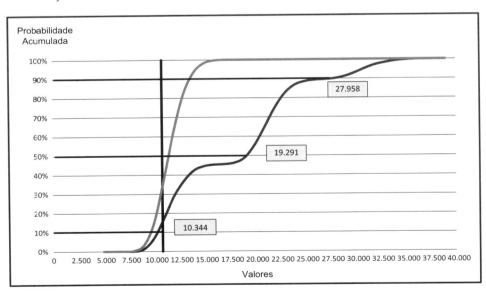

Figura 12.5: Curva de distribuição acumulada com eventos (custo)

Comparemos as estatísticas dos dois casos:

Estatística	Eventos de Riscos	Caso Base
Média	17,922	11,564
Desvio-padrão	6,642	1,532
P10	10,344	9,650
P50	19,291	11,473
P90	27,958	13,603
P(x < 16)	16%	34%

Podemos verificar um aumento de mais de $6.000 na média, elevando-a cerca de 50% do valor original. O desvio-padrão foi multiplicado por 4 e os incrementos em P50 e, principalmente, em P90 são muito elevados.

Vejamos como fica o gráfico de Tornado, novamente empregando com indicador a correlação de posto.

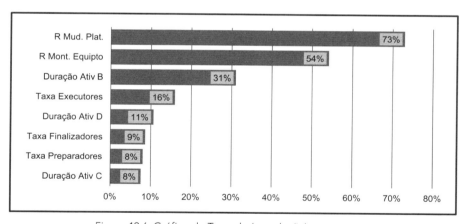

Figura 12.6: Gráfico de Tornado (correlação) para o custo

Assim como no prazo, os eventos são determinantes. Em primeiro lugar, a mudança de plataforma, seguida pela montagem de equipamento. Na sequência, a duração da atividade B e a taxa horária dos executores; recurso mais caro do projeto. Em conclusão, temos a duração da atividade D, as demais taxas de custo horário (finalizadores e preparadores) e a duração da atividade C.

Vejamos como fica aquela visão conjunta de prazo e custo em um gráfico só.

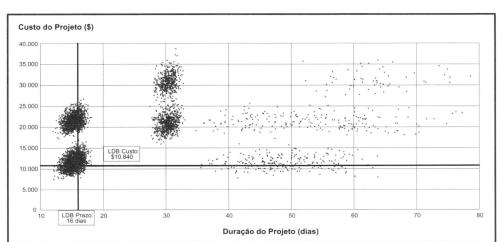

Figura 12.7: Distribuição conjunta do prazo e do custo do projeto com eventos de risco

Podemos verificar a presença de várias nuvens de pontos concentradas. A que está mais próxima à origem, na parte inferior esquerda do gráfico representa o caso base. As demais representam os casos que ocorrem quando os eventos de risco acontecem.

Ampliando a tabela de ocorrência dos riscos para os três riscos e as duas dimensões, teremos a seguinte situação:

Riscos que ocorrem	Mont	Licenc	Plataf	P(total)
Nenhum	75%	90%	60%	40,5%
Montagem	**25%**	90%	60%	13,5%
Licenciamento	75%	**10%**	60%	4,5%
Plataforma	75%	90%	**40%**	27,0%
Mont+Lic	**25%**	**10%**	60%	1,5%
Mont+Plat	**25%**	90%	**40%**	9,0%
Lic+Plat	75%	**10%**	**40%**	3,0%
Mont+Lic+Plat	**25%**	**10%**	**40%**	1,00%

Fazendo uma correspondência entre os riscos e o gráfico, temos a ilustração a seguir.

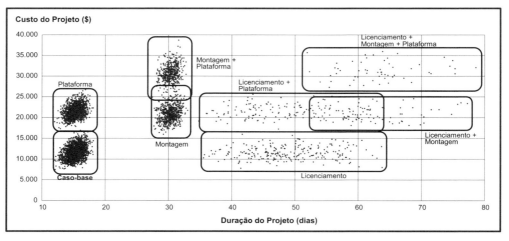

Figura 12.8: Distribuição conjunta do prazo e do custo do projeto com eventos de risco identificando os riscos e respectivas regiões

Verifica-se que cada região do gráfico corresponde à ocorrência de um ou mais riscos. O caso base, que concentra 40% das ocorrências, roda em torno das linhas de base do projeto. O risco da plataforma inadequada afeta apenas o custo. O risco do licenciamento, por outro lado, impacta apenas o prazo. O terceiro risco, de montagem, impacta os dois fatores. Obviamente, a pior situação acontece quando os três riscos ocorrem simultaneamente, o que só acontece 1% das oportunidades.

Desenvolvendo respostas aos riscos: Projeto-teste

Consideremos que, de posse das informações levantadas no item anterior, chegamos a algumas conclusões com relação aos riscos. Para tentar comunicar o grau de impacto de cada variável relevante do nosso modelo para a direção de empresa, optou-se por uma tabela em que os fatores foram ordenados conforme seu impacto, considerando as atividades com correlação similar em um mesmo nível de impacto.

Reproduzimos uma tabela assim a seguir, com a ordenação e a correlação; esta última como dado acessório.

Risco/Incerteza	Prazo	Custo	Correl Prazo	Correl Custo
Risco Montagem Equipto	1	%	61%	405%
Risco Mudança Plataforma		1		73%
Risco Licenciamento	2	2	46%	54%
Duração Ativ D	3	5	33%	11%
Duração Ativ C	3	5	33%	8%
Duração Ativ B		3		31%
Duração Ativ E	4		18%	
Taxa Executores		4		16%
Taxa Finalizadores		5		0%
Taxa Preparadores		5		8%

Reparemos que, olhando apenas para as três primeiras colunas, conseguimos ter uma boa ideia de onde priorizar nossos esforços. Nos parece mais adequado focar inicialmente os eventos de risco, que causam impactos bastante elevados nos objetivos do projeto. Em seguida, reduzir as incertezas nas durações das atividades D e C parece ser o mais correto. E seguimos a tabela.

Precisamos, neste momento, determinar quais ações podem ser tomadas e registrar qual o seu custo efetivo para o projeto, tanto em tempo quanto em prazo. Essas alterações serão agregadas à linha de base do projeto, constituindo uma nova referência, e irão provavelmente melhorar o perfil probabilístico do projeto. Sem mais delongas, vamos às ações!

Para eliminar o risco de montagem de equipamento, será adicionada uma atividade denominada preparação e ajustes para montagem do equipamento, que consiste basicamente em limpar a área e avaliar os ajustes necessários para efetivar a montagem. Ela será feita na sequência da atividade A, durará 6 dias e será necessária uma equipe externa. O custo do trabalho está estimado em $1.000. Com esta ação, o risco não poderá mais ocorrer.

Para o risco de a plataforma de programação se mostrar inadequada, identificou-se que é possível comprar uma licença para a utilização de uma linguagem de programação alternativa de forma antecipada. Esta aquisição, feita com a empresa com a qual a nossa companhia é afiliada, custará $400. No entanto, ainda há o risco residual de inadequação, que cairá substancialmente para 5%, mantendo-se um impacto em custo de $10.000.

Com relação ao terceiro risco, de licenciamento, optou-se por adicionar durante todo o projeto uma atividade de monitoramento da situação e aceleração dos trâmites, expedindo documentos o mais rápido possível e respondendo prontamente a quaisquer questionamentos dos órgãos licenciadores. Com isso, foi contratada uma equipe a um custo total de $600. Para o risco residual, a probabilidade foi estimada em 1%, com impacto de atraso de 1 a 10 dias, com valor mais provável em 3 dias.

Podemos verificar que estas atividades têm impacto no planejamento do projeto. Adicionar uma atividade após a atividade A com 6 dias fará com que o projeto todo atrase em 2 dias. É uma importante lição da mitigação de riscos: dificilmente teremos redução significativa de probabilidade e impacto sem investirmos prazo ou custo.

Pelo lado do custo, a nossa linha de base hoje prevê $10.840. Considerando as mudanças empreendidas nos riscos, temos $1.000 referentes à preparação de montagem, $400 para comprar a licença alternativa e $600 para a equipe de standby que resolverá as questões ambientais, $2.000 para serem adicionadas à nossa linha de base, totalizando, então, $12.840 como nova referência.

Vamos modelar estes casos e verificar se as medidas podem ser, de fato, efetivas e reduzir esta dispersão elevada que se mostrou nos casos anteriores.

Vejamos o comportamento do prazo do projeto.

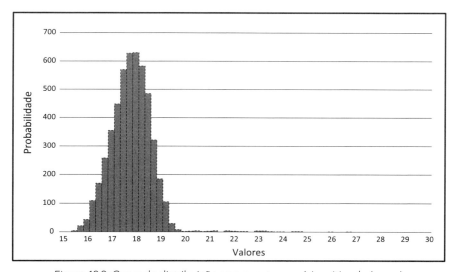

Figura 12.9: Curva de distribuição com eventos cenário mitigado (prazo)

Observamos que há uma concentração de valores entre 15 e 20 dias. Obviamente há ainda um registro de valores superiores a 20 dias, representando a ocorrência do risco residual de licenciamento atrasado.

Podemos, agora, visualizar a distribuição acumulada. Vamos inserir aqui, também, o valor original do caso base, a distribuição com incertezas, a distribuição com incertezas e eventos e a nova linha de base.

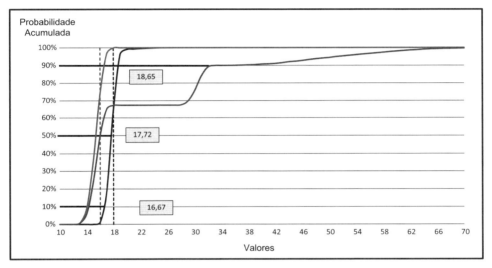

Figura 12.10: Curva de distribuição acumulada com eventos — prazo comparando caso base, com eventos de risco e mitigado

A linha de base do projeto avançou 2 dias e, com isso, o comportamento do prazo gira em torno desses 18 dias. Há um aumento nos percentis notáveis até P65. Acima disso, no entanto, quando os eventos de risco começam a penalizar bastante o prazo, há uma redução significativa, diminuindo a expectativa de P90 de 33 dias para menos de 19 dias.

Analisemos na tabela abaixo um sumário dos casos.

Estatística	Mitigado	Eventos de Riscos	Caso Base
Média	17,71	22,41	15,34
Desvio-padrão	0,87	12,04	0,97
P10	16,67	14,30	14,05
P50	17,72	16,01	15,36
P90	18,65	33,23	16,58
P(x < 16)	1%	50%	74%
P(x < 18)	64%	67%	100%

Verifica-se, com relação ao caso que incorporou eventos de risco, uma redução de 5 dias na média, e uma grande diminuição no valor de P90, como já previamente comentado. Podemos plotar a informação disponível em um gráfico para visualizar melhor a comparação entre os casos.

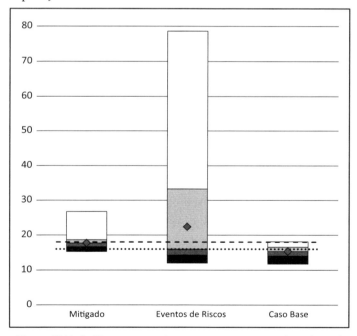

Figura 12.11: Gráfico comparativo com os percentis notáveis (prazo)

No gráfico da Figura 12.11, vemos para os três casos simulados nas páginas anteriores a dimensão prazo. Os losangos representam as médias. As linhas horizontais demonstra os valores da linha de base original e da linha de base alterada. A base de cada retângulo é o valor mínimo registrado. A primeira mudança de cor é o patamar em que ocorre o P10. A segunda é o P50 e a terceira é o P90. Por fim, o topo do retângulo é o valor máximo registrado. Podemos ver na prática a efetividade da redução de risco de prazo.

Por fim, vamos analisar novamente a correlação do prazo com os vários dados de entrada.

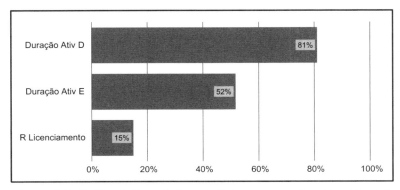

Figura 12.12: Gráfico de Tornado (correlação) para o prazo (cenário mitigado)

Comprova-se que as atividades D e E devem ser o foco da atenção para a redução da variabilidade do projeto, com foco central na D. O Risco do Licenciamento ainda possui certa influência nos valores elevados e, mesmo se utilizando a correlação de posto, aparece com certo impacto no gráfico.

Agora, vejamos como vai nossa avaliação para a dimensão custo. Como fica a distribuição dos custos do nosso cenário mitigado? A Figura 12.13 ilustra.

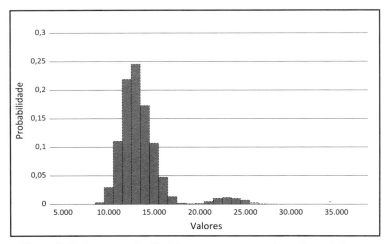

Figura 12.13: Curva de distribuição com eventos cenário mitigado (custo)

Temos uma concentração expressiva de valores entre 10.000 e 19.000. Há valores superiores, que são função da ocorrência do risco referente à plataforma de programação que, devido à mitigação, tem agora probabilidade de ocorrência limitada em 5%.

Em termos de comparação, podemos visualizar pela distribuição acumulada. Da mesma forma que para o prazo, exibiremos o valor original do caso base, a distribuição com incertezas, a distribuição com incertezas e eventos e a nova linha de base.

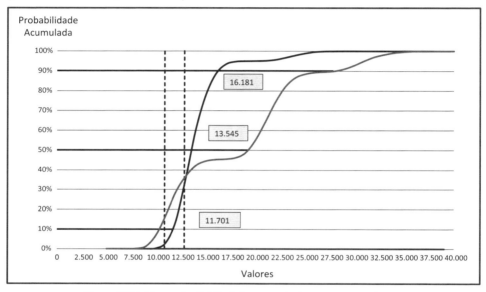

Figura 12.14: Curva de distribuição acumulada com eventos (custo comparando caso base com eventos de risco e mitigado)

A linha de base nova representa um aumento de $2.000 no custo, referente exatamente às medidas para mitigação dos riscos do projeto. Podemos enxergar claramente como a curva mais escura consegue melhor controle sobre a variação dos custos do que o cenário pré-mitigação, em que os riscos ocorrem sem tentativas deliberadas de controle.

Na tabela abaixo, podemos comparar os diferentes casos com relação às estatísticas principais de resultados.

Estatística	Mitigado	Eventos de Riscos	Caso Base
Média	14.064	17.922	11.564
Desvio-padrão	2.689	6.642	1.532
P10	11.701	10.344	9.650

P50	13.545	19.291	11.473
P90	16.181	27.958	13.603
P(x < 16)	2%	16%	34%
P(x < 18)	32%	36%	80%

Observa-se que o impacto da mitigação dos riscos se dá de forma mais extrema que o prazo. Repare que a mediana (P50) do caso mitigado é melhor (inferior) ao dos eventos de risco. Apesar da probabilidade de ficar dentro da meta (novo valor base de $12.840) seja bastante similar, a exposição em termos do P90 compreende um gasto adicional a partir desta base de 16.181 − 12.840 = $3.341 para o caso com mitigação. No caso em que os controles de risco não estão definidos, a diferença é de 27.958 − 12.840 = $15.118, mais de quatro vezes superior ao número calculado para o cenário com mitigação.

Façamos uso do gráfico ilustrativo tipo boxplot empregado para o prazo anteriormente.

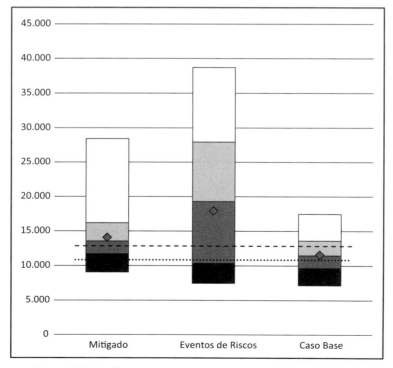

Figura 12.15: Gráfico comparativo com os percentis notáveis (custo)

Confirma-se, novamente, a grande diferença entre o caso mitigado e o sem mitigação. Veremos os fatores que mais impactam o custo do projeto neste cenário, empregando novamente a correlação de posto como indicador.

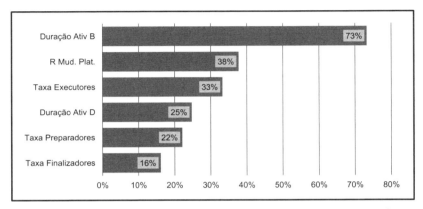

Figura 12.16: Gráfico de Tornado (correlação) para o custo (cenário mitigado)

Podemos observar que o fator de maior impacto é a duração da atividade B, que já era o fator dominante no caso base. Em sequência aparece o risco de mudança de plataforma, seguido da taxa de executores, da duração da atividade D e das taxas de preparadores e finalizadores. Excluindo-se o evento de risco, esta é a exata ordem encontrada no caso base. Ou seja, eliminados os fatores externos, voltamos para algo similar ao previsto inicialmente.

Verifiquemos como ficará nossa dispersão conjunta de prazo e custo neste cenário mitigado.

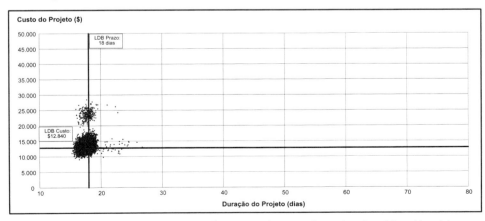

Figura 12.17: Distribuição conjunta do prazo e do custo do projeto (cenário mitigado)

O gráfico está propositadamente na mesma escala empregada para o cenário antes das mitigações, de forma que fica visualmente fácil comparar esse resultado mitigado com o anterior, que reproduzimos abaixo.

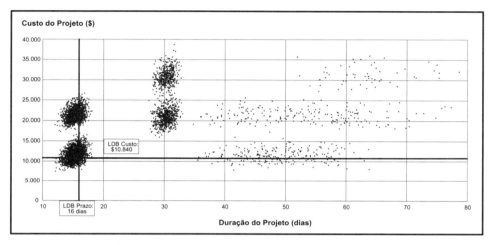

Figura 12.18: Distribuição conjunta do prazo e do custo do projeto (cenário não mitigado)

Ainda temos a presença de "nuvens" de dados na dispersão e dois riscos que podem ocorrer no projeto, plataforma e licenciamento. Vamos reproduzir a tabela com a probabilidade de ocorrência desses riscos conjuntamente, como fizemos anteriormente para o cenário antes da mitigação.

Riscos que ocorrem	Licenc	Plataf	P(total)
Nenhum	99%	95%	94,1%
Licenciamento	1%	95%	1,0%
Plataforma	99%	5%	5,0%
Lic+Plat	1%	5%	0,1%

Verifica-se que o cenário sem riscos ocorrerá com probabilidade de 94%. Os outros riscos acontecerão apenas excepcionalmente, com uma maior incidência do risco de plataforma. Para a análise conjunta, vamos alterar a escala do gráfico.

214 Gerenciamento de Risco em Projetos

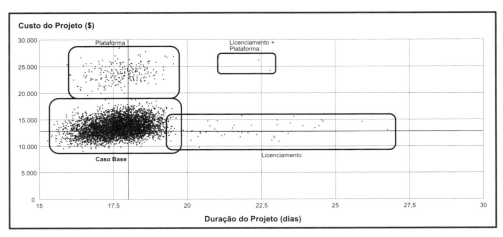

Figura 12.19: Distribuição conjunta do prazo e do custo do projeto (cenário mitigado — com eventos de risco identificando os riscos e respectivas regiões)

Percebemos que as nuvens geram uma figura muito mais concentrada do que a original. A mitigação cobrou um preço de dois dias e $2.000, cerca de 15% do prazo original e 20% do custo original do projeto, para prevenir valores extremos e conseguir tornar a execução do projeto o menos custoso possível.

A análise de resultados e sensibilidade se encerraria neste momento. Cabe ao gestor do projeto desenvolver uma forma de, a partir dos dados apresentados, fazer uma solicitação de mudanças no projeto incorporando as ações de mitigação e mostrando seus potenciais benefícios. É importante ressaltar que as atividades de mitigação são parte integrante do projeto, possuem custo e prazo e podem ser bem-sucedidas ou não. Se aprovada a alteração, acompanhar os planos de resposta é essencial para a gestão.

Como visto, a mitigação de riscos foi instrumental na redução da dispersão tanto em prazo quanto em custo. Trabalhar apenas com as incertezas é fechar os olhos para os "soluços" gerados pelos riscos, que acabam sendo os eventos que podem gerar grandes distorções no projeto "de uma vez só". Na presença desses riscos, avaliando-se tanto os histogramas quanto as correlações calculadas, vemos como é importante tratar os riscos e, na sequência, conseguir avaliar comparativamente os ganhos obtidos.

Ficou patente, também, que mitigar riscos cobra seu preço, tanto em custo quanto em prazo e, assim, acabamos desenhando um novo cenário base; com mais custo e mais prazo em comparação ao cenário original. O ganho do cenário mitigado cos-

Desenvolvendo cenários de resposta   215

tuma aparecer nos percentis mais elevados, nos quais ocorrem as maiores mitigações. Em geral, são esses altos percentis que acionam o gatilho de percepção exagerada de risco dos tomadores de decisão e podem distorcer a atratividade das oportunidades.

Este capítulo em um coffee break

Neste capítulo, partindo do exemplo anteriormente desenvolvido nos Capítulos 10 e 11, introduzimos eventos de risco às incertezas de estimativas definidas, verificando a estratificação que ocorre quando temos um ou mais eventos impactando o prazo e o custo do projeto.

Vimos também como os eventos podem impactar prazo, custo ou as duas dimensões simultaneamente. Esta é uma das razões pelas quais é interessante empregarmos um padrão de indicador de sensibilidade, no caso a correlação, que nos permite enxergar na mesma escala impactos de prazo e custo.

Avaliamos as dispersões conjuntas de prazo e custo e como podemos ver impactos substantivos nos percentis mais elevados do projeto. Também verificamos como é visualmente perceptível as chamadas "regiões dos riscos", onde estão ocorrendo um ou mais eventos de risco.

Em seguida, apresentamos as respostas aos riscos. São ações que visam reduzir o impacto em prazo e/ou custo dos eventos, diminuindo a probabilidade ou o impacto decorrente da ocorrência dos riscos. Como ponto importante, atestamos que a redução da incerteza cobra o seu preço, e precisamos investir mais que o previsto no caso base de forma a mitigar eventos que podem gerar resultados catastróficos. Ora, o mesmo acontece conosco no dia a dia, fazendo seguros de automóveis mesmo sabendo que a probabilidade de precisar deles pode ser bastante reduzida.

O preço da tranquilidade para a tomada de decisão mais consciente recai um pouco na eliminação destes cenários extremos, por meio de planos de ação, custos (e prazos) adicionais. Faz parte do jogo da gestão de riscos e de projetos buscar limitar as perdas elevadas, ainda que remotas sejam as chances que elas ocorram.

Seção 5 — Revisando e fechando o ciclo — Exemplos e estudos de caso

O objetivo desta seção é trazer exemplos para que possamos fixar ainda melhor o conteúdo disposto nos capítulos anteriores. Depois de alguma reflexão, decidi trazer dois casos. Um extremamente simples e outro um pouco mais complicado.

O projeto simples que trouxe é aquele que sempre é exemplo nos cursos de gestão quantitativa de riscos e em artigos sobre o assunto: quanto tempo levamos de casa até o trabalho, também apelidados carinhosamente nas minhas turmas de "papai e mamãe estão sempre atrasados". A beleza deste exemplo está no fato de que, acompanhando este livro há um material didático no qual incluímos uma planilha Excel, a partir da qual você pode comandar a sua própria simulação. Com o auxílio dos dados que colocaremos, você poderá criar a sua situação e utilizar uma distribuição triangular, beta, normal ou uniforme para avaliar cada atividade e analisar a dispersão encontrada, os percentis notáveis, os principais fatores impactantes, e por aí vai. Acho que você poderá fixar muita coisa sobre estatística descritiva e análise de resultados, sensibilidades e até se divertir um bocado!

O segundo projeto que veremos é um pouco mais complexo. Trata-se daquele que desenvolvemos na seção sobre cronograma de risco e que aqui será trazido para análise probabilística. No entanto, iremos um pouco além e faremos uma conexão do cronograma do projeto com a análise econômica financeira, fazendo assim uma avaliação conjunta e demonstrando um pouco mais o potencial da análise de riscos, para além do prazo e custo. Com essa análise o nosso objetivo final será entender os impactos possíveis no Valor Presente Líquido (VPL) descontado resultante da implantação e operação de uma planta de processo.

Estudo de caso

De casa para o trabalho

Este exercício tem como principal ideia fazer uma modelagem simples de uma situação cotidiana de quase todos nós. Um hit absoluto nas aulas de gerenciamento de projetos e riscos devido a esta empatia imediata. Trata-se da rotina de um profissional qualquer desde o momento que acorda até chegar ao trabalho.

Digamos que João é um profissional de gerenciamento de projetos (por quê não?) e tem um daqueles empregos que fazem reuniões de kickoff diários logo no início da manhã. O sócio titular da empresa é fã de métodos ágeis e resolve adotar este procedimento como padrão. As reuniões têm acontecido sempre às 8h30 e, assim, seria bom que João estivesse sempre ou quase sempre no escritório nessa hora, mas ele tem se atrasado. E o problema é que, em uma reunião participativa e animada como essa, de manhã cedo, atrasar cinco ou vinte minutos tem o mesmo resultado prático. Chegar por último, fazer a ata e deixar transparecer uma falta de preparo. João começou a ficar receoso com isso e achou melhor fazer uso de suas competências para analisar o porquê de tanto atraso.

Ele pensou e registrou, então, as atividades que precisa fazer todo dia até chegar no trabalho. São elas:

- → Acordar e fazer a higiene pessoal
- → Acordar seus filhos
- → Preparar o material para o trabalho
- → Aguardar os filhos estarem prontos
- → Tomar café com os filhos
- → Dirigir até a escola dos filhos
- → Dirigir até o trabalho
- → Estacionar e chegar até a sala de reunião

Baseando-se neste conjunto de informações, o próximo passo seria montar um cronograma.

A atividade "aguardar os filhos estarem prontos", na verdade, depende de duas tarefas:

- Filho: Arrumar-se para a escola
- Filha: Arrumar-se para a escola

Foram detectados dois eventos que podem gerar atrasos adicionais no projeto:

- Pode ser necessário preparar o almoço das crianças, se o mesmo não tiver sido preparado na véspera, impactando o prazo em cerca de 15 minutos.
- Pode haver um acidente no caminho da escola ou do trabalho, gerando um aumento no trajeto em aproximadamente 20 minutos.

A partir dessa informação, foi elaborado um cronograma base, conforme o definido abaixo.

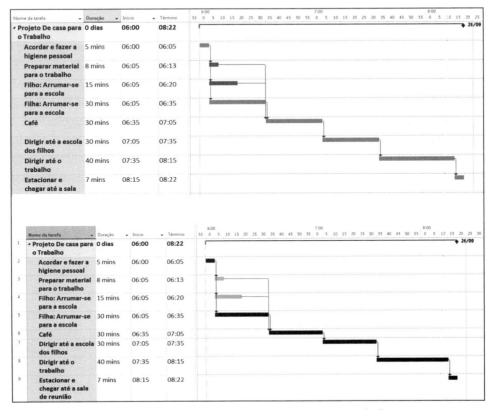

Figura 13.1: Cronograma do projeto de casa para o trabalho

Estudo de caso   221

O cronograma estático está pronto. Em um dia padrão, o projeto dura 142 minutos e se encerra às 8h22, com João chegando em tempo para sua reunião. E como podemos saber quem mais impacta? Observamos que o caminho crítico passa pelas atividades destacadas na Figura 13.1: *Acordar e fazer higiene pessoal; Filha: Arrumar--se para a escola; Café; Dirigir até a escola; Dirigir até o trabalho e Estacionar e chegar até a sala*, mas isso não nos diz muito. João se organizou e durante dois meses registrou as durações das atividades, dia a dia. Com essa base (e com o auxílio luxuoso de um amigo que conhece um pouquinho desta coisa chamada simulação) estimou os valores mínimo, mais provável e máximo e definiu quais distribuições seriam triangulares ou Pert.

Os dados, sempre representados em números, ficaram tabulados da seguinte forma:

	Min	MP	Max	Tipo
Acordar e fazer a higiene pessoal	4	5	10	triang
Preparar o material para o trabalho	4	8	10	pert
Filho: Arrumar-se para a escola	10	15	25	pert
Filha: Arrumar-se para a escola	20	30	35	pert
Café	20	30	40	pert
Dirigir até a escola dos filhos	20	30	40	triang
Dirigir até o trabalho	25	40	50	pert
Estacionar e chegar até a sala de reunião	5	7	12	pert

Com relação aos eventos de riscos, considerou-se que a probabilidade de ocorrência do primeiro evento é alta, em torno de 50%. Já o segundo evento possui 10% de probabilidade de ocorrência em "cada perna", sendo que não se observa ocorrência de acidentes nos dois trechos em um mesmo dia. Na prática, podemos inserir um risco de 20% de probabilidade, com impacto similar.

222 Gerenciamento de Risco em Projetos

Os impactos dos riscos também foram tabulados conforme a tabela abaixo.

	Probabilidade de ocorrência	Min	MP	Max	Tipo
Risco: Almoço para as crianças	20%	15	20	25	triang
Risco: Trânsito lento no caminho	20%	30	35	40	pert

Foi realizada uma simulação em uma planilha que basicamente modela distribuições Triangulares e Pert, contendo um grupo de números aleatórios predefinidos, que irão compor as distribuições e eventos de risco conforme modelado.

Esta modelagem não substitui de forma nenhuma o uso de um cronograma com um software que o manipule de forma adequada, mas é uma maneira de colocar na mão do leitor (você, é isso mesmo!) uma ferramenta simples para simular um pequeno cronograma, sem o uso de recursos, calendários e outros elementos.

Vamos à modelagem. Ficou definido que a distribuição das atividades é pert ou triang conforme a tabela. Modelemos então.

	C	D	E	F	G	H	I	J	K	L	M
							Predecessão (linha)	Predecessão (linha)	Predecessão (linha)		
1		P (ocorrência)	Min	MP	Max	Tipo				Início	Término
2	Acordar e fazer a higiene pessoal	100%	4	5	10	triang				0	5
3	Preparar material para o trabalho	100%	4	8	10	pert	2			5	13
4	Filho: Arrumar-se para a escola	100%	10	15	25	pert	2			5	20
5	Filha: Arrumar-se para a escola	100%	20	30	35	pert	2			5	35
6	Café	100%	20	30	40	pert	3	4	5	35	65
7	Risco: Almoço para as crianças	20%	15	20	25	triang	6			65	85
8	Dirigir até a escola dos filhos	100%	20	30	40	triang	7			85	115
9	Dirigir até o trabalho	100%	25	40	50	pert	8			115	155
10	Risco: Trânsito lento no caminho	20%	30	35	40	pert	9			155	190
11	Estacionar e chegar até a sala de reunião	100%	5	7	12	pert	10			190	197
12											
13											
14					Simular!						
15											
16											

Figura 13.2: Inserindo distribuições de probabilidade

Esta tela possui todo o espaço para modelagem do nosso caso. Na coluna C inserimos o nome das tarefas, na coluna D a probabilidade de ocorrência da atividade. Note que as atividades de risco possuem percentual inferior a 100%. Isto fará com que, durante a simulação, quando o valor de referência para a atividade for inferior a esse percentil, a atividade acontecerá. Se o número for superior, a atividade não ocorrerá. Na sequência, estão inseridos os valores mínimo, mais provável e máximo observáveis, e na coluna H, o tipo da distribuição a ser empregada. Você pode escolher a triangular, escrevendo "triang" ou a pert, escrevendo "pert".

Nas colunas I, J e K podem ser colocadas as predecessões da atividade no cronograma, referenciando sempre à linha do Excel. Assim, o café, por exemplo, dependendo das atividades do pai preparar o material, e do filho e da filha arrumarem-se
para a escola. As predecessoras são, então, 3, 4 e 5. As colunas L e M mostram o
cronograma com início e término, e caso os riscos possuam probabilidade maior que
0% serão incluídos no cronograma.

Vamos ver em destaque a modelagem das atividades, sua ocorrência e duração.

	P(ocorrência)	Min	MP	Max	Tipo
Acordar e fazer a higiene pessoal	100%	4	5	10	triang
Preparar o material para o trabalho	100%	4	8	10	pert
Filho: Arrumar-se para a escola	100%	10	15	25	pert
Filha: Arrumar-se para a escola	100%	20	30	35	pert
Café	100%	20	30	40	pert
Risco: Almoço para as crianças	20%	15	20	25	triang
Dirigir até a escola dos filhos	100%	20	30	40	triang
Dirigir até o trabalho	100%	25	40	50	pert
Risco: Trânsito lento no caminho	20%	30	35	40	pert
Estacionar e chegar até a sala de reunião	100%	5	7	12	pert

A modelagem das predecessões é feita nas colunas ao lado, conforme mostrado
em destaque a seguir.

	C	I Predecessão (linha)	J Predecessão (linha)	K Predecessão (linha)	L Início	M Término
1						
2	Acordar e fazer a higiene pessoal				0	5
3	Preparar material para o trabalho	2			5	13
4	Filho: Arrumar-se para a escola	2			5	20
5	Filha: Arrumar-se para a escola	2			5	35
6	Café	3	4	5	35	65
7	Risco: Almoço para as crianças	6			65	85
8	Dirigir até a escola dos filhos	7			85	115
9	Dirigir até o trabalho	8			115	155
10	Risco: Trânsito lento no caminho	9			155	190
11	Estacionar e chegar até a sala de reunião	10			190	197
12						

Figura 13.3: Modelagem das Predecessões

Rodar a simulação é, na verdade, executar uma macro no Excel, que busca os valores das distribuições triangulares e pert e cola nas células do Excel com o cronograma. Será registrada como output a célula M11, que possui o término do projeto. A macro pode ser acessada clicando no botão Simular!

O código da Macro, bastante simples, está replicado abaixo, e a planilha está disponível no site da editora (www.altabooks.com.br — procure pelo nome do livro ou ISBN).

```
Sub Simular ()

For i = 1 To 500
' para cada uma das 500 iterações
    Sheets("Apoio").Range("w" & 1 + 1 & ":af" & i + 1).Copy
' copiar os valores sorteados para as distribuições na aba crono
    Sheets("Crono").Range("n2").PasteSpecial Paste:=xlPasteValues, Operation:=xlNone, SkipBlanks _
        :=False, Transpose:=True
' colar os valores a partir da célula n2 para recalcular o projeto
    Sheets("Apoio").Range("ag" & 1 + i).Value = Sheets("Crono").Range("L11").Value
' colar o resultado da duração do projeto na coluna de outputs da simulação na aba "apoio"
Next i
' este comando volta para o início do loop (For i = ....) aumentando o valor de i em 1
Application.CutCopyMode = False
For i = 1 To 10
    Range("N" & i + 1).FormulaR1C1 = "=RC[-8]"
Next i
' esta rotina restaura os valores padrão do cronograma
End Sub
```

Figura 13.4: Código da macro em VBA para rodar a simulação na planilha Excel

Para chegar aos valores da distribuição a partir dos números aleatórios entre 0 e 1 utilizamos a função transformada inversa. Assim, qualquer valor sorteado corresponderá à sua probabilidade cumulativa.

Verifiquemos o que ocorre na iteração número 33 de uma determinada simulação que aqui descrevemos. Temos um sorteio de 20 números aleatórios entre 0 e 1. O primeiro conjunto de 10 números, que chamamos de aleatório, contém os valores que serão usados para as durações em si das atividades. O segundo conjunto, chamado ocorrência, também com 10 números, é utilizado para avaliar se aquela atividade acontecerá ou não. Quando a probabilidade de ocorrência for de 100%, a atividade sempre ocorrerá, mas quando for menor que isso, ocorrerá em alguns casos e em outros, não, caracterizando um risco do projeto.

Considere as iterações de 39 a 41 da simulação. Veja a seguir o conjunto de números aleatórios usados nesta iteração.

Estudo de caso 225

	Aleatório 1	Aleatório 2	Aleatório 3	Aleatório 4	Aleatório 5	Aleatório 6	Aleatório 7	Aleatório 8	Aleatório 9	Aleatório 10
39	0,64	0,90	0,95	0,90	0,25	0,59	0,32	0,33	0,46	0,85
40	0,09	0,64	0,76	0,62	0,06	0,75	0,82	0,48	0,60	0,62
41	0,92	0,13	0,96	0,84	0,93	0,96	0,51	0,13	0,25	1,00

	Ocorrência 1	Ocorrência 2	Ocorrência 3	Ocorrência 4	Ocorrência 5	Ocorrência 6	Ocorrência 7	Ocorrência 8	Ocorrência 9	Ocorrência 10
39	0,82	0,14	0,42	0,16	0,53	0,96	0,69	0,04	0,70	0,15
40	0,80	0,36	0,53	0,88	0,16	0,62	0,83	0,99	0,10	0,67
41	0,13	0,02	0,98	0,42	0,72	0,20	0,31	0,18	0,63	0,99

Esses números não falam muito por si só. A primeira atividade do cronograma, "acordar e fazer higiene pessoal" por parte do pai, é uma triangular com valor inferior de 4 dias, valor mais provável de 5 dias e valor máximo de 10 dias. A sua função distribuição de probabilidade é conforme visto abaixo. Do lado esquerdo, veja a frequência relativa e do direito, a função cumulativa.

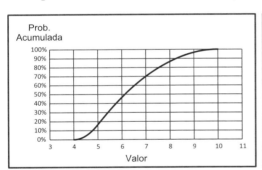 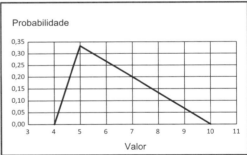

Figura 13.5: Distribuição triangular (função distribuição de probabilidade e cumulativa)

Vamos ilustrar como a simulação busca os valores. O número Aleatório 1 se refere à duração desta atividade. Assim, na iteração número 39, 40 e 41 os valores são 0,64, 0,09 e 0,92, respectivamente, como visto na tabela ampliada.

	Aleatório 1	Aleatório 2
39	0,64	0,90
40	0,09	0,64
41	0,92	0,13

A partir da probabilidade acumulada definida na sequência de números "Aleatório 1", podemos visualizar como chegamos à função de distribuição acumulada.

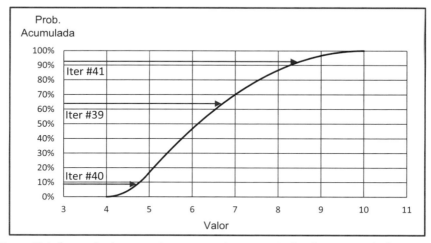

Figura 13.6: Ilustração de como obtemos os valores a partir do número pseudoaleatório (i)

A partir desta curva, chegamos aos valores para as iterações 39, 40 e 41 que são, aproximadamente, 6,7, 4,7 e 8,5.

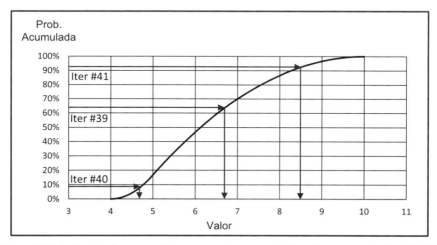

Figura 13.7: Ilustração de como obtemos os valores a partir do número pseudoaleatório (ii)

De fato, os valores calculados estão na tabela.

	Acordar e fazer a higiene	Preparar o material para o trabalho
39	6,70	8,95
40	4,72	8,12
41	8,48	6,47

Focando nossa atenção agora para os eventos, vamos avaliar as 3 iterações novamente. Repare que estes riscos estão nas atividades 6 e 9 do cronograma, e possuem probabilidade de ocorrência de 20%. Olhemos agora a tabela dos números aleatórios novamente, focando as ocorrências.

	Ocorrência 1	Ocorrência 2	Ocorrência 3	Ocorrência 4	Ocorrência 5	Ocorrência 6	Ocorrência 7	Ocorrência 8	Ocorrência 9	Ocorrência 10
39	0,82	0,14	0,42	0,16	0,53	0,96	0,69	0,04	0,70	0,15
40	0,80	0,36	0,53	0,88	0,16	0,62	0,83	0,99	0,10	0,67
41	0,13	0,02	0,98	0,42	0,72	0,20	0,31	0,18	0,63	0,99

Note que, na iteração 39, os valores das ocorrências tanto para a atividade 6 quanto para a 9 são maiores que 20%. Assim, os riscos não devem ocorrer. Já na iteração 40, o valor da ocorrência 9 é 0,10, logo esse risco deverá ocorrer. Por fim, na iteração 41, o valor da ocorrência 6 é 0,20 (na verdade 0,198), portanto, deverá ocorrer também. Verifiquemos como ficou o resultado das durações das atividades.

	39	40	41
Acordar e fazer a higiene pessoal	6,70	4,72	8,48
Preparar o material para o trabalho	8,95	8,12	6,47
Filho: Arrumar-se para a escola	20,15	17,70	20,43
Filha: Arrumar-se para a escola	32,37	30,12	31,80
Café	27,55	24,82	35,09
Risco: Almoço para as crianças	0,00	0,00	23,54
Dirigir até a escola dos filhos	27,95	33,92	30,14
Dirigir até o trabalho	37,21	39,07	34,26
Risco: Trânsito lento no caminho	0,00	35,46	0,00
Estacionar e chegar até a sala de reunião	8,80	7,79	10,63
Output	103,94	98,72	133,16

Com efeito, podemos ver que na iteração 39 a duração das atividades de "Risco: Almoço" e "Risco: Trânsito" são iguais a zero. Na iteração 40, o risco de trânsito ocorre e na de número 41, a de almoço ocorre.

Aplicadas essas regras para todas as iterações, chegamos a um conjunto de 500 iterações, com as 10 entradas e a saída respectiva, a duração do projeto.

Para apresentar os resultados, agregamos um histograma, com destaque para algumas estatísticas descritivas notáveis, e calculamos os valores das correlações entre as variáveis e os outputs.

O resultado de nossa simulação ficou assim, baseado no histograma.

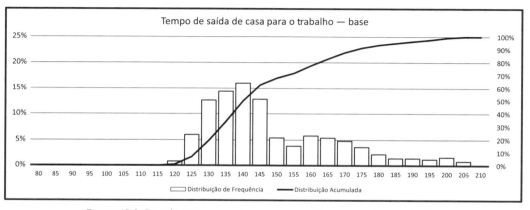

Figura 13.8: Distribuição para o tempo entre saída e chegada ao trabalho

Este é um gráfico que possui dois eixos verticais, também chamados de coordenadas ou y. O eixo x contém os valores de referência, tempos desde acordar até a chegada no trabalho. O eixo da direita se refere ao histograma, e é a frequência relativa de cada uma das séries delimitadas pelos números do eixo x. Por exemplo, a probabilidade de encontrar um valor entre 120 e 125 é pouco mais de 5%, como podemos ver ao analisar o retângulo sobre o número 125.

O eixo da esquerda se refere à linha, que é a probabilidade cumulativa, ou seja, a probabilidade de encontrar nos nossos 500 resultados um número menor ou igual que a referência do eixo x. Podemos claramente ver que a probabilidade de encontrar um número menor ou igual a 130 é de cerca de 20%.

Vejamos algumas estatísticas descritivas de nosso resultado.

Mínimo	116,11
P10	126,43
P25	132,09
P50	140,14
P75	157,32
P90	173,05
Máximo	203,86
Média	145,71
P20%	130,24
P(x < 150)	68,00%

Observamos que a probabilidade de atingir a meta é de apenas 68%. Considerando que nosso amigo acorda às 6h e se atrasa no caminho para o trabalho, chegando depois de 8h30, ele tem 150 minutos para completar esse "projeto diário". Verifiquemos que no caso mais otimista de todos, o trajeto durou 116 minutos, enquanto o pior caso foi de mais de 200 minutos. Cerca de 90 minutos entre um cenário e o outro! Chegar atrasado mais de 30% das vezes com certeza é um problema!

Vamos ver quem está direcionando nosso resultado? Como ficam as correlações? Vejamos quais os fatores que mais impactam.

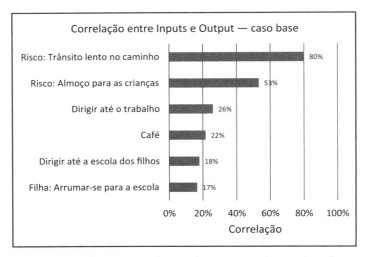

Figura 13.9: Gráfico de Tornado (correlação) para a duração (caso base)

Baseado nessa realidade, podemos pensar em um cenário mitigado. Dentre as atividades inseridas no cronograma, são possíveis algumas ações:

- **Acordar mais cedo:** Aumentaria o tempo disponível para chegada, mas trata-se de uma medida a ser tomada apenas no último caso.
- **Atividades do pai:** De forma isolada não possuem grande impacto no cronograma, ou seja, o João pode levar sempre o máximo tempo registrado para as atividades que não será impactante.
- **Atividades das crianças**: Talvez seja possível implementar uma sistemática de tomar banho no dia anterior e deixar o material arrumado, mas os pais acham que o banho matinal dá um boot nos neurônios e ajuda a preparar para o dia.
- **Tomar café com os filhos**: Esta atividade realmente pode ser encurtada, mas não é o desejo dos pais que o café seja reduzido.
- **Dirigir até a escola**: Chegar mais rápido? Trata-se da introdução de um risco adicional no projeto, de colisão e problemas muito maiores que um simples atraso. Melhor esquecer.
- **Dirigir até o trabalho**: Mesma sinalização do item anterior.

Onde é possível atuar, então? Como reduzir esses atrasos? João estava quase colocando o alarme para as 5h30 quando enxergou a solução; que às vezes vem de fora do cronograma. Dirigindo um dia para a escola, espantou-se com a quantidade de vans escolares prestando serviço para os colégios da região. E então pensou: por quê não?

Contratando o transporte escolar para as crianças, a atividade "dirigir até a escola" desaparece, e o risco de haver algum acidente durante o trajeto de carro fica reduzido a 10% (considerando que os problemas de trânsito ocorrem metade das vezes na ida até a escola e na outra metade, no trajeto da escola até o trabalho). Vejamos nosso cronograma alterado.

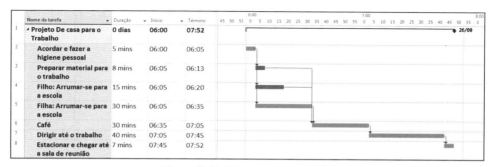

Figura 13.10: Cronograma mitigado

Podemos olhar como fica a distribuição deste cenário mitigado.

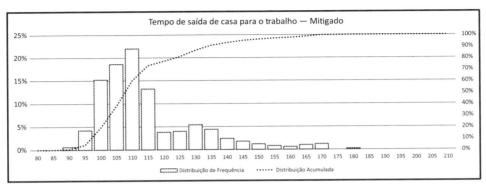

Figura 13.11: Distribuição para o tempo entre saída e chegada no trabalho (caso mitigado)

Note que, neste caso, João chega no trabalho na hora em 90% das vezes. Muito mais aceitável! Vejamos as principais estatísticas descritivas.

Mínimo	07,99
P10	97,68
P25	101,82
P50	107,34
P75	116,43
P90	133,68
Máximo	175,03
Média	112,17
P20%	100,20
P(x < 150)	96,20%

De fato, a probabilidade de chegar no horário é de 96%. Ou seja, a cada 4 meses de trabalho (considerando 22–23 dias úteis por mês), João chegará atrasado 4 vezes, uma a cada mês.

O gráfico de Tornado, a seguir, mostra os principais fatores impactantes na variação do término do projeto.

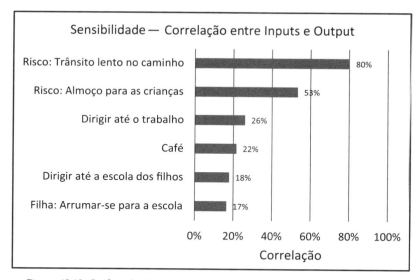

Figura 13.12: Gráfico de Tornado (correlação) para a duração (caso mitigado)

Quem mais impacta o cronograma são, novamente, os eventos de riscos, seguidos pela direção, café da manhã e rotina da filha em arrumar-se para a escola. Nada de novo, mas perseguir ainda mais otimização em um cenário que está 96% positivo não parece necessário!

Para fechar o nosso exercício, vamos colocar em um mesmo gráfico as duas distribuições acumuladas para o caso antes da mitigação e o caso depois da mitigação.

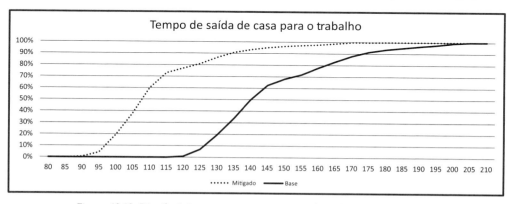

Figura 13.13: Distribuição para o tempo entre saída e chegada no trabalho
(comparação entre cenário base e mitigado)

Verifique o ganho expressivo que nosso cenário mitigado nos trouxe. A simulação a serviço da gestão. Gestão de tempo de nosso colega João.

Agora você pode fazer o seu próprio cenário. Convido você a olhar a planilha, fuçar as fórmulas e desenvolver suas próprias simulações para testar situações simples. E se tiver dúvida, não hesite em entrar em contato! Será que você consegue chegar no horário?

Há vários softwares de prateleira que fazem análises de risco de cronograma, com seus pontos positivos e negativos, que podem ser buscados de forma bem fácil pelo leitor.

Projeto industrial

Todos os projetos que desenvolvemos, complexos ou simples, pessoais ou profissionais, têm como objetivo criar e entregar um produto. Esse produto do projeto, esclarecido no termo de abertura do projeto, é a entrega definitiva. É o prédio construído, o software desenvolvido e entregue etc.

Obviamente existe uma grande conexão entre o projeto e o seu produto. O sucesso do projeto é desenvolver o produto com todas as suas funcionalidades, ou seja, atingir o escopo completo, dentro do prazo, no custo devido, com todos os requisitos das demais áreas de conhecimento plenamente atingidos.

Para desenvolvermos um projeto, precisamos da aprovação do seu *business case*, ou seja, a organização tem que concordar com a alocação de recursos, financeiros ou não, ao projeto, em detrimento de todas as demais atividades que poderiam ser por eles desenvolvidas.

Desta forma, para fechar essa publicação, pensamos em um exemplo integrador, que consiste no desenvolvimento de um projeto industrial. E aqui iremos além do projeto propriamente dito. Vamos considerar a criação de uma planta industrial que terá sua fase de projeto e depois fará sua operação propriamente dita.

Assim, vamos compor um modelo de fluxo de caixa descontado a partir das informações de cronograma do projeto e do desempenho da planta em si. Acreditamos, pois, que chegaremos a uma aplicação com perspectiva mais ampliada do gerenciamento de riscos em projetos em sua visão quantitativa que costuma ser, de fato, um dos seus usos de frequência elevada.

Consideremos um caso particular. A empresa em questão está explorando uma oportunidade de investimento, que possui uma fase de desenvolvimento do projeto e uma fase de produção efetiva. Trata-se de um produto cujo preço se situa na faixa de $200,00 e, para fornecê-lo, será necessária a reforma de uma estrutura preexistente da empresa. Além disso, é preciso adquirir dois sistemas de produção que constituem um investimento elevado e devem ser contratados, fabricados e entregues a partir de fornecedores externos. Estes componentes devem ser montados e acoplados, e todo o sistema deverá ser testado para estar apto a produzir. Esta primeira parte do problema representa o projeto de investimento associado à modernização da fábrica.

Vejamos como é o cronograma deste projeto.

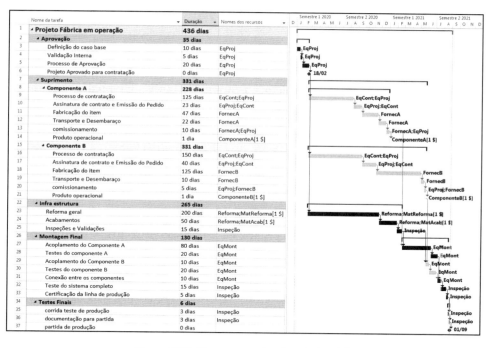

Figura 13.14: Cronograma (projeto industrial)

O projeto inicia em 2020 e possui uma fase de aprovação após a definição do caso base, que será realizada antes de seu início propriamente dito. Esta fase consiste em validações e aprovações internas. Uma vez encerrada, o projeto estará apto para entrar em execução.

A fase de execução consiste em quatro macroetapas: suprimento, infraestrutura, montagem final e testes finais. As duas primeiras ocorrem em paralelo e as outras duas vão em sequência direta após o término dos processos anteriores.

O suprimento significa a contratação, realizada em paralelo, de dois componentes do projeto, denominados aqui de A e B. O processo envolve a contratação em si, a assinatura do contrato, a fabricação dos itens pela vencedora da licitação e, finalmente, o transporte, desembaraço e comissionamento, deixando o produto em condições operacionais.

Na infraestrutura, a tarefa principal é a reforma da facilidade produtiva, seus acabamentos e inspeções.

Encerradas essas duas fases, vamos à montagem final, que consiste em acoplar os componentes à linha de produção, testá-los e conectá-los entre si. Por fim, deve ser feito um teste completo e uma certificação. A última etapa são os testes finais para liberar a fábrica para produção.

Há um grupo de recursos envolvidos no projeto. Estes incluem:

→ Recursos Humanos: Equipes de Projeto (EqProj), de Contratação (EqCont), de Reforma (Reforma), de Inspeção (Inspeção) e de Montagem (EqMont).

→ Recursos Materiais para Reforma (MatReforma) e Acabamento (MatAcab).

→ Recursos fornecidos externamente: ComponenteA e ComponenteB, bem como equipes terceirizadas FornecA e FornecB.

Verifica-se, na figura, que o caminho crítico passa pela reforma e acoplamento do projeto A. Como comentamos anteriormente, esse caminho vai se alterar de iteração em iteração.

Vamos falar agora sobre as incertezas atribuídas às atividades desse cronograma, apresentando cada agrupamento de atividades por vez.

Resumo	Atividade	Duração Prevista	(I)ncerteza/ (E)vento	Parâmetros
Aprovação	Validação Interna	5	E	Prob: 10% Impacto: 30 dias
	Processo de Aprovação	20	I	Mín: 15 MP: 20 Máx: 40

Observamos que na aprovação as atividades com incerteza são a validação interna — que está sujeita a um evento com 10% de chance de atrasar a atividade em 30 dias — e o processo de aprovação — sujeito a uma incerteza cujo mínimo são 15 dias, o valor mais provável é de 20 dias, igual à duração prevista e o máximo em 40 dias. Todas as distribuições empregadas para essa análise são triangulares, por sinal.

Resumo	Atividade	Duração Prevista	(I)ncerteza/ (E)vento	Parâmetros
Suprimento comp A	Processo de Contratação	125	I	Mín: 100 MP: 125 Máx: 160
	Assinatura de Contrato e Emissão do Pedido	23	I	Mín: 18 MP: 23 Máx: 33
	Fabricação do Item	47	I	Mín: 45 MP: 47 Máx: 50
	Transporte e Desembaraço	22	I	Mín: 17 MP: 22 Máx: 32
Suprimento comp B	Processo de Contratação	150	I	Mín: 130 MP: 150 Máx: 160
	Assinatura de Contrato e Emissão do Pedido	40	I	Mín: 30 MP: 40 Máx: 48
	Fabricação do Item	125	I	Mín: 110 MP: 125 Máx: 160
	Transporte e Desembaraço	10	I	Mín: 8 MP: 10 Máx: 12

No suprimento dos componentes A e B, as atividades de contratação, assinatura de contrato, fabricação e transporte e desembaraço foram associadas a incertezas; com valores distintos de mínimo, máximo e mais provável. Verifique, por exemplo, que a duração (e a incerteza em torno) da fabricação do item B é muito mais ampla que a do item A.

Resumo	Atividade	Duração Prevista	(I)ncerteza/ (E)vento	Parâmetros
Infraestrutura	Reforma Geral	200	I	Mín: 180 MP: 200 Máx: 250
	Acabamentos	50	I	Mín: 40 MP: 50 Máx: 55
	Inspeções e Validações	15	I	Mín: 10 MP: 15 Máx: 20
			E	Prob: 10% Impacto: 40 dias

Na etapa de infraestrutura, encontramos incertezas na reforma geral, acabamentos e inspeções. Note que a atividade de inspeções possui, simultaneamente, uma incerteza em sua duração e um evento que demanda retrabalho, levando a 40 dias adicionais, com 10% de probabilidade.

Resumo	Atividade	Duração Prevista	(I)ncerteza/ (E)vento	Parâmetros
Montagem Final	Acoplamento do Componente A	80	I	Mín: 70 MP: 80 Máx: 100
	Testes do Componente A	20	I	Mín: 15 MP: 20 Máx: 25
	Acoplamento do Componente B	10	I	Mín: 7 MP: 10 Máx: 13
	Testes do Componente B	20	I	Mín: 15 MP: 20 Máx: 25
	Conexão entre os Componentes	10	I	Mín: 8 MP: 10 Máx: 12
			E	Prob: 30% Impacto: 20 dias
	Teste do Sistema Completo	15	I	Mín: 10 MP: 15 Máx: 18
	Certificação da Linha de Produção	5	I	Mín: 4 MP: 5 Máx: 6

A montagem final dos componentes possui incertezas em diferentes atividades, incluindo, como na infraestrutura, uma atividade com incerteza na estimativa e evento de risco, impactando em 20 dias, com probabilidade de 30% de ocorrência.

Resumo	Atividade	Duração Prevista	(I)ncerteza/ (E)vento	Parâmetros
Teste Finais	Corrida-teste de Produção	3	I	Mín: 2 MP: 3 Máx: 5
	Documentação para Partida	3	I	Mín: 2 MP: 3 Máx: 5

Na etapa de testes finais, a corrida-teste e a documentação possuem uma incerteza igual, entre 2 e 5 dias.

Modeladas todas as distribuições, podemos avançar para a simulação. Foram feitas 2.500 iterações neste caso, tendo como principal objetivo a avaliação da incerteza em torno da data de conclusão do projeto. O gráfico a seguir demonstra a distribuição de probabilidade deste marco.

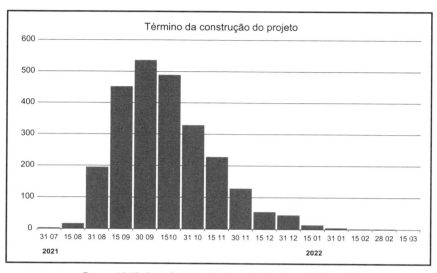

Figura 13.15: Distribuição da duração (projeto industrial)

Verifica-se uma distribuição de datas assimétrica à direita, com mais espaço para aumento do que redução a partir dos valores centrais, o que é natural acontecer na maior parte das análises de risco de prazo, como já discutimos à exaustão nos capítulos anteriores.

A seguir, temos as principais estatísticas para o marco de encerramento da fase de investimentos do projeto.

Mínimo	28/07/2021
P10	02/09/2021
P25	15/09/2021
P50	04/10/2021
P75	25/10/2021
P90	16/11/2021
Máximo	28/02/2022
Média	07/10/2021
P(x < 01/09/21)	9,6%
P(x < 01/10/21)	49,8%

Percebe-se uma amplitude de cinco meses entre os valores mínimo e máximo. No entanto, o intervalo mais expressivo de realização do projeto (entre P10 e P90) fica limitado a apenas dois meses. A probabilidade de se atingir a duração probabilística é de pouco menos de 10%. Se incluirmos uma contingência de um mês no projeto, no entanto, o percentual acumulado chega a 50%. A imagem a seguir, da distribuição de probabilidade cumulativa, ilustra este ponto.

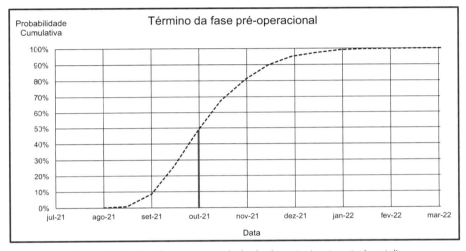

Figura 13.16: Distribuição acumulada da duração (projeto industrial)

Quais são os pontos que mais impactam o prazo do projeto? A essa altura já sabemos que avaliar um gráfico de Tornado com as correlações nos auxiliará prontamente. Vejamos como ficou para esta análise.

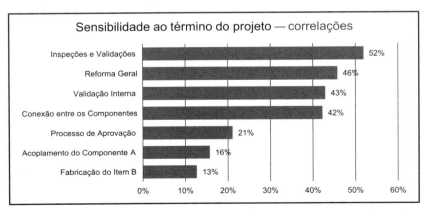

Figura 13.17: Gráfico de Tornado (correlação) da duração do projeto industrial

240   Gerenciamento de Risco em Projetos

Verificamos que quatro inputs se destacam. São eles: inspeções e validações, reforma geral, validação interna e conexão entre os componentes. Desses quatro, apenas a reforma geral não possui evento de risco associado. Desta forma, trabalhar nesses eventos de risco para reduzir sua probabilidade ou limitar seu impacto parece ser uma boa ideia. Em um segundo patamar de impacto, encontramos o processo de aprovação do projeto, o acoplamento do componente A e a fabricação do item B.

Podemos, também, analisar o caminho crítico do projeto. Para tal, preparamos a visão da tabela a seguir.

Nome da Tarefa	Índice Crítico
Projeto Fábrica em Operação	100,0%
Aprovação	100,0%
Suprimento	100,0%
Componente A	0,2%
Componente B	29,5%
Infraestrutura	70,3%
Montagem Final	100,0%
Acoplamento do Componente A	70,5%
Testes do Componente A	70,5%
Acoplamento do Componente B	29,5%
Testes do Componente B	29,5%
Conexão entre os Componentes	100,0%
Teste do Sistema Completo	100,0%
Certificação da Linha de Produção	100,0%
Testes Finais	100,0%

Figura 13.18: Demonstração do índice crítico para o projeto industrial

Na figura, o número que aparece à direita das barras das tarefas é o % de vezes que a atividade acontece no caminho crítico do projeto.

Há atividades que sempre estarão no caminho crítico. Neste nosso caso, as atividades da fase de aprovação e os testes finais são sempre críticos. A contratação do componente A quase nunca está no caminho crítico (apenas 20% das vezes). O componente B possui percentual muito maior, de quase 30%. As atividades de infraestrutura completam o cenário, sendo responsáveis por pouco mais de 70%. Como o componente A está disponível antes do B, a primeira atividade da montagem absorve o percentual crítico do componente A e da infraestrutura, chegando a 70,5%.

Apesar de esse caminho ser o mais representativo, é possível que a "guerra" seja perdida se não dermos a devida atenção ao componente B, que tem 30% de probabilidade de ser o caminho crítico do projeto.

Além da entrada em produção propriamente dita, é importante avaliarmos também as datas de entrada dos componentes A e B. Por serem equipamentos de grande porte — já adiantando o que falaremos na parte de análise de custos do projeto —, o valor do investimento expendido neles será contabilizado no projeto na data de sua disponibilidade, o que faz a sua variação possuir importância na avaliação econômica.

No gráfico ilustramos a distribuição de prazo da disponibilidade do componente A, do componente B e do encerramento do projeto.

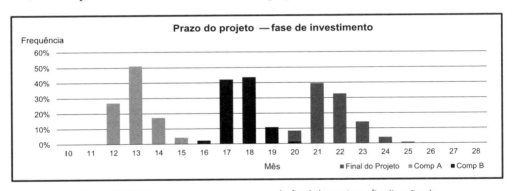

Figura 13.19: Histograma para os marcos de final do projeto, finalização do componente A e finalização do componente B

Paralelamente à modelagem de prazo, foi realizada uma análise de risco do custo do projeto. Cabe comentar que o projeto possui um custo orçado conforme previsto na tabela.

Nome	Custo
Tipo: Trabalho	$667.680,00
EqMont	$224.000,00
EqCont	$162.240,00
EqProj	$155.200,00

continua...

242   Gerenciamento de Risco em Projetos

continuação...

Reforma	$100.000,00
Inspeção	$26.240,00
FornecA	$0,00
FornecB	$0,00
Tipo: Material	**$8.300.000,00**
ComponenteA	$3.500.000,00
ComponenteB	$2.800.000,00
MatReforma	$1.200.000,00
MatAcab	$800.000,00
Custo Total	**$8.967.680,00**

Verifica-se que mais de 90% do custo está associado aos recursos do tipo material: o componente A e B, o material de reforma e de acabamento. Estes poderão ser determinantes para a variação do custo total do projeto, dependendo, é claro, da incerteza governando cada atividade. Estas são listadas na tabela a seguir.

Tipo de Recurso	Recurso	Valor Orçado	Distribuição	Incerteza
Trabalho	EqMont	200/h	Triangular	Mínimo: 85% do Valor Orçado
	EqCont	60/h		
	EqProj	50/h		Mais Provável: Valor Orçado
	Reforma	50/h		
	Inspeção	80/h		Máximo: 130% do Valor Orçado
Material	ComponenteA	3.500.000	Pert	P10: 3.200.000 MP: 3.500.000 P90: 4.000.000
	ComponenteB	2.800.000		P10: 2.700.000 MP: 2.800.000 P90: 3.000.000
	MatReforma	1.200.000		P10: 1.100.000 MP: 1.200.000 P90: 1.450.000
	MatAcab	800.000		P10: 700.000 MP: 800.000 P90: 1.000.000

As incertezas foram fornecidas em conjunto pela equipe de projeto de acordo com as estimativas realizadas preliminarmente. O nível de definição do projeto cumpriu um papel essencial para esta avaliação.

Vejamos, a seguir, como ficou a dispersão do projeto.

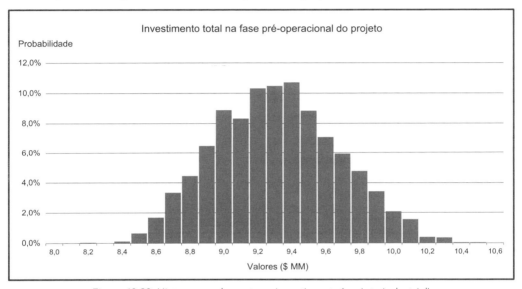

Figura 13.20: Histograma do custo — investimento (projeto industrial)

Percebemos que a distribuição possui um formato aproximadamente simétrico. Podemos observar que há uma probabilidade significativa do projeto custar mais que o previsto ($8,96 MM). Consideremos que há uma contingência de 10% no orçamento do projeto. Vamos verificar as principais estatísticas da distribuição na tabela.

Mínimo	8.187.848
P10	8.791.173
P25	8.993.632
P50	9.259.341
P75	9.509.871
P90	9.751.081
Máximo	10.406.785
Média	9.263.199
P(x < Orçamento)	22,40%
P(x < 1,1 x Orçamento)	94,64%

Há uma pequena probabilidade de que o projeto custe menos que o previsto (22,4%). No entanto, considerando a contingência de 10%, há apenas uma probabilidade de 5% de haver um custo superior ao valor contingenciado. Contudo, existe uma variação de $1 MM entre os valores P10 e P90, ou seja, uma amplitude considerável no investimento previsto para o projeto.

A sensibilidade do custo total do projeto aos dados de entrada está na figura.

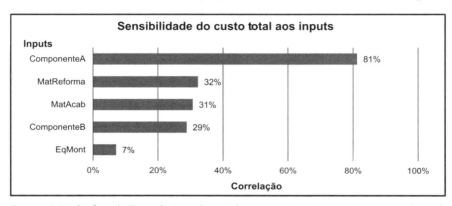

Figura 13.21: Gráfico de Tornado (correlação) do custo — investimento (projeto industrial)

Podemos ver que o maior elemento de impacto nos custos do projeto é o valor do componente A. Além de ser o item mais caro do projeto inteiro, sua variação é muito grande, tendo o P10 em $3,2 milhões e o P90 em $4 milhões. É, certamente, o item para o qual mais vale se esforçar para reduzir, quer seja divulgando mais amplamente a contratação e selecionando mais empresas ou buscando maiores especificações no sentido de reduzir, para o fabricante, o risco assumido ao aceitar o contrato.

Em um segundo patamar, encontramos os outros itens de material: de reforma, de acabamento e o componente B. Por último, em um nível ainda inferior, está o custo horário da equipe de montagem, que possui o maior valor ($200,00/h) e o maior custo total orçado para o projeto dentre os recursos de trabalho.

Com essa avaliação, conclui-se a análise de risco do projeto, de primeira fase deste empreendimento, que inclui a contratação, a reforma, o suprimento e a instalação da nova linha de produção. A segunda fase de operação deverá ser também avaliada e incluída em um modelo integrado, como veremos a seguir.

Na sequência, as estimativas de custo e prazo do projeto devem ser alimentadas em uma estrutura financeira apropriada para apurar o resultado líquido das receitas do projeto contra os investimentos e os custos necessários à sua implantação. Este instrumento de demonstração de resultados é costumeiramente conhecido como fluxo de caixa descontado, e é apresentado por diversos autores, como Gitman (2016), Ross, De Faro e outros. O fluxo de caixa apresentado é derivado do modelo desenvolvido por Motta e Calôba (2002). O objetivo deste livro não é análise de investimentos, mas faremos, nas próximas páginas, uma rápida explicação sobre fluxo de caixa e tomada de decisão em projetos industrias.

O primeiro segmento do fluxo de caixa é o demonstrativo de resultados do exercício (DRE). Este instrumento descreve como a receita se transforma em lucro líquido. No nosso caso, os elementos constituintes foram os seguintes:

DRE	Explicação
Receita	Produto de volume e preço abaixo
Volume	Total de vendas do projeto
Preço	Preço final de vendas
Taxação sobre Receita	São impostos diretos sobre receita
ICMS	No caso foi considerado 12% de ICMS e 7,65% de PIS/COFINS
PIS/COFINS	
Receita Líquida	Obtida pela subtração da receita bruta pela taxação
CMV	São os custos da mercadoria, produto ou serviço vendido
Custo Fixo	Custos de produção que não variam com a quantidade fabricada
Custo Variável	Custos de produção que variam com a quantidade fabricada
Lucro Operacional	Subtração da receita líquida pelo CMV
Depreciação	Abate do lucro operacional para cálculo do Imposto de Renda (IR)
Lucro Antes dos Juros e IR	LOp — Depreciação
Juros	Se houver empréstimo no fluxo de caixa, despesas com pagamento de juros entrarão aqui
Lucro Antes do IR	O LAIR é obtido pela redução dos juros do LAJIR
IR	Imposto de renda considerado em 34% do LAIR (IR + Contribuição social sobre o Lucro Líquido, CSSL)
Lucro Líquido	Resultado final do DRE

246 Gerenciamento de Risco em Projetos

O próximo elemento é um resumo de entradas, saídas, disponibilidade e capital de giro, que, a partir do DRE, chega no fluxo de caixa final do projeto.

Entradas e Disponibilidades	São os fluxos positivos para o projeto
Lucro Líquido	Conforme calculado no DRE
Empréstimos	Se há financiamento, os aportes de capital entram nesta rubrica
Depreciação	Como a depreciação é um "custo sem desembolso", ela tem como função reduzir o lucro tributável e, assim, seu valor retorna ao projeto nesta rubrica
Valor Residual do Investimento	Ao final do projeto poderá haver um saldo de investimento a depreciar, que será lançado nesta rubrica

Saídas	São os pagamentos efetuados e não registrados no DRE
Investimentos	Todos os investimentos de capital (que não são registrados como custos) são lançados aqui
Amortização de Empréstimos	Se houver financiamento, o valor da amortização das parcelas é colocado aqui
Capital de Giro	Em geral, há um aporte de capital de giro no projeto para efeito de gestão de descasamentos de entradas e saídas em curto prazo
Delta Cap Giro	Aqui são lançadas todas as entradas e saídas de capital de giro no projeto

Por fim, o fluxo de caixa, obtido pelas entradas e disponibilidades subtraídas das saídas e capital de giro nos dá o vetor que será avaliado para determinar a saúde financeira, a viabilidade econômica do investimento.

Para avaliar esta viabilidade econômica, alguns indicadores costumam ser empregados. Existem alguns chamados acessórios, que analisar, por exemplo, em quanto tempo se obtém retorno para o investimento realizado, ou seja, o momento no qual o fluxo de caixa acumulado se torna positivo. Este indicador denomina-se payback.

Outros possibilitam a avaliação do retorno do capital investido e são adequados para suportar a tomada de decisão. Como Motta e Calôba (2002) entre tantos outros comentam, os principais indicadores para tomada de decisão em análise de investimentos são o Valor Presente Líquido descontado (VPL) e a Taxa Interna de Retorno (TIR).

O VPL — um indicador que depende de uma taxa de referência — avalia se o fluxo de caixa gerado pelo investimento fornece um retorno maior, menor ou igual a essa referência. No nosso caso, a taxa de retorno exigida para aprovação do investimento, também conhecida como custo de oportunidade do capital investido, é de 12% ao ano.

Se o VPL do projeto, à taxa de 12% ao ano, for maior que zero, o retorno do investimento é superior a 12% ao ano e vale a pena investir. Se, por outro lado, o VPL for inferior a zero, o retorno é menor que 12% ao ano e não vale a pena investir. É matematicamente possível encontrar um VPL de zero, que mostra uma indiferença entre investir o capital no projeto ou fazer o uso alternativo, cabendo a decisão a outros fatores, como posição no mercado, novos investimentos, situação econômica da empresa etc.

A figura a seguir ilustra brevemente como o VPL de um projeto varia em função da taxa de desconto usada.

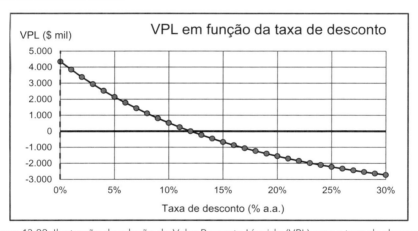

Figura 13.22: Ilustração da relação do Valor Presente Líquido (VPL) com a taxa de desconto

A taxa que zera o VPL descontado é conhecida como taxa interna de retorno (TIR) do investimento. De forma genérica, se o investimento possui TIR maior que a taxa de desconto, vale a pena investir nele. Se possui TIR menor que esta taxa de referência, não vale o investimento do dinheiro que poderia, de outra forma, ser investido de forma mais lucrativa.

Verifica-se que a taxa interna de retorno, que zera o VPL, gira em torno de 18% ao ano. Caso a taxa de desconto seja inferior a esse valor, vale investir no projeto, gerando um excedente de capital positivo. Caso a taxa de desconto, o custo de capital do investidor, seja mais alto que 18%, o projeto se mostra inviável do ponto de vista econômico-financeiro.

Um outro ponto importante a ser considerado na análise de fluxo de caixa descontado é o horizonte de tempo de análise. Com base no plano de negócios e na análise de mercado realizada pela empresa, a administração determinou que o projeto inteiro fosse avaliado em um horizonte de 72 meses. Esse tempo se refere tanto ao período de modernização da fábrica (projeto, fase pré-operacional) quanto a operação em si. Esta premissa vem do fato de haver indícios de que em seis anos possa haver grande mudança no mercado do produto e seja arriscado considerar o aproveitamento de receitas depois deste período de tempo. Os equipamentos da fábrica, no entanto, terão valor residual e poderão ser utilizados em outros projetos, como será visto posteriormente.

Verificamos, então, como funciona a estrutura no nosso fluxo de caixa. A primeira parte, chamada de pré-operacional, que contempla apenas os investimentos, possui uma entrada de capital de giro de $50 mil no primeiro mês do fluxo. Além disso, a rubrica investimentos receberá diversos fluxos. Consideraremos que o investimento nos componentes A e B, que possuem valor bastante expressivo, serão realizados integralmente no mês em que eles forem entregues. Por simplificação, os demais investimentos serão somados e rateados por todo o período pré-operacional. Ou seja, se o projeto encerrar o ciclo pré-operacional (fluxo do projeto) no mês 20, e o investimento total excluindo os componentes foi de $5 milhões, caberão $5 milhões/20 meses = $250 mil por mês do fluxo de caixa.

A ocorrência dos investimentos pontuais será na data de sua entrega, como já comentado. A figura ilustra.

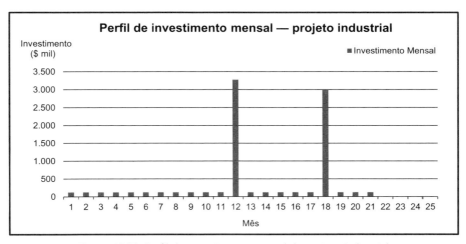

Figura 13.23: Perfil de investimento mensal do projeto industrial

Em seguida, vamos para a fase operacional do nosso fluxo de caixa. Aqui temos o nosso DRE pleno em ação. Nosso volume de produção começa em 50% da capacidade da fábrica e, em um ano, chega a 100%, que é 5.000 unidades por mês. Consideramos, para efeito de realidade do projeto, que a eficiência da fábrica varia em torno de uma média de 98,5%, ou seja, há retrabalho e perdas. Como o valor definido não é necessariamente o máximo produtivo, essa eficiência poderá exceder 100%. O gráfico abaixo mostra o crescimento linear das vendas.

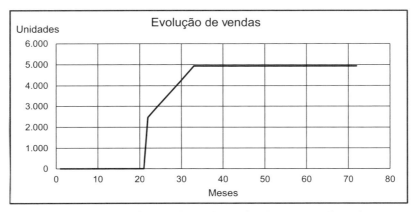

Figura 13.24: Perfil de evolução de vendas do projeto industrial

O preço de venda gira em torno de $195,00 por unidade. As taxações sobre a receita removerão, sempre, 19,65% do total da receita.

Os custos fixos giram em torno de $440 mil por mês. O custo variável foi estimado em cerca de $12 por unidade.

Em seguida, a depreciação. Considerou-se que os investimentos realizados na fábrica são depreciáveis em cinco anos. Esse tempo começa a correr a partir do início da operação. Vamos supor uma situação em que o projeto demorou 20 meses. A operação começou no mês 21, e com ela, a depreciação. A cada mês, 1/60 do investimento será, então, lançado como depreciação. Como o tempo de vida do nosso projeto é de 72 meses, serão depreciadas apenas 72 – 20 = 52 parcelas de depreciação. O valor do investimento total neste caso foi de $8,6 milhões.

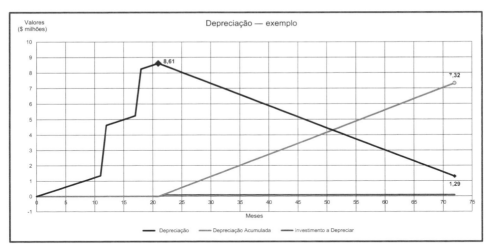

Figura 13.25: Perfil da depreciação e valor residual (projeto industrial)

Repare que, no início do projeto, não há depreciação, apenas o investimento, que vai se somando até a entrada em operação. Neste momento, o investimento chega a seu pico, no valor de $8,61 milhões e começa a ocorrer a depreciação. Com efeito, o investimento a depreciar vai se reduzindo. Ao final dos 72 meses, a depreciação acumulada totaliza $7,32 milhões e ainda há um saldo para esse fim, de $1,29 milhão. A soma dos dois valores totaliza o investimento completo no projeto ($8,61 milhões). O saldo de $1,29 milhão constitui o valor residual do projeto a ser reaproveitado em outra oportunidade de investimento da empresa. É como se o projeto "vendesse" os equipamentos à empresa pelo seu valor contábil de revenda, o valor residual.

Estamos considerando um fluxo de caixa em que todo o capital investido no projeto vem da própria empresa. Assim, sem financiamento, não teremos pagamento de juros e amortização de empréstimo, nem aporte de capital via financiamento (empréstimo). O próximo item no nosso fluxo de caixa é o Imposto de Renda, que corresponderá a 34% do LAIR, quando esse valor for positivo.

O próximo elemento é um resumo de entradas, saídas, disponibilidade e capital de giro, que, a partir do DRE chega no fluxo de caixa final do projeto.

Para chegar ao fluxo de caixa final, vamos passar pelos itens de entradas e disponibilidades, saídas e capital de giro. A seguir, veja uma parcela do fluxo de caixa do projeto.

Estudo de caso 251

Período	25	26	27	28	29	30	31	32	33	34	35	36	37	38	39	40	41
DRE																	
Receita	612.182	655.909	699.636	743.364	787.091	830.818	874.545	918.273	962.000	962.000	962.000	962.000	962.000	962.000	962.000	962.000	962.000
Volume	3.139	3.364	3.588	3.812	4.036	4.261	4.485	4.709	4.933	4.933	4.933	4.933	4.933	4.933	4.933	4.933	4.933
Preço	195	195	195	195	195	195	195	195	195	195	195	195	195	195	195	195	195
Taxação sobre receita	73.462	78.709	83.956	89.204	94.451	99.698	104.945	110.193	115.440	115.440	115.440	115.440	115.440	115.440	115.440	115.440	115.440
ICMS	73.462	78.709	83.956	89.204	94.451	99.698	104.945	110.193	115.440	115.440	115.440	115.440	115.440	115.440	115.440	115.440	115.440
PIS/COFINS	0	0	0	0	0	0	0	0	0	0	0	0	0	0	0	0	0
Receita Líquida	538.720	577.200	615.680	654.160	692.640	731.120	769.600	808.080	846.560	846.560	846.560	846.560	846.560	846.560	846.560	846.560	846.560
CMV	477.673	480.364	483.055	485.745	488.436	491.127	493.818	496.509	499.200	499.200	499.200	499.200	499.200	499.200	499.200	499.200	499.200
Custo Fixo	440.000	440.000	440.000	440.000	440.000	440.000	440.000	440.000	440.000	440.000	440.000	440.000	440.000	440.000	440.000	440.000	440.000
Custo Variável	37.673	40.364	43.055	45.745	48.436	51.127	53.818	56.509	59.200	59.200	59.200	59.200	59.200	59.200	59.200	59.200	59.200
Lucro Operacional	61.047	96.836	132.625	168.415	204.204	239.993	275.782	311.571	347.360	347.360	347.360	347.360	347.360	347.360	347.360	347.360	347.360
Depreciação	143.581	143.581	143.581	143.581	143.581	143.581	143.581	143.581	143.581	143.581	143.581	143.581	143.581	143.581	143.581	143.581	143.581
Lucro antes dos Juros e IR	-82.533	-46.744	-10.955	24.834	60.623	96.412	132.201	167.990	203.779	203.779	203.779	203.779	203.779	203.779	203.779	203.779	203.779
Juros																	
Lucro Antes do IR	-82.533	-46.744	-10.955	24.834	60.623	96.412	132.201	167.990	203.779	203.779	203.779	203.779	203.779	203.779	203.779	203.779	203.779
IR	0	0	0	8.444	20.612	32.780	44.948	57.117	69.285	69.285	69.285	69.285	69.285	69.285	69.285	69.285	69.285
Lucro Líquido	-82.533	-46.744	-10.955	16.390	40.011	63.632	87.253	110.874	134.494	134.494	134.494	134.494	134.494	134.494	134.494	134.494	134.494
Entradas e Disponibilidades	61.047	96.836	132.625	159.971	188.592	207.213	230.833	254.454	278.075	278.075	278.075	278.075	278.075	278.075	278.075	278.075	278.075
Lucro Líquido	-82.533	-46.744	-10.955	16.390	40.011	63.632	87.253	110.874	134.494	134.494	134.494	134.494	134.494	134.494	134.494	134.494	134.494
Empréstimos																	
Depreciação	143.581	143.581	143.581	143.581	143.581	143.581	143.581	143.581	143.581	143.581	143.581	143.581	143.581	143.581	143.581	143.581	143.581
Valor Residual do Investimento																	
Saídas	0	0	0	0	0	0	0	0	0	0	0	0	0	0	0	0	0
Investimentos	0	0	0	0	0	0	0	0	0	0	0	0	0	0	0	0	0
Amortização de Empréstimos																	
Capital de Giro	91.827	98.386	104.945	111.505	118.064	124.623	131.182	137.741	144.300	144.300	144.300	144.300	144.300	144.300	144.300	144.300	144.300
Delta Cap Giro	6.559	6.559	6.559	6.559	6.559	6.559	6.559	6.559	6.559	0	0	0	0	0	0	0	0
Fluxo de Caixa final	54.488	90.277	126.066	153.412	177.083	200.653	224.274	247.895	271.516	278.075	278.075	278.075	278.075	278.075	278.075	278.075	278.075
Fluxo Acumulado	-8.677.205	-8.586.927	-8.460.861	-8.307.449	-8.130.416	-7.929.763	-7.705.489	-7.457.594	-7.186.078	-6.908.003	-6.629.928	-6.351.853	-6.073.778	-5.795.703	-5.517.628	-5.239.553	-4.961.478

Figura 13.26: Fluxo de caixa do projeto industrial

Verifiquemos, na figura abaixo, como fica o fluxo de caixa do projeto para todos os meses, em um dos casos simulados.

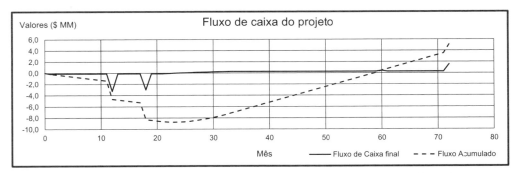

Figura 13.27: Fluxo de caixa final pontual e acumulado para o projeto industrial

Considere-se, para efeito de referência, que o Valor Presente Líquido (VPL) previamente calculado para esse projeto foi de $600 mil. Esse será, então, um ponto a partir do qual poderemos avaliar a distribuição de resultados, assim como fizemos com relação ao prazo ou custo da linha de base do projeto.

Cabe agora presumir que espécie de incerteza foi considerada para cada uma das variáveis. Nosso projeto, é importante dizer, incorporou no seu fluxo de caixa as informações da simulação do seu cronograma, em termos de prazo e custo. Quanto ao prazo, as variáveis de saída que se tornaram entrada nesta análise foram:

- Data de término do projeto, determinante para a entrada em operação e de suma importância em função da natureza dos descontos do fluxo de caixa e do horizonte de tempo total limitado para o projeto (72 meses).
- Data de entrega dos componentes A e B, uma vez que estes serão os meses em que todo o investimento nestes equipamentos será incorrido no fluxo de caixa do projeto.

Com relação ao custo, as seguintes variáveis foram coletadas:
- Investimento total do projeto
- Investimento nos componentes A e B
- Demais investimentos (para cálculo do rateio mensal).

Em termos do fluxo de caixa, as seguintes variáveis foram consideradas, todas triangulares, resumidas na tabela.

Variável	Parâmetros (Mínimo, Mais Provável e Máximo)	Detalhes
Eficiência da Planta	Mín: 95% MP: 99% Máx: 102%	É um fator a ser multiplicado pelo volume para chegar à quantidade de produtos efetivamente vendida
Preço de Venda	Mín: 190 MP: 195 Máx: 200	Há uma estimativa de variação do preço de venda obtida através de estudo de mercado
Custo Fixo	Mín: 420.000 MP: 440.000 Máx: 460.000	Corresponde ao salário da equipe e gastos fixos de materiais e outros insumos para a produção
Custo Variável	Mín: 9 MP: 12 Máx: 15	Corresponde aos insumos consumíveis para cada unidade e o rateio de demais despesas que ocorrem somente quando há produção

Como funcionará essa simulação do valor econômico do projeto? A cada iteração, resgataremos da simulação de cronograma e custo da fase de investimento os valores de investimento total, investimento nos componentes e seus momentos, bem como a duração do projeto, em meses. Estes dados estão conectados com uma planilha, em que todo o fluxo de caixa foi modelado, considerando o início do projeto no mês posterior ao final do investimento, a finalização do projeto.

Em seguida, os valores amostrados para as variáveis de eficiência — preço de venda, custo fixo e custo variável — são aplicados às células devidas, e o VPL é calculado. O mesmo processo é repetido para as 2.500 iterações.

Verifique abaixo a demonstração do fluxo de caixa para três iterações diferentes, apenas para ilustração.

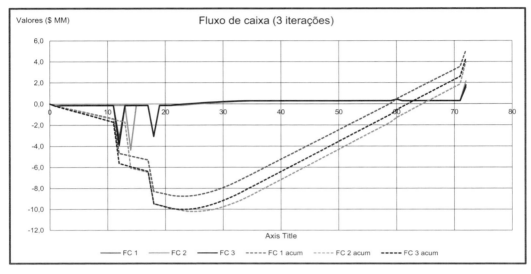

Figura 13.28: Fluxo de caixa final pontual e acumulado para o projeto industrial (3 iterações)

As curvas pontilhadas mostram os casos acumulados. Podemos ver uma grande diferença entre os três. De fato, o caso 1 possui um VPL de $823 mil, o segundo (mais claro) possui VPL de -$300 mil, ou seja, não gera excedente de capital e o terceiro caso, entre os dois, possui VPL de $2 mil, portanto, é praticamente igual a zero.

Acumulando-se as 2.500 iterações, podemos obter uma visualização do perfil do VPL do projeto, que muito nos importará para embasar a decisão de seguir ou não adiante com o projeto. Estamos interessados em analisar três principais regiões neste gráfico:

- → A primeira são os resultados inferiores a zero, ou seja, aqueles que não demonstraram potencial no retorno financeiro do projeto face ao custo de capital.
- → A segunda são os resultados que são viáveis financeiramente, mas ficam aquém do valor de referência do projeto, definido em $600 mil.
- → A terceira é o complemento, o chamado melhor dos mundos, em que o resultado supera a expectativa pretendida no projeto.

Estudo de caso 255

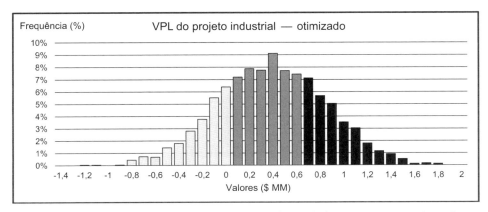

Figura 13.29: Histograma do Valor Presente Líquido simulado para o projeto industrial

Destacamos em cor mais clara os resultados da primeira região, em cor intermediária os resultados da segunda região e em cor mais escura os resultados da terceira região. Percebemos que as três regiões possuem frequência expressiva.

Naturalmente, a mesma distribuição pode ser ilustrada de forma cumulativa.

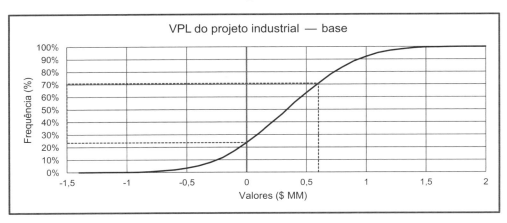

Figura 13.30: Função distribuição de probabilidade acumulado do VPL do projeto industrial

Notamos que a probabilidade do VPL ser negativo corresponde a 23,7% dos casos registrados. Já a probabilidade de estar dentro de uma zona de aceitação com cautela (entre 0 e $600 mil) é de 47,12%. Por último, há cerca de 29% de probabilidade que o VPL se encontre na zona de aceitação sem questionamentos.

A tabela detalha as principais estatísticas calculadas para esta análise.

Mínimo	-1.257.630
P10	-249.169
P25	17.429
P50	335.796
P75	655.215
P90	936.884
Máximo	1.754.694
Média	339.210
P(x < 0)	23,7%
P(x < 600)	70,8%
Região de rejeição	23,7%
Região de aceitação com cautela	47,1%
Região de aceitação irrestrita	29,2%

Verificamos que a tomada de decisão não é simples, pois as frequências das três regiões definidas são expressivas.

Observe como fica a sensibilidade do VPL aos diversos dados de entrada.

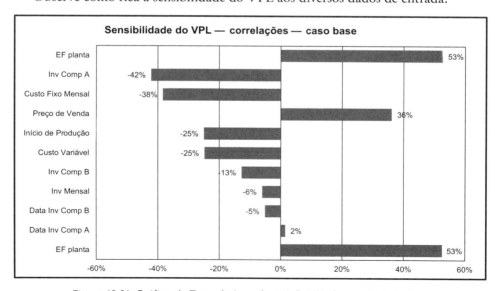

Figura 13.31: Gráfico de Tornado (correlação) do VPL do projeto industrial

Vemos que os principais fatores que impactam o Valor Presente Líquido descontado do projeto são a eficiência da planta e os investimentos no componente A, bem como o custo fixo mensal e o preço de venda. Em um segundo momento, aparece a data de início de produção e o custo variável. Por fim, o investimento no componente B é o último fator com correlação superior a 10%.

Podemos constatar, também, que dois fatores impactam positivamente o VPL (eficiência e preço de venda) enquanto os demais o impactam negativamente.

Analisando os resultados, enxergamos claramente que a análise de risco de prazo impacta o VPL, que integra e consolida as demais avaliações de risco do projeto.

Buscando um cenário de otimização, os gestores avaliaram algumas possibilidades de ação e julgaram que o fator mais importante a considerar é a implantação de ferramentas de otimização de processos de produção na fábrica, com a metodologia Seis Sigma. O uso destas tecnologias deve reduzir de forma drástica a variação da eficiência da planta. De fato, a redução esperada é conforme ilustrada na figura.

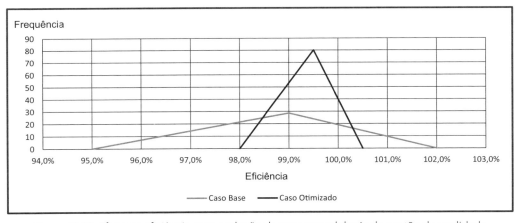

Figura 13.32: Efeito na eficiência com a adoção da nova metodologia de gestão da qualidade

Os valores iniciais para a planta, antes das iniciativas de controle, projetavam uma variação da eficiência entre 95% e 102%, com valor mais provável em 99%. Uma vez implantadas as iniciativas, o valor mínimo será 98% e o máximo, 100,5%. O valor mais provável ficará em 99,5%.

Vejamos o impacto desta alteração no valor do projeto.

258   Gerenciamento de Risco em Projetos

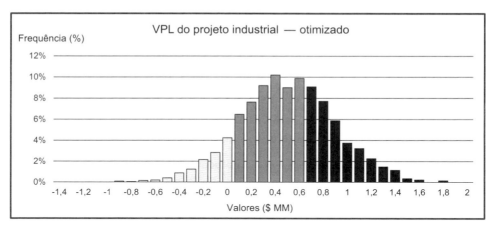

Figura 13.33: Histograma do Valor Presente Líquido simulado para o projeto industrial (caso otimizado)

Novamente, fizemos a distinção entre as três zonas no gráfico. Podemos reparar como a zona de rejeição possui menor frequência de dados. Vejamos a distribuição acumulada.

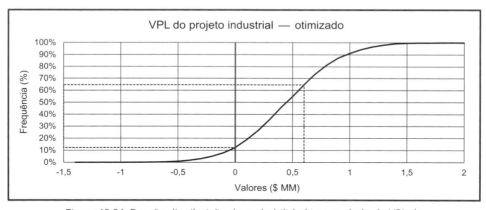

Figura 13.34: Função distribuição de probabilidade acumulado do VPL do projeto industrial (caso otimizado)

Podemos constatar que a probabilidade do VPL ser negativo corresponde a 12,2% dos casos registrados. Já a probabilidade de estar dentro de uma zona de aceitação com cautela (entre 0 e $600 mil) é de 52,4%. Por último, há cerca de 35,4% de probabilidade que o VPL se encontra na zona de aceitação sem questionamentos.

Números melhores que o caso base, sem dúvida. Para uma melhor comparação visual, vamos ilustrar as distribuições acumuladas dos dois casos.

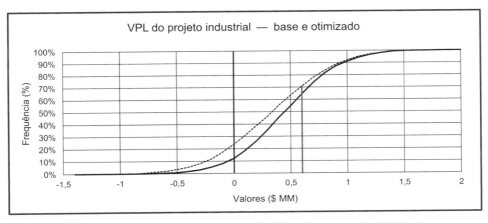

Figura 13.35: Função distribuição de probabilidade acumulado do VPL do projeto industrial (caso Base e otimizado)

Nesta comparação, a curva do caso base é a pontilhada. Vejamos uma comparação estatística entre os casos.

Caso	Base	Otimizado	Otimizado - Base
Mínimo	-1.257.630	-947.914	+309.716
P10	-249.169	-50.065	+199.104
P25	17.429	184.828	+167.398
P50	335.796	446.651	+110.855
P75	655.215	718.618	+63.403
P90	936.884	969.103	+32.219
Máximo	1.754.694	1.722.207	-32.487
Média	339.210	450.441	+111.231
P(x < 0)	23,7%	12,2%	-11%
P(x < 600)	70,8%	64,6%	-6%
Região de rejeição	23,7%	12,2%	-11,4%
Região de aceitação com cautela	47,1%	52,4%	+5,3%
Região de aceitação irrestrita	29,2%	35,4%	+6,2%

A tabela compara os casos base e otimizado, incluindo uma coluna com a diferença. Verifica-se que o caso otimizado aumenta a média em mais de $100 mil. Os valores de todos os percentis notáveis são, também, aprimorados. Apenas o máximo sofre uma redução, uma vez que o processo, em um controle mais rígido, não admite variações bruscas de eficiência tanto acima quanto abaixo da média de produção prevista. Com relação às regiões para tomada de decisão, o caso otimizado possui 11% a menos de probabilidade na região de rejeição, sendo que 5% foram adicionados na região de aceitação com cautela e 6,2% na região de aceitação irrestrita.

O projeto certamente foi aprimorado com a otimização e possui maiores possibilidades de aprovação em uma avaliação por seus critérios econômico-financeiros.

Para encerrar a análise, mostraremos os fatores mais impactantes no VPL do caso otimizado.

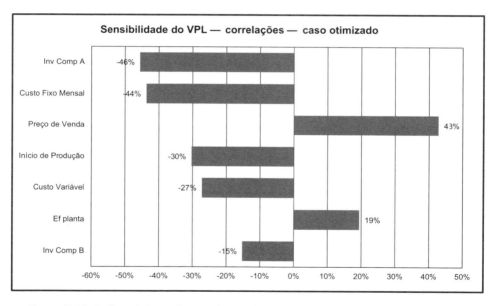

Figura 13.36: Gráfico de Tornado (correlação) do VPL do projeto industrial (caso otimizado)

Observe que a eficiência da planta, que possuía 53% de correlação com o VPL, reduziu seu impacto para 19%. Com isso, os demais fatores se ampliaram e mantêm uma certa ordem. Caso se deseje investir em otimizações adicionais no projeto, os próximos fatores mais sensíveis são o investimento no componente A, os custos fixos mensais e o preço de venda. Em um segundo patamar, encontramos a data de início de produção e o custo variável. Por fim, temos novamente a eficiência da planta e o investimento no componente B. Cabe atentar para o fato que alguns destes fatores podem ser não controláveis pela empresa, como o preço de venda, que pode ser pré-regulado ou já estar em um valor otimizado para a venda.

O objetivo deste caso foi mostrar como podemos, a partir da análise de risco de um projeto, chegar à sua avaliação financeira e aos critérios de tomada decisão. Estes componentes se integram e a análise de risco extrapola os domínios do cronograma e da planilha de custos, chegando ao fluxo de caixa, ao valor adicionado pelo projeto à empresa e influenciando a tomada de decisão.

Este é o objetivo da análise de risco! Suportar a tomada de decisão. Ser um elemento para crítica, análise e escrutínio de uma situação que, de outra forma, não seria analisada no detalhe. Gerar discussão, movimento, energia para o projeto e fortalecer análises vivas e humanas, ao invés de ferramentas frias e automáticas. Analisar o risco é olhar no detalhe, é debater, é defender e apresentar opiniões, escutar o outro e aprender com ele. É gerar uma base qualitativa e tentar trazer isso para uma modelagem quantitativa, em uma modelagem trabalhosa que pode gerar excelentes insights para o objeto de análise.

Naturalmente, a análise de risco não precisa se encerrar em um projeto. Ela pode ser ampliada para todo o portfólio da empresa e auxiliar na avaliação dos projetos, de forma a otimizar a seleção considerando o perfil de risco da empresa.

Referências

GITMAN (2010). Princípios de Administração Financeira. Ed. Pearson.

MOTTA, R. R.; CALÔBA, G. M. (2002). Análise de Investimentos. Ed. Atlas.

Revisão: Este livro em uma (longa) refeição

O objetivo deste material foi explicar e descrever a análise de risco aplicada a projetos, começando do planejamento de riscos e passando por análises qualitativas e quantitativas, planos de respostas e tudo o mais que vocês já conhecem. Essa estrutura de gestão fez o pano de fundo para, como vocês bem perceberam, focarmos a análise quantitativa e as ferramentas que empregamos para produzir e comunicar estas avaliações.

Para construir este caminho, partimos de um ponto essencial. O ser humano é complexo, multifacetado e possui, dentre muitas outras questões complicadas, uma preferência ou aversão pelo risco. Podemos ver isso no exemplo das urnas do Ellsberg (1962), ou na função utilidade, ou mesmo no fato de, em face de um investimento arriscado, exigirmos um retorno maior.

Mais adiante, inserimos na conversa uma tipologia de riscos, fruto do trabalho do Smithson (1989). E aí aprendemos que há uma série de formas de termos ignorância ou desconhecimento sobre um assunto, e que elas podem ser passivas, quando simplesmente não sabemos as coisas, ou ativas, quando as escolhemos ignorar. E enxergamos que dentro daquele modelo com uma série de formas de desconhecimento existe uma, uma só, que denominamos probabilidade, e podemos explorar na nossa modelagem. O recado é simples, meus amigos. Nós somos seres complexos e todo modelo nos simplifica e restringe, e deixa, com certeza, muita coisa de fora. A melhor análise de risco não é páreo para a subjetividade humana.

Continuamos desbravando nosso território de risco, falando sobre algumas estruturas e modelos que podemos empregar para ver os tais processos de riscos.

Falamos do modelo do PMBOK, descrito em PMI (2017) e sua prática de riscos, descrita em PMI (2011). Para não ficarmos apenas nesta referência e adicionar mais uma cor na nossa palheta, falamos sobre a ISO 31000 e o padrão brasileiro adaptado para gestão de projetos. Como é interessante percebermos que, para rodar o processo, necessitamos de valores, premissas, compromissos e uma estrutura que precisa se empenhar em se aprimorar. A análise de risco é dinâmica, ativa, vive dentro das pessoas e não dos livros.

Em seguida, começamos a abrir nossa caixa de ferramentas. Sabemos que o caminho para a análise quantitativa possui muita estatística e avaliações de dados e informações. Assim, falamos sobre o jeito de descrever as distribuições de probabilidade, os seus conceitos básicos e apresentamos uma série delas.

Na sequência, entramos mais profundamente na análise de riscos quantitativa em si. Propusemos uma metodologia, que pode perfeitamente ser adaptada aqui e ali, para, partindo do planejamento do projeto — documentação, cronograma e registros de riscos —, chegar em uma análise que possa ser empregada para apoiar a decisão. E não podemos reforçar este ponto o suficiente: a análise de risco só é útil e válida quando seu resultado ajuda na tomada de decisão, tira uma dúvida, confirma uma visão ou fomenta discussão sobre um ponto definido que valha a pena reavaliar. Não guarde sua análise na gaveta ou no HD. Do contrário, use-a para melhorar o seu projeto!

Em seguida, voltamos um pouco para as ferramentas e falamos sobre o cronograma. O grande defeito de uma parcela significativa dos cronogramas que temos nos projetos é que eles não são, de fato, um cronograma, mas sim um conjunto de atividades que estão reunidas. O cronograma tem que contar a história do projeto, deve ser baseado na EAP, ter relações lógicas entre suas atividades; no que conhecemos como rede fechada. Deve ser bem distribuído e possuir recursos alocados. Sobretudo, deve ser uma ferramenta viva do projeto, sendo atualizado periodicamente pela equipe. E é a partir desse cronograma do projeto que chegamos ao que empregaremos para a análise de risco, que pode ser uma versão simplificada. Falamos um pouco disso também.

Depois, falamos sobre ajustes de dados de entrada. A princípio, temos duas grandes formas de fazer modelagem dos dados de entrada, ou seja, saber qual variação usar para aquela atividade, risco ou fator dentro do cronograma. A primeira é um exercício mais pragmático, em que temos uma quantidade de informação razoá-

Revisão: Este livro em uma (longa) refeição   265

vel sobre o que queremos analisar, e então fazemos um teste para verificar se uma distribuição pode ter gerado estes dados. Estes procedimentos estatísticos recebem o nome de Testes de Aderência. E, mesmo tão pragmáticos e definitivos, nos cabe avaliar com carinho os resultados para escolher que distribuição vamos empregar.

A segunda opção é quando não possuímos os dados, mas temos uma ou mais pessoas que conhecem o assunto, os chamados especialistas no assunto. Ilustramos um processo para fazer estes ajustes e alguns cuidados que temos de ter para não sermos "engolidos" pelos experts ou sobrepormos a nossa opinião sobre a deles. Isso acontece, também! Nesse caso, é importante empregar o método e lembrar do ser humano do outro lado da mesa. Apresentamos algumas possibilidades de usar a tal opinião do especialista.

Para complementar este conteúdo, inserimos um material muito importante e interessante sobre tomada de decisão; desenvolvido por Amos Tversky e Daniel Kahneman, a partir do artigo seminal de 1974. São métodos adaptativos e soluções rápidas (heurísticas) que utilizamos no dia a dia sem nos percebermos e que podem contaminar e enviesar análises feitas com a melhor das intenções de todas as partes. A teoria prospectiva e a psicologia da decisão se situam dentro da economia comportamental, campo no qual os autores são protagonistas e cujo trabalho rendeu a Kahneman o Prêmio Nobel de Economia em 2002. O conhecimento de heurísticas e vieses nos ajuda a compreender melhor o ser humano e sua atitude com relação ao risco e é fundamental para obter melhores avaliações.

Os próximos capítulos do livro falam sobre como podemos preparar o modelo da simulação, a partir do cronograma ajustado e simplificado e da modelagem dos riscos. Novamente colocamos o foco na questão da análise qualitativa e no poder que reside no registro de riscos, que compreende o conjunto de informações provenientes das discussões sobre riscos do projeto. Os riscos podem ser modelados como distribuições contínuas, discretas, ou combinações das duas, como bem vimos.

Em seguida, tratamos um pouco sobre a simulação e nos permitimos discutir brevemente sobre a sistemática e o processo de amostragem e cálculo, cuja simplicidade é enorme. Essa simplicidade nos permite entender o comportamento de sistemas complexos através da repetida realização do projeto. Cada iteração é uma nova encenação desta peça chamada projeto. Falamos de convergência de simulação e, por quê não, dedicamos algumas páginas à história da simulação e seus principais colaboradores, do século XVIII ao XX.

Com relação aos resultados, destinamos um capítulo à descrição deles. Como podemos apresentar uma análise bem-feita e o que podemos destacar? Aqui, voltamos novamente ao conteúdo da estatística descritiva, curvas e análises matemáticas. O capítulo seguinte aborda a sensibilidade, ou seja, o crucial processo de identificar quem é o responsável pelas maiores flutuações no projeto. Falamos de caminho crítico, correlação e mais alguns indicadores. Apresentamos, inclusive, um exemplo ilustrativo sobre o tema.

Se sabemos como o nosso output flutua e quem é o responsável, a próxima etapa é, naturalmente, tentar restringir ou melhorar o resultado do output! É hora de desenvolver cenários de resposta. Mostramos, para nosso exemplo ilustrativo, como podemos ter eventos gerando impactos significativos em prazo e custo, e como a adoção de planos de mitigação pode tornar o projeto mais caro ou até mais longo, no entanto garantindo que ele seja mais contido na sua variação. Pode valer a pena aumentar a média do custo em 2%, se você vai reduzir o P90 do custo total em 15%... Mas, novamente, cada caso é um caso e cada um saberá o que vale e o que não vale a pena fazer.

Por falar em caso, no Capítulo 13 desenvolvemos dois estudos de caso. O primeiro é uma volta ao exemplo — famoso e muito utilizado — que mostramos no livro, do tempo de trajeto entre a casa e o trabalho. Apresentamos João e seu problema de chegar no trabalho na hora para a reunião de equipe logo de manhã, montamos um cenário mitigado e, creio eu, deixamos a situação mais favorável. Melhor que isso, disponibilizamos o modelo em uma planilha para que você possa criar o seu exemplo, com distribuições Triangular e Pert, atividades e eventos de risco. Dá para brincar um bocado!

O próximo estudo de caso tem o objetivo de ser um exemplo integrador. Nele temos uma fábrica que precisa ser adaptada para a produção de novos insumos. Para tal, temos um projeto que vai desde a aprovação até os testes finais da linha de produção, passando por contratação, reforma e montagem. Alocamos recursos e estabelecemos linhas de base. Criamos alguns eventos de riscos e confrontamos os resultados com as necessidades do projeto. Este resultado de cronograma (prazo e custo) foi alimentado em um modelo de fluxo de caixa descontado, para avaliar a viabilidade financeira do investimento proposto. É a etapa que ocorre quando estabelecemos o caso de negócio do projeto, e que deve ser revisada a cada novo portão de decisão. Utilizamos como indicador para tomada de decisão o Valor Presente Líquido (VPL) e mostramos como as decisões do projeto podem atingir o resultado

Revisão: Este livro em uma (longa) refeição   267

econômico, também. Fizemos um cenário mitigado e apresentamos o resultado. E com isto, acho que cumprimos um horizonte bem amplo de aplicação da gestão de risco em projetos e investimentos.

E aqui nos encontramos, no final. Espero que você tenha apreciado o conteúdo e que ele tenha agregado para sua vida profissional. Fique à vontade para entrar em contato pelo e-mail *gcaloba@yahoo.com.br*. Pelo meu lado, posso dizer que foi um prazer muito grande desenvolver este material e disponibilizá-lo para que você faça ele viver e vibrar! Como a Análise de Risco e qualquer análise, na verdade, só existe valor quando há compartilhamento, debate e uso das informações.

Que você faça uso do material, tenha ótimas discussões, fundamente boas decisões e tenha excelentes projetos!

Obrigado!
Guilherme Calôba

Índice

A

ABNT NBR 38

amortização de empréstimos 246

amostragem aleatória simples 164

análise de risco
    objetivo 195
    qualitativa 44
    quantitativa 45, 85, 97

análise de sensibilidade 19, 181–194

análise de stress 89

ancoragem 141

árvore
    da ignorância 6
    da irrelevância 7
    de decisão 12

assimetria 62, 67

ativos de processos organizacionais 30

B

beta 73, 74, 114, 130

bootstrap 125

boxplot 64, 65

C

caminho crítico 89, 105, 182, 193

capital de giro 246

CMV 245

coeficiente de variação 61

correlação
    de Bessel 60
    de posto de Spearman 183, 193
    linear de Pearson 183, 193
    sobre 183

cronograma 101–110

curtose 62, 63, 67

curva do sino 70

custo fixo 245

custo variável 245

D

demonstrativo de resultados do exercício (DRE) 245

depreciação 245, 246

desvio-padrão
    fórmula 60
    sobre 59

diagrama de boxplot. *Veja* gráfico boxplot

diagrama de Shewart 30

dimensão de riscos do projeto
processos 23

distribuição sem memória 138

distribuições contínuas
distribuição Beta 74
distribuição lognormal 70, 71
distribuição normal 70
distribuição Pert 73
distribuição simétrica 70
distribuição triangular 72
distribuição uniforme 71
sobre 69

distribuições discretas
distribuição binomial
distribuição binomial negativa 78
distribuição geométrica 77
sobre 76
distribuição de Bernoulli 75, 76
distribuição hipergeométrica 78
distribuição Poisson 80
sobre 75

E

EAR 41

empréstimos 246

ENIAC 165

equivalente certo 15, 16, 17

erro
distorção 7
incompletude
ausência de informação 7

incerteza 7
sobre 7

estatística descritiva
multivariada 51
univariada 51

estratégia organizacional 38

estrutura analítica de riscos (EAR) 35

estrutura analítica do projeto (EAP) 35, 101

estudo de pré-viabilidade 94

estudo de viabilidade 95

eventos conjuntos 142

eventos disjuntos 142

F

fluxo de caixa 246, 248

fluxo de caixa descontado 245

forma da distribuição
assimetria
negativa 62
positiva 62
sobre 62, 67
curtose 63, 67
sobre 62

frequência
absoluta 57, 67
relativa 57, 67

função utilidade 14, 15

funções de probabilidade
densidade 52
distribuição acumulada 52, 55
distribuição de probabilidade 55
massa 52

Índice 271

G

gerenciamento de projetos 92–100

gestão de riscos
  conforme as normas ISO e ABNT 30
  estrutura
  concepção 33
  implementação 34
  melhoria 34
  monitoramento e controle 34
  sobre 33
  integrada 30
  princípios de 31
  processo de 34
  sobre 29

governança organizacional 38

gráfico boxplot 65, 67

gráfico de tornado 189, 190, 199, 202, 209, 212, 229, 232, 239, 244, 256, 260

graus de liberdade 117

H

HAZIDs 93

HAZOPs 93, 95

histograma 57, 66

I

ICMS 245

imposto de renda 245

incerteza 3–26

indicador de sensibilidade (SSI) 191

índice crítico 181, 182, 193

input 109

integração xiv

investimentos 246

ISO 31000 3, 28, 30–50

iterações 161

J

juros 245

L

LAIR 245

lei da parcimônia 128

linha de base, projeto 103

lognormal 70

lucro líquido 245

lucro operacional 245

M

média 56, 66

mediana 56, 66

medidas de dispersão
  desvio-padrão 59, 61, 67
  percentis 61, 67
  sobre 59
  variância 61, 67

método de Monte Carlo 159, 166

mitigação de risco 206, 214

moda 56, 66

moeda honesta. *Veja* distribuições discretas: distribuição de Bernoulli

Monte Carlo 157, 159, 164, 166

N

navalha de Occam 128

números aleatórios 71, 161, 165, 167

O

outliers 65

output 109

overfitting 127

P

paradoxo de Ellsberg 8

payback, indicador 246

Pearson, Karl (matemático) 57

percentis notáveis 59, 61

Pert 73

PIS/COFINS 245

planejamento de risco 86

planejamento por fases 92

PMI
   dez áreas de conhecimento 22
   dimensão de riscos do projeto 23
   padrão de práticas de risco 39

preço 245

preferência 8

prêmio pelo risco 18

previsão 90

processo de avaliação de risco
   análise de riscos 35
   avaliação de riscos 36
   identificação de riscos 35
   sobre 35

processo de gestão de risco 34

projeto
   atividades do
   de trabalho 102
   marco 102
   sumárias 102
   sobre 22, 96

Q

qui-quadrado 116

R

receita 245

receita líquida 245

rede fechada 103

regressão linear 192

risco
   análise de 41
   análise qualitativa 44
   análise quantitativa de 45
   do projeto 94
   fatores críticos de sucesso 42–50
   identificação de 42
   monitoramento e controle dos 47
   planejamento do
   gerenciamento de 41
   residual 36
   severidade do 44
   sobre 3–26, 92
   técnico 93, 95
   tolerância ao 8

Risk Driver, método 152

S

sensibilidade
    análise 19, 181
    indicador 191

severidade dos riscos
    matriz de 45
    sobre 44

simulação de Monte Carlo 157, 164

síndrome dos 10% 21

T

taxação sobre receita 245

taxa interna de retorno (TIR) 19, 246, 247

teorema central do limite 70

teorema de Bayes 136

teoria prospectiva 143

teste AIC 128

teste de aderência 112, 265

teste de qui-quadrado 116

V

valor equivalente 11

valor esperado 11

valor monetário esperado (VME) 8

valor presente líquido (VPL) 19, 246

value-at-risk 19

variância 59, 60

volume 245

Este livro foi impresso nas oficinas gráficas da Editora Vozes Ltda.,
Rua Frei Luís, 100 – Petrópolis, RJ.